MÉMOIRE

SUR

LA LANGUE DE JOINVILLE,

PAR M. NATALIS DE WAILLY.

PARIS.

IMPRIMERIE IMPÉRIALE.

M DCCC LXX.

MÉMOIRE

SUR

LA LANGUE DE JOINVILLE.

EXTRAIT DU TOME XXVI, 2ᵉ PARTIE,

DES MÉMOIRES

DE L'ACADÉMIE DES INSCRIPTIONS ET BELLES-LETTRES.

MÉMOIRE

SUR

LA LANGUE DE JOINVILLE,

PAR M. NATALIS DE WAILLY.

PARIS.

IMPRIMERIE IMPÉRIALE.

M DCCC LXX.

MÉMOIRE

SUR

LA LANGUE DE JOINVILLE.

J'expliquerai avant tout ce que j'entends par ces mots, *langue de Joinville*. S'agit-il d'une langue qui lui soit personnelle, et qu'il ait marquée à son propre cachet? Ce serait alors le style plutôt que la langue de Joinville; et c'est de sa langue seulement que je veux m'occuper. Cette langue, je le reconnais, était celle que l'on parlait autour de lui, et je ne prétends pas qu'il y ait introduit un seul mot qui ne fût en usage de son temps. J'ai cependant le droit de l'appeler sienne, d'abord parce qu'il l'a employée dans l'Histoire de saint Louis et dans le *Credo,* ensuite parce que je ne pourrais l'appeler d'un autre nom qui la désignât d'une manière plus exacte et plus précise. Si je disais que c'était la langue de la Champagne, je risquerais de commettre une double erreur, car il n'est pas certain qu'elle appartînt tout entière à la Champagne, ni qu'elle se parlât dans toutes les parties de cette province. En lui donnant le nom de l'homme qui l'a employée dans deux ouvrages déterminés, on ne préjuge pas la double question que je viens d'indiquer, et que personne peut-être, dans l'état actuel de la science, ne serait en mesure de résoudre.

Le but que je me propose est plus facile à atteindre. Sans

rechercher dans quelles limites la langue de Joinville pouvait être circonscrite, je tâcherai d'en faire connaître aussi exactement qu'il me sera possible l'orthographe dans ses rapports avec la grammaire et la prononciation, malgré les altérations qu'elle a subies sous la plume des copistes.

Je crois avoir démontré ailleurs[1] que ces altérations sont nombreuses, et que la comparaison des manuscrits permet, dans certains cas, de rétablir la leçon primitive du texte original. Je me contente de rappeler cette opinion, qu'il serait inutile d'exposer de nouveau, puisqu'elle n'a pas été contestée. J'exprimais en même temps le regret qu'il ne fût pas possible de déterminer dans quelle mesure ces altérations s'étaient produites, et après avoir fait observer qu'il n'y a pas de texte du même temps où les règles de la grammaire aient été constamment suivies, j'arrivais à conclure que c'eût été une opération arbitraire que de ramener le plus ancien manuscrit de Joinville à une orthographe dont l'observation ne fut jamais absolue[2]. Je regrette d'autant moins d'avoir émis cette opinion et pratiqué cette méthode, que j'obtiendrai peut-être plus de crédit en me chargeant moi-même de démontrer aujourd'hui que je me trompais alors, et qu'il faut changer d'opinion comme de méthode pour donner une bonne édition de Joinville.

Au moment où j'avoue mon erreur, il doit m'être permis de l'expliquer et de la justifier jusqu'à un certain point, en rappelant que cette opinion, qui était la plus générale, s'appuyait aussi sur un grand nombre de preuves. Si je l'abandonne aujourd'hui, c'est parce que je me suis trouvé en présence de preuves contraires, qui m'ont paru décisives. Joinville répète plusieurs fois qu'il a fait écrire son livre[3], en sorte qu'on doit accep-

---

[1] *Œuvres de Jean, sire de Joinville*, p. xx-xxv.

[2] *Œuvres*, etc. p. xxv-xxvii.

[3] *Histoire*, p. 2, 4 et 506.

ter comme très-probable qu'il l'a dicté sans prendre la peine de l'écrire lui-même. Mais à qui dut-il de préférence le dicter, sinon à l'un des clercs de sa chancellerie, c'est-à-dire à un homme qui avait sa confiance, qui était toujours à sa disposition, et qui sans aucun doute avait eu plus d'une fois l'occasion d'écrire sous la dictée de son maître des lettres missives ou des chartes? De toute la correspondance de Joinville, il nous est parvenu une lettre seulement, qui aurait péri probablement comme les autres, si ce n'eût été une pièce bonne à garder, parce qu'elle eût fourni, au besoin, la preuve qu'en 1315 il se reconnaissait obligé à servir dans l'armée du roi. Au contraire, plusieurs de ses chartes originales se conservent encore dans les archives, et j'en ai pu réunir un assez grand nombre pour former un texte dont l'étendue représente à peu près la cinquième partie de l'Histoire de saint Louis. C'est là que j'ai cherché la véritable orthographe du manuscrit original, tel qu'il fut exécuté, sous les yeux de Joinville, par un des clercs de sa chancellerie. C'est là que je crois avoir retrouvé sa langue, exempte de toutes les altérations qu'y ont introduites des copistes d'un autre temps et d'un autre pays.

Pour exposer en détail, comme cela est nécessaire, les résultats de l'étude à laquelle je me suis livré, il faut que je me résigne à fatiguer souvent l'attention la plus bienveillante. Peut-être même ne comprendra-t-on pas que j'aie eu la pensée d'entrer dans de si longs développements pour aboutir à justifier quelques changements d'orthographe dans une nouvelle édition des OEuvres de Joinville. Tel est en effet, je ne le dissimule pas, le but principal que je désire atteindre; mais, autant qu'il m'est permis d'en juger, mon travail peut avoir un autre résultat, c'est de contribuer à faire mieux connaître une des phases de la langue vulgaire au moyen âge. On s'est généralement attaché à l'étudier dans son ensemble pour en constater les lois les plus générales. Le moment n'est-il pas venu de rechercher ce qu'elle était dans un temps et dans un lieu déterminés, afin de préparer, par ces études partielles, des termes de comparaison entre certaines époques de notre histoire et certaines localités de notre pays? Quand on veut embrasser tout un siècle ou toute une province, ne risque-t-on pas de réunir des éléments disparates pour en former un composé artificiel, et ne vaut-il pas mieux borner le champ de ses observations en s'attachant à un dialecte particulier, tel qu'on peut l'observer dans l'unité de temps et de lieu où il s'est manifesté? De telles études seraient comme autant de jalons, plantés de distance en distance, pour diriger la critique dans des recherches plus étendues.

J'y vois un autre avantage, que je veux encore signaler. On a depuis longtemps remarqué avec raison que l'orthographe au moyen âge était extrêmement variable; mais on n'a guère pu discerner ce qui tenait à la différence des temps et des lieux ou à l'incertitude même des règles et des procédés. Il est certain pourtant qu'il y aurait quelque intérêt à ne pas confondre les variations qui ont pour cause la diversité des régions, avec celles qui se produisent dans un même dialecte et sous la plume d'un même écrivain. Les unes représentent les intonations propres à ces accents locaux auxquels se reconnaissent encore les habitants de nos différentes provinces; tandis que les autres nous montrent les diverses combinaisons de lettres qui pouvaient servir à figurer une seule et même prononciation. Si l'on peut espérer de résoudre de tels problèmes, n'est-ce pas en comparant entre eux des textes ayant une origine certaine de temps et de lieu?

Ai-je besoin de dire que la plupart des œuvres littéraires ne satisfont nullement à cette double condition? Les unes sont anonymes, d'autres ont pour auteurs des écrivains dont on ne connaît ni le temps ni le pays. Quand il arrive que l'on sait positivement où et quand elles furent composées, on peut encore ignorer où et par qui elles furent copiées. C'est ainsi qu'avec une certaine vraisemblance, mais bien à tort pourtant, d'habiles critiques avaient considéré comme le manuscrit original de l'Histoire de saint Louis une copie qui ne fut exécutée ni du temps de Joinville, ni dans son pays. Pour échapper à toutes ces chances d'erreurs, il faut recourir aux chartes originales, qui peuvent seules fournir la double garantie sans laquelle la critique des textes n'atteindra jamais un caractère suffisant de certitude et de précision.

Tels sont les motifs principaux qui m'ont engagé à publier dans la Bibliothèque de l'École des Chartes[1] le recueil de chartes originales de Joinville en langue vulgaire d'où j'ai tiré presque toutes les observations que je vais exposer dans ce mémoire. Si j'en excepte une charte de mai 1278, dont le texte n'a été conservé que par une copie faite au siècle dernier, les autres actes sont directement publiés d'après les originaux. Ceux qui portent les cotes E *quater* et L *bis* ont été expédiés, non à la chancellerie de Joinville, mais par Jacques de Courcelle, clerc de l'officialité de Langres; le premier de ces actes reproduit presque textuellement, sauf des variations d'orthographe, la charte marquée de la cote E *bis*. La charte E *ter* ne doit pas non plus émaner de la chancellerie de Joinville, attendu que, par une double dérogation à l'usage suivi dans les autres actes, elle porte une date de lieu, et se termine par la mention *Nota Hugonis*.

Néanmoins, je n'ai pas cru devoir exclure de ce recueil des

---

[1] Sixième série, t. III, p. 557. Ces chartes sont réimprimées à la suite de ce mémoire. (Voyez ci-après, p. 141.)

chartes qui avaient été faites au nom de Joinville et confirmées
par l'apposition de son sceau. A plus forte raison, ai-je dû y
comprendre la charte des franchises de Vaucouleurs, rédigée,
il est vrai, au nom de Gautier de Joinville, neveu de l'historien,
mais confirmée par Joinville lui-même comme souverain seigneur du fief, à la demande de son frère, de son neveu et des
habitants de la commune. Cette charte, qui renferme un texte
historique d'une grande importance, et qui est en même temps
un chef-d'œuvre de calligraphie, est surtout précieuse parce
que Joinville y a inscrit au revers, de sa propre main, les mots :
Ce fu fait par moy, attestant ainsi qu'il était non-seulement le
garant, mais encore le rédacteur et probablement le promoteur
de cette convention solennelle.

Pour faciliter les vérifications à faire dans ce recueil de
chartes, et pour résumer avec plus de clarté les observations
qu'elles m'ont fournies, j'en ai relevé tous les mots, d'abord dans
un vocabulaire, puis dans un répertoire alphabétique des sons
et des articulations. Le vocabulaire, qui se rapporte surtout à la
première partie du mémoire, est subdivisé en cent quatre
listes, où les mots sont groupés selon le rôle grammatical qu'ils
jouent dans chaque phrase, c'est-à-dire qu'il y a pour chaque
espèce de mots non-seulement une liste spéciale, mais, au besoin,
autant de listes que l'exigent les distinctions à établir entre les
genres et les nombres, les régimes et les sujets, les modes et
les temps. Il suffira souvent de vérifier une citation dans ces
listes, sans recourir au recueil même dont elles offrent la table.
Quant au répertoire des sons et des articulations, qui se rapporte à la seconde partie du mémoire, il fournit le moyen de
retrouver, dans les chartes de Joinville, tous les mots conte-
nant un son ou une articulation déterminée. A cet effet, j'ai
relevé en détail, à l'article de chaque voyelle, les exemples

des combinaisons diverses que cette voyelle forme avec d'autres voyelles ou avec des consonnes. En outre, si l'on consulte l'article spécial de chaque consonne, on y trouvera le résumé des combinaisons qui lui sont propres, et les indications nécessaires pour rechercher dans le répertoire le détail de ces combinaisons.

En dehors des chartes de Joinville, j'aurai aussi l'occasion de citer certains passages de l'Histoire de saint Louis et du *Credo* : j'avertis le lecteur que, dans ce cas, je renverrai à l'édition des OEuvres de Joinville publiée, en 1867, à la librairie d'Adrien Leclère.

J'arrive maintenant à l'objet même de ce mémoire.

PREMIÈRE PARTIE.

DE L'ORTHOGRAPHE DANS SES RAPPORTS AVEC LA GRAMMAIRE.

Je m'occuperai, dans cette première partie, des différentes espèces de mots, en commençant par ceux qui pouvaient encore obéir à certaines lois de la déclinaison.

1° ARTICLES.

Les formes régulières de l'article masculin, d'après les chartes, peuvent être fixées comme il suit :

Singulier : sujet, *li*, *l'* ;

Régime, *dou* et *de l'*, *au* et *à l'*, *le*, et quelquefois *lou*, rarement *lo*; *ou* pour *en le*, et par exception *eu* et *on*.

Pluriel : sujet, *li* :

Régime, *des*, *as* et *aus* plus souvent que *aux*; *les*, *es* pour *en les*, et par exception *ens*.

Au sujet singulier, les chartes fournissent cent quarante-sept fois *li* et pas une fois *le* : c'est donc une règle certaine, qui doit être appliquée à la correction du texte de Joinville. Au régime, les formes *dou* et *de l'* ne sont pas moins fréquentes; dans la charte E on trouve trois fois *dor* au lieu de *dou;* mais c'est une exception dont on ne rencontre pas trace ailleurs. Quant à la forme *du*, qui est à peu près la seule dont les manuscrits de l'Histoire fournissent l'exemple, elle est absolument inusitée dans les chartes. Au contraire, dans les chartes comme dans l'Histoire, on rencontre *au* équivalent de *à le*, et *ou* équivalent de *en le;* mais, quoique ces deux formes soient essentiellement distinctes par leur étymologie, la première se substituait quelquefois à la seconde[1], parce que la préposition *à* pouvait se prendre, comme aujourd'hui, dans le sens de *en;* toutefois cette substitution est plus fréquente dans l'Histoire que dans les chartes.

Pour le sujet pluriel, il n'y a pas d'autre forme que *li* dans les chartes, tandis que la forme *les* est de beaucoup la plus fréquente dans l'Histoire. Au régime, les formes *des, aus, aux* (pour *à les*) et *es* (pour *en les*) sont communes aux deux textes. A l'égard des formes *aus, aux* ou *as*, il est à remarquer que, même dans les chartes les plus correctes, elles sont remplacées fréquemment par *au*, sans la consonne finale *s* ou *x*. Cette irrégularité tient sans doute à ce que l'article *aux* était souvent comme soudé, sinon dans l'écriture, du moins dans la prononciation, aux mots *dits* et *devant*, dont il semblait n'être que la première syllabe. Les clercs prirent donc l'habitude d'écrire *au dis* (P 22, V 23, 56, etc.), *au devanz diz* (L 13, 47), et furent ensuite amenés à écrire *au* sans le signe du pluriel, alors

---

[1] C'est ainsi qu'on trouve *au champ* (I 55) au lieu de *ou champ;* la même charte fournit plusieurs exemples analogues.

même qu'il précédait immédiatement un substantif : *au frères*
(D 5, 10; U 12); *au prioleiz* (G 13); *au pressours* (X 36, 58). Je
citerai par exemple une charte où l'on remarque jusqu'à cinq
fois *au* devant un nom pluriel : *au gentishomes et au prodomes*
(W 35); *au murs* (W 100); *au jonchiés* (W 131); *au signours*
(W 185). Or ce qui prouve que ce genre de fautes doit être
attribué à une mauvaise habitude plutôt qu'à l'ignorance, c'est
que, dans la même charte, l'*s*, signe du pluriel, manque seulement deux fois sur deux cent soixante-sept (voyez *livre*, W 89,
et *sauve*, W 219); sans compter que les règles du sujet singulier et du sujet pluriel y sont observées deux cent trente-trois
fois et violées une seule (*li uns aux autres*, au lieu de *li un aux
autres*, W 64). On trouve donc, en résumé, que le clerc a eu
cinq cent six fois l'occasion d'appliquer les règles de la déclinaison, qu'il s'est trompé huit fois seulement, et, dans ce petit
nombre d'erreurs, il y en a cinq qui portent sur l'article *au*;
en sorte que, abstraction faite de cette faute d'habitude, l'habile
clerc qui a écrit cette charte ne s'est trompé que trois fois sur
cinq cent trois. Les chiffres que je viens de citer justifient l'explication que j'ai proposée plus haut, et j'y insiste d'autant plus
qu'ils sont fournis par cet acte que j'ai déjà eu occasion de signaler, non-seulement parce qu'il est un chef-d'œuvre de calligraphie, mais surtout parce que le texte en fut ou préparé
ou rédigé par Joinville lui-même, ainsi que l'atteste la note
autographe : *Ce fu fait par moy*, que M. Boutaric a découverte
au revers du parchemin.

Voici maintenant les formes de l'article féminin que j'ai
notées dans les chartes :

Singulier : sujet, *la, l'*;
Régime, *de la, à la, la, l'*.

Pluriel : sujet, *les*;

Régime, *des, aus* ou *as, les, es* plus souvent que *ens* (pour *en les*).

Au lieu de *la*, on trouve, par exception, au sujet singulier, *li :
li une partie* (K 5 et Z 5); *li autre moitiés* (R 52); *li grans chartre* (X *bis* 6); *li quele* (X *bis* 35). Au régime, la charte W contient *de li encarnation;* mais c'est une erreur ou un passage douteux, parce qu'on peut lire *de l'iencarnation*. En tout cas, ce sont de rares exceptions, tandis que des exemples très-nombreux consacrent les formes marquées plus haut.

2° SUBSTANTIFS.

En thèse générale, les substantifs masculins se terminaient au sujet singulier par une *s*, qui disparaissait au régime : ainsi les sujets singuliers *pères, rois, lieus, bans, doiens, chevaliers, fours*, devenaient, au régime, *père, roi, lieu, ban, doien, chevalier, four*. Il y avait d'autres substantifs où l'*s*, signe du sujet singulier, au lieu de s'ajouter simplement au radical, en altérait la désinence et se transformait quelquefois en *x* ou en *z*. Je citerai les régimes *clerc, blef, chief, convent, Dieu, consoil, fil*, dont les sujets singuliers étaient *clers, blés, chiés, convens, Diex, consoz, fiz*. Il faut y ajouter le régime *prevost*, qui devient au sujet *prevos*, de même qu'au régime *ost* correspond, dans les chartes, le sujet *os*. Pour tous les substantifs dont j'ai parlé, le régime pluriel emprunte exactement la forme du sujet singulier, et le sujet pluriel celle du régime singulier, en sorte que toute la déclinaison consistait dans deux formes seulement.

Il y avait même une classe de substantifs qui ne se déclinaient pas du tout, parce que l'étymologie ou quelque autre circonstance leur assignait pour finale invariable une des lettres *s, x* ou *z :* je citerai les mots *deffois, cors, Alix* et *trefonz*, auxquels on peut ajouter *decès*, malgré les formes *decest* (U 23) et *decet* (X *bis* 13), données, par exception plutôt que par erreur, au régime singulier de ce mot.

L'ancienne déclinaison a laissé au contraire des traces plus sensibles dans un certain nombre de substantifs qui étaient généralement imparisyllabiques en latin, et qui se modifiaient plus profondément en passant du sujet au régime : *abbes-ei*, *hom-homme*, *maires-maieur*, [*niés*]-*neuvou*, *randerres*-[*dour*], *sires* (et rarement *sire*)-*signour*[1], [*venderres*]-*dour*. La lettre *s* à la fin de *maires*, *randerres* et *sires* n'est pas étymologique, et bien des textes ne la donnent point à la fin de ces mots et d'autres de la même catégorie; mais elle est marquée dans les chartes, où l'on trouve cependant sans *s* le sujet *hom*, qui ailleurs est quelquefois écrit *homs*. Dans l'Histoire, on trouve sans *s* finale *emperiere* (p. 130), *pecherre* (p. 258)[2]; avec l'*s*, au contraire, *lierres* (p. 276), et *hons* (p. 286, 314 et 316). On est donc autorisé à suivre l'un ou l'autre usage.

Ce qui caractérise plus particulièrement la déclinaison des substantifs dérivés de noms imparisyllabiques en latin, c'est que, tout en faisant servir pour le sujet pluriel la forme du régime singulier, elle n'emploie pas celle du sujet singulier pour le régime pluriel. Elle crée pour ce cas une forme distincte, en ajoutant une *s* à la désinence commune du régime singulier et du sujet pluriel. Ainsi, après avoir transporté du régime singulier au sujet pluriel les formes *home*, *houme* ou *homme*, *pescheour*, *randeor*, *signour*, *successor*, *veneour*, cette déclinaison les modifie par l'addition d'une *s* finale, pour en faire

---

[1] On trouve également ce mot commençant par *seign* et plus rarement par *seingn* ou *segn;* la finale *eur*, sans être rare, est bien moins fréquente que *our* et *or*.

[2] Dans le *Credo*, au contraire, j'ai noté *pechierres* (p. 518), ainsi que *combaterres* (p. 534), *creerres* (p. 512), *luiterres* et *laterres* (p. 534 et 536).

les régimes pluriels *homes, houmes* ou *hommes, pescheours, ran-deors, signours, successors, veneours.* Il y a donc dans cette classe de substantifs une première forme qui est propre au sujet singulier, une autre qui est propre au régime pluriel, une troisième qui est commune au régime singulier et au sujet pluriel.

Tous les textes du xiiie siècle et ceux de la première moitié du siècle suivant fournissent des exemples plus ou moins nombreux de ces différents systèmes de déclinaison, et l'on en rencontre dans le texte de l'Histoire aussi bien que dans celui du *Credo.* Les chartes de la chancellerie de Joinville ne fournissent donc les éléments d'aucune théorie nouvelle; mais on y trouve la preuve que les règles de la déclinaison, telles que je viens de les rappeler, y étaient parfaitement observées, et que, si les mêmes règles sont presque toujours violées dans le texte de l'Histoire tel qu'il nous est connu, c'est que le copiste, au lieu de reproduire l'orthographe de l'original, y a substitué trop souvent celle dont il avait lui-même contracté l'habitude.

L'orthographe des substantifs féminins a subi ces altérations, mais dans une proportion moins considérable.

Ceux qui se terminent par un *e* muet ont au singulier une seule forme, qui sert pour le sujet comme pour le régime; cette même forme, augmentée de l'*s* finale, sert pour les deux cas du pluriel. En d'autres termes, ces substantifs se comportent généralement comme dans le français moderne, où il ne subsiste pas d'autre trace de déclinaison que l'*s* finale qui distingue le pluriel du singulier. Il est cependant des substantifs féminins, terminés autrement que par l'*e* muet, qui, à l'exemple des masculins, prennent une *s* finale au sujet singulier, et la perdent au régime. C'est ainsi qu'on trouve dans les chartes de Joinville : *presentations* (G 19), *tenours* (T 17) ou *teners,* qu'il faudrait probablement lire *tenors* (U 7); *moitiés* (R 51). Le

Credo constate le même usage pour les sujets singuliers féminins des mots *chars,* en latin *caro* (p. 5i4), *dolours* (p. 5i6), *foiz,* en latin *fides* (p. 5o8), *mers* (p. 532), *veritez* (p. 5i4) et *vertus* (p. 5o8). Dans les chartes, les mots de même désinence que *veritez* dont le nominatif latin se termine par *tas* font presque toujours leur régime singulier en *tei* ou *tey,* et très-rarement en *té* (*communautei, crestientei, fermetey, moyennetey, seurtei, volontei,* etc.). Ces traces de déclinaison au singulier de quelques substantifs féminins ont disparu du texte de l'Histoire, et doivent y être rétablies, conformément à l'orthographe des chartes et du *Credo.* Quant au pluriel féminin, où le sujet et le régime prenaient l's finale, soit que le substantif se terminât ou non par l'*e* muet au singulier, il se présente généralement sous la même forme dans les chartes, dans le *Credo* et dans l'Histoire.

3° ADJECTIFS.

Les adjectifs masculins se comportent comme les substantifs du même genre. Les uns prennent l's finale au sujet singulier et au régime pluriel, la perdant au régime singulier et au sujet pluriel. Ainsi on trouve dans la même charte (Y 33), au sujet singulier, *souverains,* et, au sujet pluriel, *souverain.* D'autres adjectifs conservent toujours l's, l'*x* ou le *z* comme finale, parce que cette lettre appartient à la partie invariable de leur suffixe : de là les régimes singuliers *bateis* (H 76) et *religiex* (I 4) ou *religieux* (K 8); de là encore le sujet pluriel *religious* (X *bis* 9). Il y avait enfin des adjectifs, comme *mieudre-meillor, graindre-graignor,* etc. qui suivaient la règle des substantifs imparisyllabiques; mais les chartes n'en fournissent pas d'exemple.

Les règles propres à la déclinaison des substantifs féminins s'appliquent aux adjectifs de ce genre : ceux qui se terminent

par un *e* muet restent invariables à tous les cas du singulier,
et ajoutent à cette forme unique l's finale pour tous les cas du
pluriel. On trouve donc, au sujet singulier, sans l's finale, *ferme*
(B 15), *estable* (B 15) ou *estauble* (C 33); et, au sujet pluriel,
avec l's, *fermes* (L 82), *estables* (L 82) ou *estaubles* (X 79). Mais
il y avait des adjectifs féminins qui ne se terminaient point par
un *e* muet, et qui dérivaient d'une forme servant en latin pour
les deux genres : ceux-là suivaient au singulier les règles de la
déclinaison masculine. Les exemples n'en sont pas nombreux
dans les chartes, mais comme le fait est constaté par d'autres
textes, ils suffisent pour confirmer une règle d'ailleurs bien
établie. J'ai noté deux fois *grans* au sujet féminin (W 72 et
X *bis* 6), alors que, dans les mêmes actes, *grant* se rencontre
aussi deux fois au régime (W 210 et X *bis* 32). Je puis citer encore le pronom indéfini *tel,* qui se présente, au sujet singulier
féminin, sous la forme *teix* (T 12), et qui faisait, au régime, *tel*
(E 9). L'analogie autorise à faire remarquer que le pronom relatif *laquelle* se déclinait de la même manière, puisqu'on trouve,
au sujet singulier, tantôt *la quex* (Q 15, T 12), tantôt *la
quez* (H 67), et, au régime, *la quel* (H 149). Il n'est donc pas
douteux que, parmi les adjectifs et les pronoms qui n'avaient
qu'une forme en latin pour les deux genres, il s'en présente
dans les chartes de Joinville qui suivaient au singulier les règles
de la déclinaison masculine. Mais je dois ajouter que l'on rencontre dans ces mêmes chartes quelques exceptions à cette
règle.

Parmi les adjectifs qui avaient en latin une désinence commune pour les deux genres, j'en ai trouvé un surtout qui a
presque toujours, dans les chartes, une forme spéciale pour le
féminin, c'est le mot *presente*. Sauf une charte de 1270, qui
contient *ces presenz lettres* (M 2), partout ailleurs on a écrit

presente et *presentes.* Les régimes pluriels *personneles* et *reeles* (S 76 et 77) constituent une exception du même genre. En outre, j'ai remarqué le pronom *tele* et *telle* (S 22, V 24, W 74, Y 15), au lieu de *teil* ou *tel;* mais ce mot se présente plus souvent avec la désinence masculine; et je dois ajouter aussi que *laquel* et *laqueil* sont bien plus ordinaires que *laquelle.* Il est donc vrai de dire, en résumé, que les désinences françaises *al, el, ant* et *ent,* répondant aux désinences latines *alis, ans* et *ens,* servaient généralement pour le féminin comme pour le masculin, ainsi que toute désinence dérivant d'une désinence latine commune aux deux genres. Les chartes m'ont fourni, par exemple, comme adjectifs féminins, au régime singulier, *loial* (I 118), *corporeil* (N 22), *pharochial* et *pharochal* (G 7 et 13). Si l'on se rappelle, d'ailleurs, que la plupart de nos adverbes sont formés d'un adjectif féminin suivi de la finale *ment,* on peut dire que les chartes attestent implicitement l'existence des mots *soufisant, bannal* et *especial* comme adjectifs féminins, par cela seul qu'elles contiennent les adverbes *soufisamment* (W 90), *bannalment* (X 58), et *especialment* (Y 27) ou *especiaument* (N 11). Par la même raison, l'adverbe *perpetuelmant* (P 8) suppose nécessairement l'adjectif féminin *perpetuel,* qu'il faut reconnaître, malgré la suppression de la consonne finale, dans une charte où l'on doit lire (U 19) *en armone perpetué,* et non *perpetue.* Ce qui le prouve, c'est que la finale du radical *corporel* était tantôt conservée dans l'adverbe *corporelment* (O 42), tantôt omise dans *corporémant* (Q 37) ou *corporément* (N 44).

Ces exemples sont bien suffisants pour constater que l'usage des adjectifs féminins à forme masculine était observé à la chancellerie de Joinville; néanmoins les exceptions signalées plus haut (*presentes, reeles, personneles, telle*) indiquent assez que, dès le XIIIe siècle, se manifestaient, par exception, les premiers indices du changement qui devait plus tard généraliser la désinence de l'*e* muet pour tous les adjectifs féminins. Il est probable que cette transformation s'est opérée d'assez bonne heure pour les adjectifs terminés en *al* ou en *el*, puisque tous les adverbes qui en dérivent ont un radical de forme féminine (*spécialement, journellement*). Au contraire, la forme masculine a dû se conserver plus tard dans les adjectifs terminés par *ant* ou *ent*, puisque la langue actuelle conserve encore ce radical primitif, qui a servi à former les nombreux adverbes de cette classe, tels que : *vaillamment, prudemment*, etc. dont l'orthographe étymologique serait *vaillantment, prudentment*. L'adverbe *présentement* est peut-être une exception unique, dont l'ancienneté du féminin *présente* donne d'ailleurs l'explication. Un exemple inverse est fourni par un adverbe dont le radical se rattache à la désinence latine *is* : quoique le vieux féminin *grand* s'emploie encore en certains cas, l'adverbe primitif *grantment* a fait place à *grandement*. Quant à certains adverbes dont le radical semble être masculin (*absolument, étourdiment, aisément*), ils s'écrivaient autrefois *absoluement, étourdiement, aiséement*, comme l'atteste l'accent circonflexe conservé encore pour certains adverbes, tels que *assidûment*, etc. L'accent aigu qui a dû se maintenir sur le premier *e* d'*aisément* après la disparition de l'*e* muet existe, par la même raison, sur la syllabe pénultième d'adverbes analogues, tels que *assurément, décidément*, qui dérivent des féminins *assurée, décidée;* mais on le place à tort sur d'autres adverbes, tels que *commodément, confusément, expressément*, qui dérivent des féminins *commode, confuse, expresse*.

Puisque l'emploi des adjectifs féminins à désinence masculine était habituel dans les actes de la chancellerie de Joinville, et que d'ailleurs le même usage s'observe généralement dans les autres textes du même temps, il est naturel de supposer qu'il n'en devait pas être autrement dans l'Histoire de saint Louis, avant que le copiste du manuscrit en eût modifié l'orthographe. En effet, ce texte, tout altéré qu'il est, conserve encore des traces de cet usage, notamment dans ce passage : « leur créance est si desloiaus » (p. 170), qui atteste à la fois l'emploi de la finale propre au sujet singulier et la persistance de la forme masculine, qu'on retrouve ailleurs dans les régimes féminins *desloial* (p. 408), *grant* (p. 8), *grief* (p. 102), *mortel* (p. 34), *tel* (p. 26), *vert* (p. 88); sans parler des radicaux féminins de forme masculine dans les adverbes *cruelment* (p. 28), *diligenment* (p. 438), *especialment* (p. 6), *forment* (p. 216), *griefment* (p. 462), *liberalment* (p. 482), *loialment* (p. 466), *pacientment* (p. 14), *perpetuelment* (p. 504), et *soutilment* (p. 20), qui confirment les observations recueillies dans les chartes.

Ces observations sont encore confirmées par deux pluriels féminins à forme masculine, *tiex* (p. 302) et *sollempnielx* (p. 478), desquels on peut rapprocher le pronom relatif *ès quiex* (p. 92). Ces trois derniers exemples autorisent à introduire une correction dans un passage de l'Histoire (p. 336), où il est question de *festes années* (fêtes annuelles), passage cité dans le Glossaire français de Du Cange au mot *année*. C'est une fausse leçon d'un adjectif qu'il a rencontré ailleurs sous les formes *annueus*, *anneus* et *anniex*, dérivant du latin *annualis* et *annalis*. Il me paraît certain que le texte original portait *festes anniex*, *anneix*, *annex*, *annez* ou *annés*, et que le copiste y aura substitué la leçon *années*, s'imaginant corriger une faute, parce qu'il n'avait pas reconnu cet adjectif féminin à désinence masculine, qui se rattache aussi facilement au latin *annalis* sous la forme *annez* ou *annés* que sous la forme *anniex*, *anneix* ou *annex*[1]. En effet,

---

[1] On peut également supposer que l'original portait *anuez* ou *anués*, venant du latin *annualis*; ce mot a eu, aussi bien que *annalis*, ses dérivés dans la langue vulgaire.

on rencontre dans les chartes le pluriel *journés* (I 60), dont l'étymologie est déterminée par le singulier *journel* (I 58). On y trouve le pluriel *Frontés* (I 44), alternant avec *Frontex* (I 57), de même que *auxqueix* (W 185), *desquex* (I 6), *desquelz* (V 28) et *lesquex* (M 17) alternent avec *auqués* (L 38), *desqués* (N 15) et *lesqués* (L 85).

Pour compléter cette démonstration, il me reste à citer un petit nombre d'exemples analogues, que j'ai relevés dans le *Credo*. Les adjectifs féminins à forme masculine *grant* (p. 512), *mortel* (p. 508) et *vil* (p. 520), l'adverbe *pacianmant* (p. 516), et les pronoms relatifs féminins *laquel* (p. 510), *lesquex* (p. 514) et *lesquiex* (p. 532), sont autant de preuves nouvelles qui s'accordent de tout point avec celles que fournit le texte des chartes et celui de l'Histoire.

4° PRONOMS PERSONNELS.

La forme *je* ou *j'* est à peu près la seule qui se présente au sujet singulier; je crois avoir rencontré seulement un exemple de *ju* (P 37) et *ge* (C 1 et L 3). Au régime on trouve *me, moi* ou *moy*. Joinville, dans son Histoire, met souvent *je* où nous mettrions *moi* : « Et je qui onques ne li menti » (p. 16), parce qu'il n'employait *moi* que comme régime, tandis que nous l'employons quelquefois comme sujet.

Pour la seconde personne du singulier, *tu* au sujet, *te* et *toi* au régime, ne se présentent que dans l'Histoire et dans le *Credo*[1]; les chartes n'en fournissent pas d'exemple.

Il, sujet singulier masculin de la troisième personne, fait, au régime : 1° *le* ou *l'*, et par exception *lo* (A 12) et *lou* (L 34);

[1] Je signalerai cette apostrophe à l'enfer : *et tu, anfer* (p. 520); nous dirions : *et toi, enfer*.

2° *lui* ou *li;* 3° *se* ou *soi.* Nous employons quelquefois *lui* comme sujet, ce que Joinville ne faisait pas. Il ne disait pas : « lui-« même brûlait ses villes, » mais : « il meismes ardoit ses villes » (p. 56) [1], par la même raison qu'il disait *je qui* et non *moi qui.* Il est vrai qu'on trouve *il* assimilé en apparence à *li,* et *je* à *moy* dans ce passage de l'Histoire de saint Louis (p. 74) : « Et pas-« sames de là à tout vingt chevaliers, dont il estoit li disiesme, « et je moy disiesme. » Mais ce n'est là qu'une confusion appa-rente, attendu que dans le latin du temps on eût écrit : « ex « quibus ille erat se decimo, et ego me decimo. » En effet, dans un compte de 1231, où l'on marque les sommes dues à des chevaliers, pour une expédition militaire, le nom de chaque chevalier, écrit au nominatif, est suivi, quand c'est un cheva-lier venu seul, du mot *solus;* au contraire, quand c'est un chevalier venu avec des compagnons, son nom, quoique tou-jours écrit au nominatif, est suivi des mots *se quinto, se tertio* [2], qui sont évidemment construits comme les mots *li disiesme* et *moy disiesme,* dans la phrase que je viens de citer.

Puisque les mots *li disiesme* eussent été rendus, en latin du temps, par *se decimo,* il en faut conclure que *li* ou *lui* pouvait répondre au latin *se* et remplir aussi bien que *se* ou *soi* l'office de pronom réfléchi. Une charte de 1286 en fournit un exemple pour le pronom féminin *li* : « Avons proumis as dis religieus « toutes les choses desseus dites et chascune par li à garandir « envers toutes gens » (S 98). Les mots *et chascune par li* signi-fient *et chacune par soi,* autrement dit *chacune en particulier,* ou, en latin, *per se.* C'est ainsi que Joinville donne souvent au pro-nom *li* le sens réfléchi, en disant *pour li confesser* (p. 24) [3], au

[1] Voyez aussi *il meismes* (*Credo,* p. 530).

[2] *Historiens de France,* t. XXI, p. 220 et 221.

[3] Voyez encore *par lui confesser,* dans le *Credo* (p. 520).

lieu de *pour se confesser,* ou bien encore, *il ot pooir de li resusciter* (p. 222)[1], au lieu de *il eut pouvoir de se ressusciter.*

Au pluriel, on trouve, pour le sujet comme pour le régime,
à la première personne, *nous,* remplacé quelquefois par *nos,* et,
à la seconde personne, *vous.*

Le sujet masculin pluriel est toujours *il* sans *s* comme au
singulier. Là où nous employons *eux* comme sujet, Joinville
se servait de *il,* par exemple dans la phrase suivante : « il
« meismes le contèrent » (p. 90). Au régime pluriel on trouve
dans les chartes : 1° *les;* 2° *aus* ou *aux,* et par exception *alx*
(B 5), *eauls* (Y 23) et *iaus* (S 26), sans que j'aie remarqué
une seule fois *eux,* ou *eus*[2]; 3° *lour* ou *lor* et rarement *leur.*
Comme *lui* au singulier, *aux* se prenait dans le sens réfléchi.
Par exemple, dans la charte de janvier 1278, on a mis : « il
« n'iront ne ne feront venir par aux ne par autrui » (Q 38), là
où nous mettrions aussi bien *par soi* que *par eux.* Mais Joinville
s'est servi de ce dernier pronom dans une phrase où l'usage
nous obligerait aujourd'hui d'employer notre pronom réfléchi :
« ne font force li Assacis d'aux fère tuer » (p. 306). C'est ainsi
que, dans le *Credo* (p. 520), *par eus* répond au latin *per se :*
« les chevaliers portanz banière par eus. »

Lour ou *leur,* outre l'emploi qu'on en fait aujourd'hui, se
rencontre dans des phrases où nous serions obligés de mettre
eux ou *soi :* 1° dans la charte de 1273, « sans rien retenir à lour
« ne à lor hoirs » (N 22); 2° dans la charte de mai 1278, « il ne
« iront à l'ancontre par lour ne par autrui » (O 43); 3° dans
la charte de janvier 1278, « ont renoncié por lour et por loir
« hoirs » (Q 31). De même, dans une phrase analogue à celles

---

[1] Voyez de même *avoit eu pooir de lui
resusciter,* dans le *Credo* (p. 522 et 524).
[2] Cette forme du pronom se présente
au contraire dans l'Histoire et même dans
le *Credo,* où cependant *aus* est plus ordinaire.

dont le compte de 1231, cité plus haut, fournit l'équivalent latin, Joinville a dit (p. 336) : « cinquante quatre chevaliers que « en appeloit diseniers pour ce que il estoient leur disiesme[s], » ou, en latin, *se decimis*. Ailleurs j'ai fait entrer dans le texte, comme M. Daunou, la leçon *esliroient entre eux* (p. 316), fournie par le manuscrit de Lucques; mais je crois que les exemples cités plus haut permettent de conserver celle du manuscrit *A*, *esliroient entre leur*.

Au féminin, j'ai rencontré dans les chartes : au sujet singulier, *elle;* au régime, *la* ou *l'*, *lui* et *li*[1]; au sujet pluriel, *elles;* au régime, *les* et *lour* ou *lor*.

Ces différentes formes sont également employées dans l'Histoire. Les détails que j'ai donnés sur les pronoms masculins me dispensent d'entrer ici dans aucun développement et me permettent de conclure que, pour les pronoms personnels, il y a un accord parfait entre les chartes et l'Histoire, sauf pour l'orthographe des pronoms *eux* et *leur,* qu'il faut changer en *aus* et *lour* ou *lor,* pour se conformer à l'usage dominant de la chancellerie de Joinville.

5° PRONOMS ET ADJECTIFS POSSESSIFS.

Les chartes permettent de constater pour les pronoms possessifs les formes suivantes :

Au singulier, pour le sujet masculin, *mes* et, par exception, *mis* (A 10); *ses, nostre* et *lor* ou *leur;* à quoi on peut ajouter par analogie *tes* et *vostre*. Je n'ai trouvé qu'une fois *nostres* avec l'*s* finale, « li heritaige seroit nostres » (W 58). Cet exemple unique ne suffit pas pour faire croire que cette orthographe fût pré-

---

[1] Notamment *de li,* se rapportant à *unes lettres* (U 6).

férée dans le cas où *nostre* était, comme ici, véritablement pronom plutôt qu'adjectif possessif.

Mais en dehors de la chancellerie de Joinville on trouve, sans distinction aucune, au sujet singulier, *nostres* aussi bien que *nostre*. Au contraire, il faut rejeter comme une faute contraire à toutes les habitudes du temps la finale *s* que la charte de 1286 ajoute une fois à *leur* employé comme adjectif possessif : *leurs mesaiges* (S 58). Il y a trop d'exemples de *lour, lor* et *leur* restant invariables au sujet et au régime des deux genres et des deux nombres, pour qu'on puisse hésiter à préférer cette orthographe, qui domine dans l'Histoire de même que dans les chartes : l'étymologie latine *illorum* réglait alors absolument l'orthographe de *leur, lor* ou *lour*[1]. Quant au sujet *mes*, l'Histoire nous le montre souvent suivi du mot *sire;* mais ces exemples, quoique nombreux, ne sont pas concluants, parce que ces deux mots ont fini par se souder et par devenir un simple synonyme de *monseigneur;* en sorte que, contrairement à l'usage ancien, on a pu employer *messire* au régime et *monseigneur* au sujet. Pour le sujet *ses*, au contraire, il y a un texte décisif; c'est lorsque Joinville, s'adressant à Louis le Hutin, lui dit : « Vous qui estes ses hoirs » (p. 12). Il est vrai que cet exemple est contredit par d'innombrables passages dans lesquels *mon, ton* et *son* reparaissent au sujet singulier; mais je n'hésite point à dire que ce sont des altérations introduites par le copiste, et que l'usage suivi constamment dans les chartes de la chancellerie de Joinville autorise à remplacer, au sujet, *mon, ton, son,* par *mes, tes, ses*[2].

Comme pronom possessif proprement dit, les chartes ne fournissent, au sujet singulier masculin, que l'exemple de

---

[1] Les autographes de Bussy et de Racine fournissent encore des exemples de *leur* écrit sans *s* au pluriel. — [2] Voyez aussi *Judas ses frères* (*Credo*, p. 514).

nostres, cité plus haut; mais par cela seul qu'on y rencontre aussi les régimes *mien* et *lour,* on peut considérer comme étant en usage au nominatif singulier, *miens, tiens, siens, nostre, vostre, lour,* qui pouvaient être, en certaines circonstances, précédés de l'article *li.*

Au pluriel, pour le sujet masculin, on employait à la chancellerie de Joinville : *mi* (I 123, etc.), *sui* (H 31, etc.) et, par exception, *si* (P 5); *nostre* (I 118, etc.) et, par exception, *no* (S 11); *lour* ou *leur.* On peut en déduire par analogie *ti*[1] et *vostre.* La présence du sujet *mi* dans le manuscrit original de l'Histoire est attestée par cette phrase (p. 260) : « Où sont mi preu- « domme? » L'usage des chartes et l'analogie autorisent à considérer cet exemple comme un reste de l'orthographe primitive, et à remplacer partout, au sujet pluriel, les formes altérées *mes, tes, ses,* par *mi, ti, sui* ou *si.* C'est la forme *si* qui se rencontre dans le *Credo* (p. 514 et 534).

Nostre, qui ne s'emploie aujourd'hui comme adjectif possessif qu'au singulier, servait aussi au pluriel. Ainsi, dans la charte de 1298, on trouve, au sujet, *nostre hoir* (W 11) là où nous dirions *nos hoirs.* Joinville a dit de même dans l'Histoire (p. 12) *vostre frère* pour *vos frères,* et le manuscrit de Lucques a conservé d'autres passages qui prouvent l'emploi, dans le texte original, des sujets pluriels *nostre* et *vostre.* On est donc autorisé à remplacer dans l'Histoire *nos* et *vos,* au sujet pluriel, par *nostre* et *vostre.*

Quant à *lour* ou *leur,* les chartes comme l'Histoire en attestent l'emploi; mais la forme *lour* est de beaucoup la plus fréquente dans les actes. On n'y rencontre pas, au nominatif pluriel, les pronoms possessifs proprement dits *mien, tien, sien, nostre,*

---

[1] La forme *tui* serait l'équivalent de *sui;* mais je n'en connais pas d'exemple.

vostre et *lour;* mais l'analogie autorise à supposer qu'ils étaient en usage.

Les chartes fournissent, pour le régime singulier mascu-lin, *mon, son* et, par exception, *som* (C 21); *nostre, vostre* et *lour;* il faut y ajouter par analogie *ton*. Pour le pronom pos-sessif proprement dit, on y trouve *mien, nostre* et *lour,* ce qui autorise à suppléer *tien, sien*[1] et *vostre*. Je me contente de citer : 1° dans la charte de 1302, « dou temps mon père « et dou mien » (X 9); 2° dans la charte de 1298, les mots *au nostre, au lour* (W 105 et 112), signifiant *à nos frais, à leurs frais*[2].

Pour le régime pluriel, on trouve *mes, ses, nos,* et *lor, lour* ou *leur,* comme adjectifs possessifs; à quoi il faut ajouter par analogie *tes* et *vos.* Les seuls pronoms possessifs que j'aie no-tés, au régime pluriel, sont *les miens* (U 23) et *aus lour* (X 41). J'estime qu'il y faut ajouter d'abord *tiens, siens,* puis *nostres* et *vostres,* sans exclure pourtant *nos* et *vos,* qui auraient pu servir dans les chartes, aussi bien que dans les autres textes du temps, et comme adjectifs, et comme pronoms. Seulement, j'avertis que je n'ai pas eu occasion de remarquer que, dans l'Histoire ni dans les chartes, *nos* et *vos* aient rempli l'office de pronoms possessifs au pluriel masculin, tandis que j'ai noté *aus nostres* à la page 128 de l'Histoire.

Pour les possessifs féminins, il n'y a pas de différence entre le sujet et le régime. J'en donne ici la liste, en suppléant entre crochets les formes qui manquent ou que j'ai omis de noter dans les chartes : au singulier, *ma,* [*ta*], *sa, nostre, vostre, lour* (plus souvent que *leur*); au pluriel, [*mes, tes, ses*], *noz,* [*voz*],

---

[1] On trouve *dou sien* dans le *Credo* (p. 536).

[2] Dans la réalité, ce sont des mots neu-tres, dont je reparlerai plus tard; mais, à n'en considérer que la forme, on peut les assimiler à des masculins.

lour, lor (plus souvent que *leur*). Les pronoms possessifs proprement dits étaient : au singulier, *moie* (L 60), [*teue*], *seue* (W 141), *nostre*, [*vostre, lour*]; au pluriel, [*moies, teues*], *seues* (W 105), *nostres, vostres*[1], *lour*.

Dans les chartes comme dans l'Histoire, l'*a* de *ma* et de *sa* s'élide devant un mot commençant par une voyelle : on écrivait donc *s'arme* (D 6), *m'arme* (U 18 et X 11), pour *son âme, mon âme;* de même dans l'Histoire on trouve *m'escharpe* (p. 82), *s'arbalestre* (p. 78), etc. Le pronom possessif *la moie*, que j'ai noté dans la charte d'octobre 1266 (L 60), se présente assez souvent dans l'Histoire, ou isolé, comme dans la charte, du substantif qu'il représente : « la coulpe n'iert pas moie, mès « vostre » (p. 290); ou joint à un substantif, mais précédé des articles *la* ou *une :* « la moie[2] place » (p. 388); « une moie me-« son » (p. 504). C'est sous cette dernière forme que se présentent les pronoms *seue* et *nostre* dans la charte de 1298, *la seue chose, les seues choses, la nostre chose* (W 105, 141 et 204). On trouve de même, dans l'Histoire, *la seue bataille* (p. 204); ailleurs : « cui terre venoit après la seue » (p. 316), et plus loin : « Je requis au roy qu'il feist savoir la verité se la garde « estoit seue ou moie[3] » (p. 454.)

Le *Credo* fournit quelques autres indications : au singulier féminin, *la moie* et *la soe* (p. 516), *la soie cote* (p. 524), *nostre delivrance* (p. 522), *la nostre loi* (p. 530), *lor loi* (p. 522); au pluriel, *nos mères* (p. 508), *leur joies* (p. 530). Mais il faut noter surtout (p. 514) *les nos chars*, c'est-à-dire l'emploi de l'article devant *nos*, ce qui ne permet guère de douter que *les nos* ne

---

[1] On verra tout à l'heure, par un passage du *Credo*, que, pour le féminin surtout, il ne faut pas exclure les formes *nos* et *vos* de la liste des pronoms employés par Joinville. — [2] Le manuscrit porte par erreur *la moy place.*

[3] Il y a encore ici *moy* au lieu de *moie.*

fût pour Joinville, sinon au masculin, du moins au féminin, un équivalent du pronom *les nôtres,* tel que nous l'employons aujourd'hui.

6° PRONOMS ET ADJECTIFS DÉMONSTRATIFS.

La charte de 1298 est la seule où j'aie noté un exemple d'adjectif démonstratif au sujet singulier masculin; c'est la forme *cil* (W 86), qu'on y trouve aussi employée une fois comme pronom (W 50); cette même forme reparaît au sujet pluriel, surtout comme pronom, dans un grand nombre de chartes[1]. Elle n'est pas moins fréquente au sujet pluriel dans l'Histoire, et comme il est naturel que ce mot se comporte de même que le pronom personnel *il,* on ne doit point hésiter à considérer *cil* comme la forme régulière de l'adjectif et du pronom démonstratif au sujet, tant singulier que pluriel. Un autre pronom démonstratif se rencontre une fois au sujet singulier dans la charte d'octobre 1266 (L 75), et une autre fois dans le *Credo* (p. 518); c'est le mot *ciz,* dérivant de *hic iste,* qui ne doit pas être confondu avec *cil* dérivant de *hic ille.* Au sujet singulier *ciz,* correspond le sujet pluriel *cist,* employé trois fois dans les chartes comme adjectif démonstratif (I 109, K 42 et X 69).

Le sujet *cil* a pour régimes, au singulier, *cel* (N 8, Q 7, U 12), *celi* (L 51), et *celui,* que j'ai noté une fois comme adjectif (Z 17), et souvent comme pronom (C 24, etc.). Les régimes pluriels de *cil* sont, le plus souvent : *cex* (A 2, M 2, V 2), *celz* (T 2, W 8, X 2), *celx* (B 2, C 2), *ceux* (E *ter* 3, G 2, I 2), ou *ceus* (L 2, O 2), *ciaus* (J 2, S 1), et plus rarement *ciax* (N 2) ou *saus* (D 2), qui est une mauvaise orthographe. *Ciz* a pour

---

[1] Voyez, par exemple, H 76, L 42, R 54, S 16, W 24, X 10.

régimes singuliers *cest* et *cestui*, que j'ai rencontrés seulement comme adjectifs, quoiqu'on ait pu les employer aussi comme pronoms[1]. Au régime pluriel la forme *ces* se présente fréquemment comme adjectif (voy. notamment H 118, I 22, L 54, P 15, S 68, W 151). On pourrait croire aussi que la forme *ces* était d'un usage ordinaire comme pronom, puisque l'on trouve plusieurs exemples de *ces qui* signifiant *ceux qui*[2]. Mais par la même raison qu'on écrivait souvent *frontés, lesqués, desqués*, au lieu de *frontex, lesquex, desquex*, on a pu aussi écrire *ces* au lieu de *cex* : dans ce cas *ces qui*, ayant le sens de *ceux qui*, est réellement une nouvelle variété du régime pluriel de *cil*, et ne doit pas être assimilé à *ces*, dérivant du sujet pluriel *cist*, et employé, non plus comme pronom, mais comme adjectif démonstratif.

Quoi qu'il en soit de ce détail, sur lequel je n'ai pas à insister davantage, je rappelle que *cil* paraît fréquemment au sujet pluriel dans l'Histoire, et qu'on doit reconnaître à cette forme, employée dans les chartes, l'orthographe du manuscrit original. Quand, au contraire, on rencontre *ceulz* au sujet pluriel, ou *cel* et *celi* au sujet singulier, on doit croire que le copiste du xive siècle a commis cette erreur, et que, dans le manuscrit original comme dans les chartes, *cel* et *celi* étaient des formes réservées pour le régime. C'est aussi avec cette valeur que le manuscrit *A* les emploie souvent, en même temps que *cest* et *cesti*.

Au féminin, j'ai noté comme très-fréquente la forme *ceste*, tant pour le sujet que pour le régime. Rien n'empêche d'admettre qu'on ne pût aussi employer *cele* de l'une et de l'autre façon; mais les chartes ne montrent ce mot qu'au régime (G 8

---

[1] J'ai noté *cestui* dans une seule charte (S 24), tandis que la forme *cest* est très-fréquente. — [2] Voyez E *quater* 3, K 1, L *bis* 3, U 2.

et I 98)[1]. Quant aux formes *celi, iceli, celli,* qui paraissent aussi au régime seulement (S 73 et 86, U 7), elles ne devaient pas s'employer au sujet. J'ai noté au pluriel *celes* (R 64) et *celles* (V 61, W 194) avec la valeur du pronom, tandis que *ces,* dont l'emploi est si fréquent, soit au sujet, soit au régime féminin, se présente seulement comme adjectif. On peut s'expliquer ainsi pourquoi *cette* et *ces* n'ont plus aujourd'hui d'autre valeur, tandis que *celle,* qui servait autrefois et comme adjectif et comme pronom, n'a conservé définitivement que la valeur de pronom. En ce qui concerne les formes et l'emploi de ces pronoms féminins, le texte de l'Histoire s'accorde avec celui des chartes.

7° PRONOMS RELATIFS.

Dans les chartes de Joinville, comme aujourd'hui, notre pronom relatif *lequel, laquelle,* présente l'article combiné avec le mot *quel* et conservant néanmoins la liberté entière de ses flexions. Aussi la distinction du masculin et du féminin est-elle facile partout où l'article fournit le moyen de la faire; mais, au régime pluriel, l'article devenant commun aux deux genres, il n'y a moyen de les distinguer que dans les passages où le pronom, contrairement à l'usage le plus ordinaire, prend une désinence féminine. J'ai noté *desquelles* (U 7), *lesqueles* (Y 13), *lesquelles* (Z 36), *laquelle* (T 43) et *liquele* (X *bis* 35). Relativement au nombre des désinences masculines, ce sont des exceptions; mais je devais les signaler avant d'indiquer les formes régulières et habituelles de ce pronom.

J'ai noté, pour le masculin, au sujet singulier, *li quex* (F 5, U 11 et 16) ou *li qués* (P 12); au régime, *le quel* (C 22, Z 15);

---

[1] C'est ainsi encore qu'on trouve *en icelle ore* dans le *Credo* (p. 518), et *les appendises d'icele* (X *bis* 36).

au sujet pluriel, *li quel*[1] (S 6, W 22 et 216); au régime, *les quels* ou *les quelz* (V 16 et 19, Z 46), *les qués* (L 70 et 72, S 36), et *les queis* (C 5); puis *desquex* (E *ter* 9, I 6, L 5, Q 18 et 24), *desqués* (N 15), *desqaelz* (V 28, Z 31), *auqués* (L 38), *auxqueix* (W 185). Pour le féminin, on trouve, au sujet singulier, *la quex* (Q 15, T 12) ou *laquez* (H 67); au régime, *laqueil* (K 47) et surtout *la quel* (H 149, M 21, N 47, P 36, Q 42; X *bis* 6, Z 9); au pluriel, *lesqueis* (C 9), *lesqués*[2] (L 85) et *les quex* (M 17), sans qu'il y ait lieu de distinguer le sujet du régime, parce que, en règle générale, cette distinction n'existait pas pour les désinences du féminin pluriel. On voit, au contraire, qu'au singulier il y avait pour le pronom dont il s'agit une distinction du sujet et du régime, aussi constante au féminin qu'au masculin.

Outre ce pronom combiné avec l'article, il y en avait un autre qui servait généralement pour les deux genres et pour les deux nombres, faisant, au sujet, *qui,* au régime, *cui* et *que.* Le mot *cui* sans préposition peut répondre au latin *cujus,* comme dans la charte de 1298 (W 107), où on lit : « cil pour cui « meffait » (*ille pro cujus malefacto*)[3]. Il pouvait encore répondre à l'accusatif *quem,* comme dans la charte de 1292, *cui Diex absoile* (T 5), et à l'accusatif *quos,* comme dans la lettre de 1315, où les mêmes mots (AA 20) doivent se traduire par *quos Deus absolvat*[4]. Enfin j'ai trouvé *cui* précédé de l'une des prépositions *à* (W 58), *pour* (W 172) et *sus* (Q 11); ce qui montre assez que ce régime du pronom relatif pouvait se combiner avec toutes les prépositions et répondre à tous les cas.

---

[1] On trouve *li quex* au pluriel (U 13); mais c'est une des rares fautes qui ont été commises dans les chartes de Joinville.

[2] La même désinence reparaît dans le régime indirect *desqués* (N 19).

[3] Voyez aussi (E *bis* 15, E *quater* 15) « de cui heritaige, » *de cujus hereditate.*

[4] *Cui* pouvait aussi répondre au datif, comme dans ce passage du *Credo* (p. 528): « cui Diex envoia le feu dou ciel. »

Je ne citerai pas d'exemple du pronom *que* employé au régime masculin ou féminin, tant au singulier qu'au pluriel; il
me suffira de dire que ces exemples sont fréquents et conformes
à l'usage moderne. Ce qui s'écarte de cet usage, c'est que de
temps en temps *que* est substitué à *qui* pour le sujet féminin
pluriel (Q 35 et 45, R 38 et 47, W 133). Ce ne sont que des
exceptions, mais elles sont assez nombreuses pour attester
l'influence de la forme latine *quæ*, plutôt qu'une irrégularité
provenant de la distraction ou de l'ignorance du copiste. Je ne
verrais au contraire que des erreurs de copiste dans deux passages où *que* remplace *qui* au sujet pluriel masculin : « ceus que
« vorrient » (E *bis* 32); « des marriens que mestier lour averont »
(H 113). Quant à l'emploi de *que* au sujet singulier, dans des
passages où il répondrait au latin *quod*, j'en parlerai quand je
signalerai quelques traces du neutre dans le vieux français.

Il me reste à parler du mot *dont*, qui prenait déjà fréquemment la valeur du pronom relatif, quoique par son étymologie
il vînt de la préposition latine *de*, combinée avec l'adverbe *unde*.
Il se présente habituellement sous la forme *dont* (R 13, X 10
et 65); mais on rencontre aussi *don* (E *ter* 23)[1], et même *dou*
(E *ter* 37). Dans les différents passages que je viens d'indiquer,
il fait l'office de pronom relatif; mais c'est plutôt son acception à la fois adverbiale et conjonctive qu'il a conservée dans
le passage suivant : « plusours entrepresures dont l'abbes et li
« couvens se plaignoient de Jehannet » (R 5).

Dans l'Histoire le mot *dont* conserve toujours le *t* final, mais
je n'ai pas noté de passages où il figurât comme pronom relatif. On y trouve le pronom *cui* employé de la même manière
que dans les chartes, avec ou sans préposition; seulement il y

---

[1] Le *Credo* (p. 508) fournit aussi un exemple de cette orthographe exceptionnelle.

est souvent écrit *qui,* selon l'usage actuel. L'orthographe moderne y est bien plus souvent encore employée pour le relatif combiné avec l'article; cependant on y trouve quelquefois *laquel* au féminin (*laquel chose,* p. 34). Il est moins rare d'y rencontrer l'ancienne désinence *quiex;* mais, au lieu d'être affectée au régime pluriel masculin, elle paraît aussi au sujet, combinée, dans l'un et dans l'autre cas, avec l'article *les,* ce qui est complétement contraire à la distinction observée dans les chartes. C'est encore là une confusion introduite par le copiste du manuscrit *A.*

8° PRONOMS ET ADJECTIFS INDÉFINIS.

La plupart des mots que je vais examiner s'employaient avec ou sans substantif, c'est-à-dire qu'ils remplissaient alternativement le rôle d'adjectifs indéfinis et celui de pronoms, sans que ce changement de rôle entraînât de modification dans leur orthographe. Je puis donc réunir sans inconvénient les observations que j'ai recueillies sur leur double fonction dans les chartes.

Un et *aucun, une* et *aucune,* suivent les règles ordinaires au singulier comme au pluriel. *Nuns* se présente au sujet singulier en 1262, 1298 et 1302 (E *ter* 21, W 77 et X 9); mais je ne l'ai pas rencontré au régime. On trouve au singulier *chascuns* et *chaucuns* pour le sujet (S 7 et W 14); puis, dans plusieurs chartes, *chascun, chacun* et *chaucun* pour le régime. Comme la charte de 1298 renferme au régime *chauqu'an* (W 21), on est autorisé à suppléer le sujet *chauques;* mais au lieu de *chauqu'an,* on trouve aussi dans cette charte *chaucun an* (W 13 et 16).

Autres, sujet singulier masculin, a pour régime *autre* et *autrui.* Ce dernier régime est toujours employé comme pronom : *à autrui* (A 6, W 139); *par autrui* (O 36, P 25, etc.); *lou droit d'autrui* (L 40); *sauf mon droit et sauf l'autrui* (R 56); *sauf mon droit et l'autrui* (X 80, Y 37). Au féminin, *autre* suit la règle ordinaire. Soudé avec *tel,* le mot *autre,* dans les textes du temps, reste invariable, pendant que *tel* subit les flexions des adjectifs qui avaient en latin une désinence commune aux deux genres; mais les chartes ne fournissent point à cet égard d'exemple concluant, puisqu'on n'y rencontre que le régime singulier masculin *autreteil* (O 28); les formes contractes *auteil* (H 128) et *autel* (Z 54) ne se présentent aussi qu'au régime.

Les régimes singuliers *meesmes* (H 75), *meismes* (H 44, 134) et *mesimes* (L 51), rarement remplacé par *meisme* (Q 7) et par *meigme* (U 12), semblent indiquer que ce mot était considéré par bien des copistes comme pouvant conserver invariablement l'*s* finale. Cette façon d'écrire, qui n'est pas conforme à l'étymologie, paraît aussi dominer dans l'Histoire et dans le *Credo*[1].

Le sujet singulier *nulz* paraît plus souvent dans l'Histoire que la forme contracte *nus;* celle-ci est employée à l'accusatif pluriel dans la charte de juillet 1264 (H 55)[2]. On trouve dans plusieurs chartes le régime singulier *nul;* mais je n'y ai pas noté les régimes *nullui* et *nulli,* qu'on rencontre dans l'Histoire (p. 270 et 422). Plusieurs chartes fournissent des exemples du féminin singulier *nule* ou *nulle* et du féminin pluriel *nules* ou *nulles.*

A la forme *pluseur,* que j'ai notée dans la charte de 1286 comme sujet pluriel masculin (S 4), on peut ajouter par analogie *plusor, pluisor,* et surtout *plusour,* qui se rencontrent souvent avec l'*s* finale au régime masculin ou féminin.

Pour *quel...* *que* j'ai trouvé, au sujet féminin singulier, *qués qu'elle soit* (N 45), et *queilz qu'elle soit* (V 37 et 49); puis, au

---

[1] Malherbe et Corneille suivaient aussi cette orthographe. — [2] J'ai noté *nuz* dans le *Credo* au sujet singulier (p. 510) et au régime pluriel (p. 522).

sujet féminin pluriel, *qués qu'elles soient* (N 4o), *quex qu'elles soient* (X *bis* 2 1) : ces quatre exemples prouvent que ce pronom suivait, comme il était d'ailleurs naturel de le présumer, les règles du pronom relatif où *quel* se combine avec l'article. On peut suppléer ici avec toute certitude les formes que les chartes ne fournissent pas. Dans ce passage de la charte de 1 3o6 : « pour « quel cause et en quel menière que » (Z 66), *quel* est employé là où nous mettrions *quelque*. Mais, dans des cas analogues, d'autres chartes se servent de *quelque* (G 8, N 2 5, W 1 5o).

Les chartes ne fournissent pas d'exemple propre à déterminer les véritables flexions du mot *quelconque*. Dans le régime pluriel féminin *queicunques* (P 2o), il semble que le signe du pluriel porte sur la syllabe finale; mais il serait possible que le copiste eût commis une faute en n'écrivant pas *queiscunques* ou *quexcunques*. En effet, la finale *onques* avec une *s* se retrouve au singulier dans l'accusatif féminin *quelque onques* (G 1 1), où la désinence latine *cumque* est remplacée, contrairement à l'étymologie, par l'équivalent de l'adverbe *unquam*. On peut noter qu'il en est de même dans *qui que onques* (E *quater* 2 3), et *qui qui onques* (E *bis* 2 3, F 1 2, H 1 4o). Il y a même des textes où l'on trouve *quel onques que*. Or les chartes écrivant l'adverbe *oncques* ou *onques* avec une *s* finale, on n'est pas certain que cette lettre soit réellement le signe du pluriel dans le mot *queicunques*. En tout cas, ce serait un exemple unique, qui n'empêcherait pas d'admettre que certains copistes pouvaient et devaient faire porter les flexions sur la syllabe *quel*, qui représente *qualis*, plutôt que sur la portion du mot qui répond à la désinence invariable *cumque* ou à l'adverbe *unquam*. Cette observation s'applique à la forme *quelcunque* (N 2 5), qui se rapproche davantage de l'étymologie latine, et dont la première syllabe devait naturellement se comporter comme le pronom relatif.

Le régime féminin singulier *tante*, noté dans la charte de Vaucouleurs (W 96), suppose le régime masculin singulier *tant*, d'où l'on peut conclure au sujet masculin *tanz*. Les mots *tanz*, *tante*, ont pour corrélatifs *quanz*, *quante*[1]. Le texte de l'Histoire contient un exemple incorrect de *tant* dans la phrase suivante (p. 102) : « Et si li demandai se il menroit bien nostre « gent à terre se je le deschargoie de *tant* gent; » il faut, selon toute probabilité, mettre *de tante gent*.

Les chartes fournissent pour le pronom *tel* de nombreux exemples, tous conformes aux règles anciennes à l'égard du masculin, et ne montrant que par exception au féminin la tendance vers la forme moderne *telle*. Je n'ai trouvé cette forme exceptionnelle qu'à l'accusatif singulier. L'Histoire emploie *teles* au féminin pluriel (p. 6), ce qu'autoriserait l'accusatif que je viens de citer; mais on y trouve aussi *tiex* au sujet pluriel masculin (p. 4), ce qui est contraire à l'usage constant des chartes, où les formes équivalentes *teix* et *telz* ne se présentent au masculin que pour le sujet singulier (T 10) et pour le régime pluriel (X 29, Z 30). Il est donc certain que l'orthographe originale a été encore ici altérée par le copiste du manuscrit *A*.

Le texte de l'Histoire est, au contraire, souvent d'accord avec les chartes pour le pronom *tout*, dont elle emploie fréquemment la forme ancienne *tuit* au sujet pluriel masculin; on y trouve aussi *trestuit* (p. 46). Pour le sujet singulier et le régime pluriel, l'orthographe habituelle des chartes est *touz*, ou, moins souvent, *tous*. La forme *toz* est de beaucoup moins fréquente; et ce n'est pas à la chancellerie de Joinville, mais à un clerc de

---

[1] On trouve souvent *quant* soudé avec *que* dans le mot *quantque*, qui s'écrivait aussi *quanque*, et qui signifie *tout ce que;* mais il appartient à la classe des mots neutres dont je parlerai plus tard. (Voyez ci-après p. 43.)

l'official de Langres qu'il faut attribuer l'emploi tout à fait exceptionnel de la forme *toiz* (E *quater* 3, L *bis* 3).

9° NOMS D'HOMMES ET DE FEMMES.

Je vais montrer en peu de mots que les règles suivies pour les noms communs et les adjectifs l'étaient aussi pour les noms d'hommes et de femmes.

Il suffit de parcourir la liste des noms d'hommes qui se présentent au sujet singulier dans les chartes, pour voir que tous se terminent par l'*s* finale ou le *z*. Au régime, au contraire, cette finale ne paraît que dans les noms invariables, comme *Loys* et *Nicholais*, ou bien encore dans *Loranz* (K 36 et 39), parce que le *t* de *Laurentium*, ayant le son de l'*s*, autorisait à ne pas prendre la forme *Lorent* ou *Lorant*, dont une autre charte fournit cependant l'exemple (H 163 et 175). Un nom de femme se présente avec une forme différente au sujet et au régime; c'est *Ysabiaus*, qui fait au régime *Ysabiau* et *Ysabiaul*. On en peut conclure que les noms analogues, c'est-à-dire ceux qui n'étaient pas terminés par un *e* muet, comme *Aude*, ou invariables, comme *Aalix*, prenaient au sujet une *s* ou un *z*, qui disparaissait au régime. De là les régimes *Emenjart* et *Hersant*, qui supposent au sujet les formes *Emenjars* et *Hersans* ou *Hersanz*. Quant au régime *Heluy* (Y 4), je le crois peu ordinaire, et je pense que le nom *Heluys* restait plus généralement invariable.

Il y avait des noms propres qui se déclinaient comme les substantifs imparisyllabiques en latin. On trouve dans les chartes les sujets *Guiz, Miles* et *Hues*, avec le régime *Huon*, qui permet de suppléer par analogie les régimes *Guion* et *Milon*, bien connus par d'autres textes.

5.

10° NOMS DE LIEUX.

Les noms de lieux dans les chartes ne se présentent qu'au régime, et par conséquent ils ne doivent avoir l's finale que dans deux cas : quand ils sont invariables, ou quand ils sont au pluriel. Sans vouloir énumérer ici tous les exemples, je dirai que *Blesois* et *Ornoys* devaient être invariables comme *bourjois* et *mois*, ou bien encore *Dongieux* et *Dongex* comme *religieux* et *religiex*. D'autres noms devaient prendre l's à cause du régime pluriel latin d'où ils dérivent, comme *Arras, Chaalons, Langres*. Il en est d'ailleurs qui sont précédés d'un article au pluriel, comme *Barbarans, Esseinges, Frontex*, et *Trembloiz* (I 5o), qui paraît dans la même charte au singulier sous la forme *Trembloi* (I 56). Quant à la double forme *Dolevanz* (I 28) et *Dolevant* (I 85), elle peut s'expliquer comme les formes *Loranz* et *Lorant*, dont je parlais tout à l'heure. En tout cas, quelques fautes commises par les copistes ne pourraient autoriser à supposer qu'il y eût pour les noms de lieux une autre règle que pour les substantifs ordinaires. Cette hypothèse est d'autant moins probable que les noms de lieux ne sont souvent que des noms communs pris accidentellement dans un sens particulier par les habitants du voisinage, pour désigner une localité qui leur est connue. Il est même difficile parfois, sinon impossible, de reconnaître quand ces mots cessent d'être des noms communs pour devenir des noms propres.

11° PARTICIPES.

Que les clercs de la chancellerie de Joinville aient généralement appliqué aux participes les règles qu'ils suivaient pour les adjectifs ordinaires, c'est ce que prouvent un grand nombre d'exemples, qu'il serait inutile d'énumérer. J'avertis seulement que ces exemples cessent d'être concordants en ce qui concerne le participe passé se combinant avec l'auxiliaire *avoir* pour former les temps composés des verbes. Mais si l'on fait abstraction de cet emploi particulier du participe passé, dont je m'occuperai plus tard, on reconnaît que, à l'état isolé ou joint à l'auxiliaire *être*, il se comportait exactement comme un adjectif, ce qui est également vrai du participe présent, dont je parlerai d'abord.

La désinence des sujets singuliers masculins *aidanz* et *demorans* s'accorde avec celle des accusatifs pluriels masculins *appartenans, demorans, demourans, meffaisans* et *servans*, pour prouver que dans les chartes les participes présents n'étaient pas, comme aujourd'hui, invariables, mais qu'ils suivaient en tout la règle des adjectifs [1]. Si donc l'on trouve à l'accusatif féminin *vaillant* et non *vaillante* (W 15), c'est parce que ce mot se rattache à la classe des adjectifs qui n'avaient en latin qu'une forme pour les deux genres. C'est par la même raison que l'on voit au féminin pluriel *séans* et non *séantes* (Z 21), c'est-à-dire le signe du pluriel et la forme masculine servant pour le féminin. Une mauvaise lecture m'avait fait croire d'abord que la charte de juillet 1302 contenait la forme féminine *tenante*, employée dans la désignation d'un moulin; mais la véritable leçon est *molin de Summe Tenance* (X *bis* 31) [2]. Quelques chartes offrent des exemples de certains mots qui ont l'apparence des

---

[1] Le participe présent est resté variable pendant une grande partie du xvii° siècle.

[2] Ce nom désigne un moulin situé sur un cours d'eau appelé alors *Tenance,* non loin de la localité de Thonnance-les-Moulins, canton de Poissons (Haute-Marne).

Ce cours d'eau est appelé *Rongeant* sur la Carte de Cassini; mais l'expression de *Summe* ou *Somme,* venant de l'adjectif latin *summa,* entre dans la composition de plusieurs noms de lieux voisins de la source d'un cours d'eau, tels que *Somme-Suippe,*

participes présents, et qui prennent comme eux le signe du pluriel dans les locutions suivantes : *en deniers contanz* ou *contans* (C 6, I 7, O 6, Q 27, W 49) et *parmi dous deniers paians à nous* (W 181).

Je les signale en passant, me réservant de revenir sur ces mots pour montrer que ce sont des participes passifs à suffixe et à sens de gérondifs.

Pour le participe passé de la première conjugaison, il n'y a au sujet singulier masculin que la désinence *ez* ou l'équivalent *és*. Mais au cas indirect la désinence *é* n'est constante que pour les participes dont les verbes ont l'infinitif en *ier*. Pour les autres verbes, le régime se termine tantôt en *é*, tantôt en *ei* ou en *ey*, de même qu'à l'infinitif on voit tantôt *er*, tantôt *eir;* mais, tandis qu'à l'infinitif c'est la désinence *er* qui domine, ce serait plutôt la finale *ei* qui dominerait au participe, dans la proportion de six contre cinq ou environ. Le sujet pluriel masculin se comporte comme le régime singulier, et le régime pluriel comme le sujet singulier. Au féminin, les verbes dont l'infinitif est en *ier* ont au participe la désinence *ie* pour le singulier et *ies* pour le pluriel : *otroïe* (E 13), *païe* (N 18), *prissie* (I 70), *avignies* (W 133), *ottroïes* (R 9), *prisies* (C 10), *prissies* (I 71).

Pour les autres verbes, le participe féminin se termine ordinairement en *ée* au singulier et en *ées* au pluriel; mais on rencontre quelquefois les finales *eie* et *eies* : *termineie* (K 19), *acordeies* (K 15), *diviseies* (H 153), *jureies* (H 160), *saaleies* (H 149), *termineies* (K 15).

Les participes des autres conjugaisons suivent les règles ordinaires. On trouve, par exemple, au sujet singulier ou au

Somme-Vesle, Somme-Yèvre; il faut donc reconnaître dans *Somme Tenance* le nom ancien du cours d'eau qui passe à *Thonnance-les-Moulins.*

régime pluriel masculin, *anientis, establiz, amortiz, esleuz, tenuz* ou *tenus;* puis, au régime singulier ou au sujet pluriel, *amorti, establi, rendu, tenu, vendu.* Dans d'autres participes, tels que *diz* et *faiz,* le *t* du participe latin reparaît au cas indirect du singulier ou au sujet pluriel (*dit, fait*). Il en est qui sont invariables, tels que *mis, pris, requis,* et probablement aussi *rescouz* (X 44), à cause du latin *reexcussus.* Je citerai, en finissant, le participe *couvent* (E *bis* 18) ou *covant* (E *quater* 17), qui se retrouve dans l'Histoire (p. 192, 256, etc.) et qui s'est depuis longtemps transformé en *convenu.*

12° NOMS DE NOMBRE.

Pour signaler toutes les traces de déclinaison que l'on observe dans les chartes de Joinville, j'ai encore à parler des noms de nombre. Comme en latin, ils étaient presque tous invariables; mais le nombre *deux,* en particulier, avait une déclinaison parfaitement caractérisée quand il était joint à des substantifs masculins. Il faisait alors, au sujet, *dui* ou, par exception, *duiu;* au régime, *dous* ou *douz, deus, deux* ou *deuz,* et, par exception, *dou, dus, dux, dex.* Les formes *dous* et *deus,* avec l's finale, sont les plus fréquentes et se présentent en nombre à peu près égal. Il y a un motif de préférer pour le texte de l'Histoire la forme *dous;* en effet, elle a été conservée dans un passage du manuscrit *A,* où le copiste l'a confondue avec l'adjectif *doux,* quoique le sens ne s'y prête nullement. En parlant des deux croisades de saint Louis, Joinville rappelle (p. 48) qu'elles coûtèrent la vie à bien des gens, « qui moururent en ces *dous* croisemens, » et, trois lignes plus bas, « qui en ces *dous* pelerinages moururent. » C'est là que le copiste le plus ancien a écrit *ce douz croisement, ce douz pelerinage.* J'avais corrigé cette mauvaise leçon à l'aide du manuscrit de Lucques, qui porte: *ces deux croiseries, ces deux pelerinages*. Mais, du moment où l'emploi fréquent de la forme *dous* est constaté par les chartes, on ne doit point hésiter à reconnaître que la faute de l'ancien manuscrit consiste uniquement dans la substitution du singulier au pluriel, et qu'en écrivant *ces dous croisemens, ces dous pelerinages*, on rétablit avec toute certitude la leçon originale. Cette forme *dous* s'employait au régime féminin (R 52), ainsi que *deux* (E *ter* 8, I 17), *deus* (Z 21) et *dues* (H 21) : il en faut conclure que ce nom de nombre n'admettait la distinction des genres qu'au sujet masculin. Comme *trois* ne se présente qu'au régime dans les chartes, on ne peut pas savoir s'il aurait perdu l'*s* finale au sujet comme dans certains textes du temps[1]. Les autres nombres restaient invariables, sauf *vint* et *cent*, qui prenaient comme aujourd'hui le signe du pluriel (*vins* ou *vinz*, *cens* ou *cenz*) quand ils étaient multipliés par un autre nombre.

13° RÉSUMÉ DES OBSERVATIONS FAITES SUR LES MOTS DÉCLINABLES.

Avant d'aller plus loin, je veux présenter le compte exact des traces de déclinaison que j'ai observées dans les chartes de Joinville, en réunissant tout ce qui se rapporte aux différentes espèces de mots dont j'ai parlé, depuis l'article jusqu'aux noms de nombre. Pour plus de simplicité j'appellerai *règle du sujet singulier* et *règle du sujet pluriel* l'usage qui consistait à distinguer, dans beaucoup de mots, le sujet du régime par une modification analogue à celle de la déclinaison latine. Or j'ai constaté que, dans les chartes de Joinville, la règle du sujet singulier

---

[1] Notamment dans le *Credo* (p. 512).

est observée huit cent trente-cinq fois et violée sept fois seulement; encore dois-je dire que cinq de ces violations se rencontrent dans une même charte, celle du mois de mai 1278, qui n'est connue que par une copie faite au siècle dernier. Si l'on fait abstraction de ce texte, il reste deux violations contre huit cent trente-cinq observations de la règle. La règle du sujet pluriel est observée cinq cent quatre-vingt-huit fois et violée six fois[1], ce qui donne, au total, quatorze cent vingt-trois contre treize, en tenant compte même des six fautes commises dans le texte copié au siècle dernier[2]. De ce résultat numérique il faut évidemment conclure, d'abord que ces deux règles étaient parfaitement connues et pratiquées à la chancellerie de Joinville, ensuite qu'on est autorisé à modifier le texte de l'Histoire partout où ces règles y sont violées[3]. Jusqu'à ce jour on ne connaissait pas, je crois, de texte en langue vulgaire où l'observation de ces règles fût aussi constante; cela tient sans doute à ce que les copistes de manuscrits n'apportaient pas le même soin à leur travail que les clercs d'une chancellerie bien organisée. Le recueil des chartes de Joinville peut donc fournir d'utiles renseignements sur le degré de correction auquel pouvait atteindre la langue vulgaire.

La correction de ce texte une fois constatée, il était de

---

[1] J'y comprends, outre une faute donnée par la copie moderne du siècle dernier, deux autres fautes qui peuvent s'expliquer facilement, parce qu'elles portent sur le mot *uns* employé au pluriel (*les uns*, par opposition avec *les autres*). On ne doit pas s'étonner que deux clercs aient écrit *li uns* au lieu de *li un* (H 157 et W 64), puisque l'idée d'unité, comprise dans ce mot, les disposait à le considérer comme un singulier.

[2] En supposant (ce qui est l'hypothèse la plus probable) que ces incorrections n'existaient pas dans la charte originale, la proportion des fautes contre la règle du sujet singulier et contre la règle du sujet pluriel serait un peu inférieure à un demi pour cent.

[3] D'après un calcul approximatif, on peut croire que le copiste a violé ces règles plus de quatre mille fois, en les respectant peut-être une fois sur dix.

bonne critique de ne pas considérer comme des fautes ce qui
pouvait s'expliquer par une interprétation conforme aux règles
que les clercs pratiquaient d'ailleurs si exactement. Ainsi je n'ai
pas compté parmi les violations de la règle l'emploi du participe passé *dis* avec la forme du sujet singulier, lorsqu'il était
précédé ou suivi de deux substantifs singuliers, qui auraient,
à la rigueur, exigé le pluriel; j'ai supposé que le clerc ne l'avait
mis en rapport qu'avec le substantif le plus voisin. En effet,
de même qu'en latin on pouvait s'écarter de l'usage ordinaire,
en écrivant *dictus abbas et conventus* au lieu de *dicti abbas et conventus*, j'ai pensé qu'il était loisible d'écrire *l'abbes et li couvanz
davant diz* (E ter 2 3), *li dis abbes et li convens* (H 46), *li dis abbes
et convans* (O 26), *li diz Guillaumes et Adeline sa feme* (M 1 0), *li
dis Joffrois et Jehans* (H 1 7 5), malgré les passages beaucoup
plus nombreux où le participe, dans des cas analogues, a été
écrit sous la forme du sujet pluriel.

Si l'on réunissait tous les passages où les clercs se sont
ainsi écartés de l'usage le plus ordinaire, et qu'on voulût les
compter comme des violations de la règle, la proportion des
fautes, malgré cette augmentation arbitraire, n'atteindrait pas
tout à fait deux pour cent. On n'infirmerait donc pas la thèse
que je soutiens sur la correction de ces chartes, mais on mé-
connaîtrait la cause réelle de ces variations orthographiques,
qui ne doivent être attribuées ni à l'ignorance ni à l'inattention
des clercs [1].

[1] C'est un genre d'accord qui était très-fréquent encore au xvii° siècle. Cette observation est une de celles dont je suis redevable à mon savant confrère M. Adolphe Regnier. Je dois aussi exprimer tous mes remercîments à plusieurs savants, qui ont bien voulu m'aider de leurs conseils, et particulièrement à M. Gaston Paris, qui a pris la peine, comme M. Regnier, de consigner ses observations par écrit et de me les communiquer.

14° GENRE NEUTRE.

En partant de ce même principe que, dans un texte généralement correct, il ne faut pas considérer comme des fautes ce qui s'écarte des règles ordinaires de l'orthographe, toutes les fois qu'il y a moyen d'y trouver une explication grammaticale, on arrive à constater d'une manière évidente la persistance du neutre dans un grand nombre de passages. La formule *ce fu fait,* par exemple, se présente à la fin de quinze chartes différentes, sans compter celle de Vaucouleurs, où on la trouve écrite de la main de Joinville, au revers de l'acte. Dans tous ces passages, le participe, qui est au sujet singulier, se termine par un *t* et non par une *s* ou un *z;* ce seraient autant de fautes contre la règle habituellement appliquée au participe qui se rapporte à un sujet masculin, s'il n'était pas certain que le clerc, à cause du sujet neutre *ce,* réglait l'orthographe du mot *fait* sur le neutre *factum.* C'est ainsi encore que Joinville a employé le participe *escrit* dans la courte note ajoutée de sa main au bas de la charte U. On lit dans la charte de Vaucouleurs : *si comme dessus est dit* (W 45), et le participe s'y termine également par un *t,* à cause du neutre *dictum;* la même orthographe est employée dans cinq autres chartes. Celle de Vaucouleurs, que je cite de préférence, à cause de sa correction remarquable et de la part que Joinville y a prise, contient encore au sujet neutre, et par conséquent sans l'*s* finale, les participes *acordei* (W 131), *amendei* et *anfraint* (W 206). En somme, vingt-six chartes sur trente-deux fournissent plus de quarante exemples de ces participes passés écrits tous au sujet singulier sans l'*s* finale, parce qu'ils se rapportent aux pronoms neutres *ce* et *il,* exprimés ou sous-entendus.

Puisqu'il est certain que la distinction du genre neutre subsistait pour le participe passé joint au verbe *être*, il est naturel de croire que le même genre pouvait aussi s'employer pour les participes joints au verbe *avoir*. Mais autant l'usage était fixé pour l'accord du participe joint au verbe *être* avec son sujet masculin, féminin ou neutre [1], autant il était variable pour

[1] Il n'y a pas de distinction à faire entre le participe pris dans le sens passif et celui qui était pris dans le sens réfléchi. Aujourd'hui, c'est avec le régime que s'accorde le participe passé d'un verbe réfléchi. Nous écririons donc *ils se sont devestus,* en faisant accorder *devestus* avec le régime *se;* on écrivait, à la chancellerie de Joinville, *devestu,* parce que c'était au sujet que le participe se rapportait, et qu'étant un sujet pluriel il ne devait pas avoir l'*s* finale (N 20). On trouve de même *se sont tenu* (Q 25), *nous sommes acordé* et *sommes acordé* pour *nous nous sommes acordé* (S 21, 30, 33, 39, 55, 74, 90 et 94), *me sui apaisiés* (V 23), *me sui appaisiés* (X *bis* 8). Par la même raison, un clerc a écrit *se sont obligié les dites parties* (R 70), parce que le mot *parties* représentant des hommes, il a négligé le mot pour l'idée, et a mis *obligié* au sujet pluriel masculin. En outre, et par une conséquence naturelle, on faisait rapporter au sujet du verbe réfléchi des mots que nous considérons comme se rapportant au régime. On écrivait donc : « Je me tein apaieiz, » *apacatus* (E *ter* 9); « me tenoie agrevez, » *aggravatus* (Z 6); « nos tenons bien apaiei, » *apacati* (I 8); « se « tiennent apaié, » *apacati* (N 16). Il est vrai qu'on trouve une fois « se tienent apaiés, » *apacatos* (O 8); mais cette leçon est fournie par la copie moderne, qui contient à elle seule plus de fautes que toutes les autres chartes ensemble contre la règle du sujet singulier; c'est donc un exemple dont il ne faut tenir aucun compte. Je dois avertir ici que je m'étais trompé d'abord en lisant *à paieiz, à grevez, à paiei,* etc. supposant à tort que la préposition *à* figurait dans tous ces passages comme la préposition *por* dans le passage suivant : « se sont « tenu et tiennent por bien paiez, » *pro bene pacatis* (Q 25). Ici la préposition *por* est régulièrement suivie d'un régime, tandis que, dans les quatre exemples fournis par les chartes originales, la prétendue préposition *à* se trouverait suivie de quatre sujets. Par une bonne lecture on évite cette accumulation invraisemblable de fautes pour une même locution, et l'on constate d'une manière certaine l'usage qui existait alors de faire accorder avec le sujet du verbe réfléchi les mots que nous faisons accorder avec le régime. Il faut donc maintenir, comme conforme à l'usage suivi dans la chancellerie de Joinville, le passage de l'Histoire où le copiste de l'ancien manuscrit a mis : « se tindrent mal apaié « de ce que » (p. 112), mais il faut corriger ce même copiste quand il met : « se « tenroient touz apaiés » (p. 372); au lieu de « se tenroient tuit apaié. » Il faut le corriger encore lorsque, faisant suivre la préposition *pour* d'un sujet, il écrit : « se « tint bien pour poiez » (p. 34); car on doit d'autant moins balancer à mettre

l'accord du participe joint au verbe *avoir* avec son régime. Dans la langue actuelle, l'accord a lieu toutes les fois que le régime précède le participe; dans la langue de Joinville, l'accord pouvait avoir lieu quelle que fût la place occupée par le régime. Ainsi l'on disait, en faisant accorder, « je ai saalées... ces « lettres » (T 43), ou bien « ceste aumonne... ai je loée » (E 13); mais on disait aussi, sans faire accorder, « ay je seellé ces « lcittres » (F 14), « la dite grange et les appendises ai amorti » (X *bis* 36). Ces exemples contradictoires sont assez nombreux pour prouver qu'il n'y avait pas de règle absolue à cet égard, et qu'en pareil cas le participe passé pouvait tantôt s'accorder avec son régime, et tantôt rester invariable [1]. Mais, quand il reste invariable, à quel genre appartient-il? Évidemment, c'est au genre neutre. Puisque ce genre, comme je l'ai montré tout à l'heure, existait encore dans la langue pour le participe passé mis en rapport avec un sujet neutre, il devait aussi exister pour le participe passé qui n'était mis en rapport ni avec un sujet ni avec un régime déterminés.

Dans les exemples analogues à ceux que je viens de citer, le participe passé joint au verbe *avoir* aurait pu s'accorder tou-

---

« se tint bien pour paié, » que l'on pourrait au besoin invoquer la leçon du manuscrit de Lucques, « se tint pour bien « payé. »

[1] En faisant le relevé de ces exemples contradictoires, j'en ai trouvé vingt-sept où le participe passé joint au verbe *avoir* s'accorde avec le régime précédent, et dix seulement où il ne s'accorde pas; l'usage actuel était donc suivi à peu près trois fois sur quatre. Pour le participe passé qui précède son régime, j'ai trouvé vingt et un exemples où il s'accorde, et vingt où il ne s'accorde pas. Mais sur les vingt et un exemples d'accord, seize sont fournis par une formule qui se reproduit à la fin d'un grand nombre de chartes, « je ai donées « ces letres » (D 9); « nos avons saaleies ces « lettres » (H 149), etc. en sorte que, si l'on fait abstraction de cette phrase, dont l'habitude devait avoir consacré l'orthographe, il reste seulement un exemple sur cinq où l'accord du participe se fait avec le régime suivant. Il résulte de là que l'usage fixé par la grammaire moderne tendait à se généraliser, quoiqu'il n'y eût encore de règle absolue ni dans l'un ni dans l'autre cas.

jours avec son régime, de même que, joint au verbe *être*, il s'accordait toujours avec son sujet. Mais il y avait des cas dans lesquels le participe passé joint au verbe *avoir* restait invariable, parce qu'il était nécessairement neutre. Quand on disait : « je « ai promis et couvent... que » (E *bis* 18), « j'ai juré... que » (A 2), « il auroient dit que » (E *ter* 15), « il a recogneu... que » (F 3), « vous m'avez mandey que » (AA 8), ces participes étaient en rapport, non avec un mot du genre masculin ou féminin, mais avec un régime sous-entendu, qui était le pronom neutre *ce*. Je crois également nécessaire de considérer comme neutres des participes qui restaient invariables, parce qu'ils ne pouvaient s'accorder qu'avec un régime neutre, comme dans le passage suivant : « Et ai eincor ascenei, baillié et delivrei au « dis abbey et convent tout ce de bois (*totum hoc bosci*) qui « estoit dou finaige de Mouster sor Saut » (Z 48-50). De même, lorsqu'on écrivait : « nos avons eschangié... quanque (*quantum* « *quod*) nos aviens » (E *bis* 4); « il le (*illi hoc*) m'auroient re- « quis » (E *ter* 16); « il ont vandu... otroié et aquitei... ce que (*hoc* « *quod*) il avoient et avoir pouoient et devoient » (N 4-7), on ne pouvait pas mettre à un autre genre qu'au neutre les participes *eschangié*, *requis*, *vandu*, etc. Il est donc certain que le genre neutre s'était conservé pour le participe passé, soit qu'il fût joint au verbe *être*, soit qu'il fût joint au verbe *avoir*.

C'est encore au genre neutre qu'il faut attribuer le mot *connoissant* avec les différentes orthographes sous lesquelles il se présente dans les passages suivants : « faisons conosant à toz... « que » (E *bis* 3); fasons quenossant à toiz... que » (E *quater* 3); « Je... faiz connoissant à touz... que » (X 2); « Je... fais connoissent « à tous que » (Z 2). Le sens ne permet pas de supposer que le mot *connoissant* se rapporte au sujet pluriel du verbe *faisons*, ou au sujet singulier du verbe *fais*; et comme on ne peut pas davantage le mettre en rapport avec le régime indirect *à tous*, on est obligé d'admettre qu'il se rapporte nécessairement au pronom *ce* sous-entendu, c'est-à-dire qu'il est du genre neutre. Mais il ne suffit pas de savoir quel est le genre de ce mot, pour se rendre un compte exact du rôle qu'il joue dans les passages cités plus haut; il faut aussi en déterminer la nature : c'est ce que je vais essayer de faire, à l'aide de quelques rapprochements tirés des chartes de Joinville.

Au lieu des formules *nous faisons* ou *je fais connoissant que*, on rencontre souvent *je fais à savoir que* (F 1, J 1, L 2, P 1 et V 1). Or on ne peut pas douter que, pour le sens, les mots *à savoir* ne soient ici l'équivalent exact de *connoissant*. Quel est donc le mot latin qui a pu conduire à ces deux équivalents de forme si différente? Il sera facile de s'en rendre compte, si l'on observe que, à côté de la formule *je fais à savoir*, on en rencontre une autre qui diffère à peine : « Après est à savoir que » (O 26); « Et est à savoir que » (R 55); « Et est eincor à savoir « que » (Z 34). Il est évident que les mots *est à savoir que* répondent ici au latin *est sciendum quod*. C'est par la même raison que, dans bien des passages, l'infinitif français précédé de la préposition *à* représente le participe passif latin à sens de gérondif[1]. J'en citerai ici quelques exemples : « Et renoncent... « à tous priviléges ottroiés et à otroier » (O 45), « à totes indul- « gences enpetrées et à enpetrer » (Q 34), « à touz priviléges « donnés et à donner de par le roy ou de par l'apostoile » (S 100). Quels sont les équivalents de ces infinitifs *à otroier*, *à enpetrer*, *à donner*, sinon les participes *otriandis, impetrandis, donandis?* Quand il est question ailleurs de blé « à panre perpe- « tuelmant... à la dite grange » (P 14), de trente sous que « nous

---

[1] On l'appelle généralement *participe futur passif;* mais il exprime moins l'idée de *futur* que celle d'*obligation.*

« leur avons assenés à penre à nostre paiage de Mandles » (S 36),
de terres diverses « à tenir et à avoir et à recevoir » (Q 22), ce
sont autant d'infinitifs précédés de la préposition *à*, qui répondent à autant de participes à sens de gérondif. C'est donc
aussi à un de ces participes qu'il faut rattacher la formule *je
fais à savoir*[1], qui dérive du latin *facio sciendum*. C'est ainsi que
Joinville a dit, dans son Histoire, « faites vous bien à blasmer,
« je ne foiz mie à blasmer » (p. 22); et ailleurs, « avoit fait à en-
« tendre » (p. 48), donnant lui-même plus loin pour équivalent
de ces infinitifs un participe à sens de gérondif : « vous voulés
« faire entendant » (p. 274). Il me paraît donc certain que la
formule *je fais connoissant*, comme son équivalent *je fais à con-
noitre*, dérive du latin *facio cognoscendum*, dont elle reproduit
à la fois le sens et la forme étymologique. On arrive ainsi à
constater directement que ce mot appartient au genre neutre.

Sans contester le genre neutre de ce mot, pourrait-on y
voir un participe présent, pris dans le sens passif? C'est ainsi
que notre savant confrère M. Littré a cru devoir expliquer
l'expression de *deniers comptants*, en rappelant que l'on dit aussi
avec le sens passif *une rue passante, une couleur voyante*. Laissant de côté ces deux dernières expressions, qui sont relativement modernes, je m'occuperai uniquement de justifier l'explication que je propose pour les participes à sens de gérondif
que j'ai rencontrés dans les chartes de Joinville. Pourquoi re-

---

[1] On sait que la formule *je fais à savoir* est devenue de bonne heure *je fais
assavoir* (U 2), de même qu'on a dit *faire
accroire* au lieu de *faire à croire*, que l'on
trouve encore écrit de la main de Malherbe
(ms. fr. 9535) dans deux lettres, l'une
du 16 avril 1609, l'autre du 2 février 1610.
Racine a écrit de même *qui s'en fait à
croire* (voy. sa lettre xxv, dans le tome VI
de ses Œuvres publiées à la librairie Ha-
chette). Notre savant confrère M. Adolphe
Regnier m'a signalé, en même temps
que ces lettres de Malherbe et de Racine,
deux exemples d'Amyot, recueillis dans
le grand Dictionnaire de M. Littré, à l'article *Accroire*.

courir à la supposition d'un participe présent qui aurait été pris, contrairement à l'usage, dans le sens du participe passé passif, lorsque le même mot avec son orthographe peut représenter un participe à sens de gérondif, pris dans son acception ordinaire? La finale *ant* convient aujourd'hui au gérondif aussi bien qu'au participe présent; c'est ainsi qu'on trouve dans une charte de Joinville le gérondif proprement dit *en usant* (S 18). Serait-il également exact de dire que la finale *ent* du mot *connoissent* (Z 2) pût convenir à un participe présent? Ce qui m'en ferait douter, c'est que les autres participes présents des chartes de Joinville n'en fournissent point un seul exemple[1], quoique beaucoup d'autres mots soient alternativement écrits avec *an* et *en*. D'ailleurs, si l'on recherche comment pouvait s'exprimer en latin la formule *en deniers contanz* ou *contans* (C 6, I 7, O 6, Q 27), ne reconnaît-on pas qu'elle dérive aussi convenablement pour la forme et plus convenablement pour le sens de *in denariis computandis* que de *in denariis computantibus?* N'est-ce pas avec le participe à sens de gérondif, plutôt qu'avec le participe présent assimilé au participe passé passif, que se concilie l'idée d'une condition à remplir, exprimée dans ce passage de la charte de Vaucouleurs : « Li eschevin « jurey venderoient tant des biens muebles et nommuebles... « à deniers contans, que nous en seriens paié dedans les « huyt jours après » (W 47-49)? L'idée d'obligation ne suppose-t-elle pas de préférence un participe passif à sens de gérondif dans cet autre passage de la même charte : « Cil de la « franchise... tienent et tanront lour muebles et lour heritaiges... « parmi dous deniers paians à nous de la livre de l'eritaige » (W 178-181)? Ces mots ont bien l'apparence du participe

---

[1] Une seule exception serait fournie par le mot *apparent* (V 14); mais on peut tout aussi bien le considérer comme un adjectif que comme un participe.

présent, mais ils n'en ont pas le sens naturel et ordinaire : il faut donc y voir de préférence des participes à sens de gérondif, dont ils rappellent à la fois la forme et la signification[1].

Le genre neutre persistait non-seulement dans le participe passé et le participe à sens de gérondif, mais encore dans le participe présent, comme on peut le conclure du passage suivant de la charte de Vaucouleurs : « S'aucuns de la franchise « estoit tenuz à nous pour dète, on ne porroit mettre la main à « lui tant comme on trouveroit tant *vaillant* de la seue chose en « muelle et en heritaige comme la somme monteroit » (W 139-142). Il est évident que le participe présent *vaillant* ne peut être qu'un neutre, du moment où l'existence du neutre est constatée par les exemples cités plus haut. On peut encore moins élever de doute sur le genre neutre des pronoms *ce* et *il* qu'on voit si souvent en rapport avec des participes ayant, au sujet singulier, une désinence qui empêche de les rattacher au genre masculin. On est encore obligé d'admettre comme appartenant au genre neutre les mots *miein*, *teil* et *tout*, qui se présentent au sujet singulier sans *s* finale : « les iaues qui sont « *miein* prope » (L 19), « ce qui en seroit eschangié revenroit en « mon servaige *teil* cum il estoit davant » (X 73-74), « que *tout* « demoure dou finage de Noncourt » (R 31). Au lieu du relatif neutre *qui*, employé comme sujet dans un des exemples précédents, « ce qui en seroit eschangié » (X 73), on trouve aussi *que* servant de sujet et répondant au neutre latin *quod*, dont il reproduit mieux la forme[2] : « ce que an seroit anfraint » (W 206).

---

[1] N'est-ce pas cette ressemblance trompeuse avec les participes présents qui aura, plus tard, amené la formation irrégulière des féminins en *ante*, pour les participes à sens de gérondif employés dans les locutions telles que *rue passante, couleur voyante, musique chantante, carte payante*?

[2] Mon savant confrère M. Adolphe Regnier m'a signalé un exemple beaucoup plus récent de *que* employé pour *qui*. (Voyez Malherbe, sur Desportes, t. IV, p. 350.)

Le sens oblige encore à reconnaître pour un pronom neutre
le, dans ce passage de la charte de Vaucouleurs : « Ne nuns
« de celz de la franchise que nous voississiens faire prevost,
« ou doien, ou celerier, ou fouretier, ne puet refuser qu'il ne
« *le* soit » (W 77-79). Plusieurs des pronoms neutres que je
viens de citer comme employés au sujet se rencontrent aussi
au régime : on peut y ajouter *quoi*, et *quanque* avec ses différentes orthographes. Je propose d'y comprendre aussi les locutions *au nostre* et *au lour* (W 105 et 112), signifiant *à nos frais, à
leurs frais,* par analogie avec le pronom *miein*, dont le caractère
neutre résulte, comme je l'ai dit, de son emploi au sujet sans
l'*s* finale.

J'ai réussi, je l'espère, à prouver la persistance du genre
neutre pour les différentes espèces de participes et pour un
certain nombre de pronoms, employés soit au sujet, soit au
régime singulier. Un des exemples que j'ai cités contient même
un adjectif neutre au sujet singulier : « les iaues qui sont miein
« *prope* » (L 19). Comme l'absence de l'*s* finale est ici un caractère non équivoque du genre neutre, on peut aussi voir un
régime neutre dans le même adjectif, qui se représente un peu
plus loin pris substantivement : « Li devant dit abbes et con-
« vent useront de ces cent arpanz de bois à leur volanté comme
« de leur *prope* à leur » (L 53-55). Au contraire, le neutre *verum*
est représenté deux fois par *voirs* avec l'*s* finale au sujet singulier, dans la lettre de Joinville à Louis le Hutin : « il est bien
« voirs » (AA 4); « nous cuidiens que voirs fust » (AA 6). De
même on trouve dans le *Credo* (p. 524) : « et sachiez que voirs
« estoit. » Il semble donc que, dans les cas de cette nature,
deux usages contraires étaient en présence, et que la trace du
neutre latin commençait à s'effacer. De là vient qu'il est difficile de savoir s'il faut considérer comme des masculins ou

comme des neutres un certain nombre d'adjectifs pris substantivement, qui ne se présentent qu'au régime singulier, tels
que *haut, lei, lonc, double, quart, sixaime, contraire, nouvel*, etc.
On est bien sûr qu'ils répondent à des neutres latins; mais on
ne peut savoir s'ils avaient conservé ce caractère en français,
ou si l'usage ne les avait pas déjà transformés en masculins. Je
les ai compris néanmoins dans la liste des mots neutres, mais
en avertissant que cette attribution n'était pas certaine.

En ce qui concerne les substantifs proprement dits, il est
certain que, la plupart du temps, le souvenir du neutre était
presque entièrement oublié. Ainsi l'on trouve au sujet singulier
avec l's finale, quoique dérivant de mots neutres en latin, les
substantifs *chiés, commandemenz, dons, plais, seaus, status, vins*,
et d'autres que je pourrais citer. Mais il n'en faudrait pas conclure que, par exception, un substantif ne pouvait pas être
considéré comme neutre. C'est sous cette forme que se présente le mot *mestier* dans la locution *ce que mestier sera* (H 62),
tandis qu'il figure dans le *Credo* avec l's finale qui caractérise
le masculin : *nous est mestiers que* (p. 534). Ce qui m'engage à
voir dans ces deux exemples contraires la trace de deux usages
différents, plutôt qu'une erreur commise dans l'un ou l'autre
des textes, c'est que les chartes de Joinville présentent plusieurs
fois un même substantif employé successivement au féminin et
au neutre.

Ce substantif paraît au pluriel féminin avec trois orthographes différentes : *setières* (M 5, 10, 17 et 20), *sestières* (E 6, P 10
et 11), *sextières* (Y 6 et 7). Je dis qu'il est féminin, parce qu'il
se termine par une *s* dans un passage où il est employé au
sujet pluriel (M 20), terminaison qu'il conserve naturellement
quand il est au régime. Mais, contrairement à ces huit exemples, je trouve au régime pluriel, sans l's finale, *setière* cinq fois

(X 62, 64 et 67, Z 44 et 60), et *sestière* deux fois (C 10 et J 16).
Ici encore il faut opter entre deux hypothèses : ou bien, dans
un texte généralement correct, des fautes nombreuses ont été
commises sur un même mot; ou bien cette dérogation aux
règles ordinaires de l'orthographe doit avoir sa raison grammaticale. La seconde hypothèse étant de beaucoup la plus probable, il faut admettre que l'on employait tantôt le féminin
pluriel *sestières* avec l'*s* finale, tantôt le neutre pluriel *sestière*
sans *s*, répondant, l'un à *sestarias*, l'autre à *sestaria*. J'ajoute qu'on
employait aussi au sujet pluriel *setier* (X 69) et *sestier* (X *bis* 14)
sans l'*s* finale, à cause du latin *sestarii*, et, au régime pluriel,
sestiers (X *bis* 5 et 10), terminé par une *s* à cause de *sestarios*.
On trouve donc ici, pour un seul et même mot, les trois formes
qui répondaient en français aux trois genres de la déclinaison
latine en *us,* en *a* et en *um*.

Par une inconséquence qu'il faut signaler, le même clerc
qui écrivait *setière* au régime pluriel neutre sans l'*s* finale
écrivait avec l'*s* finale, comme étant au régime pluriel masculin,
des participes passés, des pronoms relatifs et des noms de
nombre qui se rapportaient à ce neutre. Je cite ici tous ces
exemples pour bien constater que ces traces du neutre tendaient à s'effacer, et que, après avoir écrit le mot où elles se
conservaient encore, on était entraîné par l'habitude à donner
aux mots voisins la forme propre au genre masculin, qui a
fini en effet par se substituer au neutre dans l'usage moderne[1].
Les chartes de Joinville, tout en fournissant encore des exem-

---

[1] « Je lour ai *amortiz* et *outroiez* à tenir
« à tous jours quatre setière de blef » (X 62).
« C'est à savoir *dous* setière que Aubers
« Mahons leur donna » (X 64). « Et *dous* se-
« tière de blef qu'il puent avoir et tenir »
(X 66-67). « Dix setière de bleif.... *les*
quelz je et mi hoir lour devons faire de-
« livrer » (Z 44-46). « Les dix setière de bleif
« desus *nommeez* et le dit bois *lesquelz* je
« ai *bailliez* » (Z 59-61). C'est par erreur
que, dans ce dernier passage, le copiste a
écrit *nommeez* au lieu de *nommez*.

ples nombreux et certains de ce genre destiné à disparaître de la langue moderne, montrent en même temps que ce changement était presque entièrement accompli. J'ai prouvé, au contraire, que, pour le genre masculin, la déclinaison du vieux français s'y était conservée plus intacte que ne permettaient de le soupçonner les copies des textes littéraires du même temps. La démonstration de ces faits exigeait les détails dans lesquels je suis entré; je serai moins long dans l'examen que je vais faire des formes de la conjugaison.

15° INFINITIF.

On trouve dans les chartes plusieurs infinitifs de la première conjugaison terminés en *eir* au lieu de *er*[1]. Mais cette dernière orthographe, qui a fini par prévaloir, était déjà la plus ordinaire : je citerai notamment la charte de Vaucouleurs, où je n'ai compté que deux fois *eir* contre huit fois *er*. Il faut donc préférer les infinitifs en *er*, sans exclure pour cela la forme *ier*, qui est indépendante de l'autre. C'est ainsi qu'on trouve dans le *Credo* les infinitifs *jugier* (p. 526) et *tranchier* (p. 510), quoique la finale *eir* n'y paraisse pas. Cette finale *eir* n'est qu'une des deux manières de représenter la terminaison latine *are*, et pour les mêmes verbes elle alterne fréquemment avec la finale *er*, en sorte qu'on trouve dans les chartes *acordeir* et *acorder*, *aleir* et *aler*, etc. Au contraire, on n'y trouverait pas d'infinitifs en *cer*, *cher* et *ger*, mais en *cier*, *chier* et *gier*, comme *adrecier*, *bouchier*, *gagier*. Je me contente de signaler ici cette désinence en *ier*, sur laquelle je reviendrai quand je traiterai de l'*i* parasite.

---

[1] *Acordeir, aleir, empetreir, escoumenieir, esmandeir, gardeir, greveir, osteir, porteir, reclameir, termineir.*

La leçon *nuir,* dans la charte de mai 1278 (O 48), ratta-
cherait à la deuxième conjugaison un verbe qui appartient
aujourd'hui à la quatrième; mais comme on trouve *nuire* dans
quatre autres chartes, la première leçon peut être écartée comme
fautive. Au contraire, la leçon *aquerre* de la charte de mai 1302
(X 24) transporte à la quatrième conjugaison un verbe qui
fait aujourd'hui partie de la deuxième. La régularité de cette
leçon n'est pas douteuse; il en est de même de *querre, enquerre,
requerre* [1]. On sait d'ailleurs que le verbe *courre* est dans le même
cas. L'Histoire en fournit plus d'un exemple.

16° PRÉSENT DE L'INDICATIF.

Les chartes, selon l'usage ancien, suppriment presque toujours, dans les verbes de la première conjugaison, l'*e* par lequel
se termine aujourd'hui la première personne du singulier. J'y
ai noté une seule fois *outroie,* tandis que j'ai trouvé huit fois
otroi, ottroi, ostroi, outroy et *outrei;* puis, avec suppression uniforme de l'*e* final, *acort, lo* ou *lou, doing, comman* et *repors.* Ces
deux derniers mots seraient plus régulièrement écrits *commant*
et *report;* mais l'omission ou l'altération de la dernière lettre
du radical atteste d'autant plus l'habitude où l'on était de
ne pas la faire suivre d'une voyelle finale, qui en eût rendu la
prononciation plus sensible. La seule exception que j'aie à signaler est fournie par le verbe *je conferme* (U 9, etc.). On trouve
dans l'Histoire plusieurs verbes qui sont encore écrits, conformément à l'usage ancien, *merci, pri, commant, demant, tesmoing,*
et *doins* au lieu de *doing.* Je crois qu'on est autorisé, par les
exemples que je viens de citer, à y mettre *lo, conseil,* etc. au
lieu de *loe, conseille,* etc.

[1] Voyez aussi (*Credo,* p. 534) l'infinitif *conquerre.*

La première personne du singulier se termine aujourd'hui uniformément par une *s* dans les trois autres conjugaisons, tandis que cette finale n'apparaissait guère autrefois que dans les verbes dont le radical se terminait, ou par cette lettre même, ou par un équivalent. Ainsi, à cause du *c* adouci de *facio* et de la combinaison de l'*s* et du *c* de *cognosco*, on disait, comme les chartes l'attestent, *fais* ou *faiz*, *fas* ou *faz* et *connois;* mais on y trouve *consant, tieng, retieng, doi, vueil, vuieul, vuel* ou *vuil, di, promet*. J'ai noté également dans l'Histoire *tieing, retieing, vest, ramentoif, sai, voi, vueil* ou *veil, absoil, croi, di, descent, entent, pleing, rent, requier;* ce qui autorise à ne pas conserver, dans d'autres passages, *retiens, ramentevoiz, asolz, diz, descens, prens, rens,* et en général à faire disparaître l'*s* finale de tous les verbes où l'étymologie n'en autorisait pas l'emploi. Cette distinction est justifiée par le *Credo*[1], où j'ai noté, d'une part, *je conois* (p. 532), et, de l'autre, *croi-je* (p. 510).

Cette consonne finale devait naturellement paraître à la seconde personne du singulier, et, à défaut des chartes, qui n'en fournissent pas d'exemple, on en peut trouver un assez grand nombre dans l'Histoire.

Dans l'origine, le *t* final caractérisait la troisième personne du singulier pour toutes les conjugaisons; mais, en ce qui concerne la première conjugaison, les chartes n'en fournissent plus qu'un seul exemple, *demouret* (R 34), et cet exemple unique est contredit pour le même mot dans la même charte[2]. Les autres chartes prouvent que l'usage était déjà établi de prendre l'*e* muet pour finale; c'est ce que l'on trouve aussi dans

[1] Il est remarqnable que cette distinction était encore observée par Corneille. (Voyez le *Lexique de la langue de Corneille*, t. I, p. 62 et 63.)

[2] Le *Credo* (p. 520) fournit un autre exemple du *t* final à la troisième personne du singulier, dans la forme contracte *lait*, du verbe *laisser*.

l'Histoire. Pour les trois autres conjugaisons, l'unique finale
est le *t;* il remplace le *d* du radical dans les mots tels que
dessant, prant, et paraît même dans *at* et *vat,* sans exclure pourtant les formes *a* et *va*[1].

J'ai noté dans l'Histoire quelques verbes terminés en *on* au
lieu de *ons* à la première personne du pluriel; quant aux chartes,
elles ne contiennent que la terminaison qui prévaut aujour-
d'hui[2]. On n'y trouve pas d'exemple de la seconde personne,
mais tout annonce que les désinences actuelles étaient déjà
en usage, et qu'il n'y a rien à modifier, sur ce point, à l'orthographe suivie dans la lettre de 1315, comme dans les manuscrits de l'Histoire et du *Credo.*

A l'égard de la troisième personne (sauf dans quelques verbes,
comme *sont, ont, font, vont*), on peut dire que la finale *ent* était
déjà consacrée; seulement je dois noter que, par exception,
on a écrit *doiet* au lieu de *doient* pour *doivent,* et *poet* au lieu de
poent pour *peuvent,* dans une charte de mars 1264 (J 8 et 14),
ce qui est analogue au subjonctif *paiet* au lieu de *paient,* que
Joinville a écrit de sa propre main au bas d'une charte de 1294
(U 31)[3].

17° IMPARFAIT DE L'INDICATIF.

La terminaison régulière et habituelle de la première personne du singulier était, dans les chartes, pour toutes les

---

[1] Il y a dans l'Histoire et dans le *Credo*
quelques exemples des finales *st* substi-
tuées au simple *t* : je citerai *emplist,* dans
l'Histoire, puis *gist* et *occist,* dans l'un et
l'autre texte. La charte de Vaucouleurs
emploie cette double finale pour le verbe
vest. La forme *occist* est la seule que ne
justifie pas l'étymologie latine.

[2] Il faut en excepter, pour le verbe *être,*
les formes *somes, sommes, sonmes* et *soumes,*
avec lesquelles on voit concourir, par exception, *sons* (X 57) et *suns* (K 8).

[3] On peut rapprocher de ces exemples
ceux que je citerai tout à l'heure pour la
troisième personne du pluriel de l'imparfait de l'indicatif.

conjugaisons, *oie*. Les formes *pooiee* et *devoiee* (L 10 et 72) ne sont que des exceptions à des exemples nombreux et concordants. Ce même usage est fréquemment attesté dans l'Histoire, où l'on rencontre pourtant quelquefois *aie, oi* et *ai;* mais il n'est pas douteux qu'on ne doive rétablir partout la finale *oie*.

La désinence de la seconde personne, qui ne se rencontre pas dans les chartes, devait être, comme dans l'Histoire, *oies*. Pour la troisième personne, on trouve uniformément *oit;* par exception seulement, l'Histoire présente aussi la forme *et*, qui doit être supprimée.

Pour la première personne du pluriel, l'Histoire fournit deux désinences : *ions* ou quelquefois *ion*, et *iens* ou quelquefois *ien*. Les chartes ne contiennent point un seul exemple de la terminaison *ions;* mais on y trouve seulement *iens* ou les équivalents *eiens, iemes*, et, moins régulièrement, *iesmes*. La forme *iemes*, qui paraît la plus ancienne, est aussi la plus rare : il faut donc préférer la désinence *iens*, qui se retrouve souvent dans l'Histoire[1]. Ce même texte emploie régulièrement, pour la seconde personne du pluriel, la désinence *iés* ou *iez*, et, pour la troisième, *oient*. J'ai noté une fois dans l'Histoire *estient* au lieu de *estoient;* mais ce n'est peut-être qu'une faute de copie. Les chartes de mars 1264 et d'octobre 1266 contiennent, au contraire, la désinence *oiet*, substituée sciemment, quoique par exception, à la forme habituelle *oient*, dans les verbes *estoiet, voloiet, usoiet, lasoiet, faisoiet* (J 10 et 19, L 20 et 29). Au lieu de *avoient* et de *pooient*, on trouve, dans deux autres chartes, *avoent* et *pooent* (E *quater* 10, L *bis* 14). Mais les exemples de la finale *oient* sont tellement nombreux, qu'on ne doit point hésiter à la conserver sans mélange dans le texte de l'Histoire.

---

[1] C'est la seule dont le *Credo* offre quelques exemples.

18° PRÉTÉRIT DÉFINI.

Les chartes ne donnent qu'un très-petit nombre d'exemples du prétérit défini, tandis que l'emploi de ce temps est très-fréquent dans l'Histoire et même dans le *Credo*. Cependant, pour la première conjugaison, les chartes permettent de constater que les formes actuelles étaient déjà établies au XIIIe siècle, et l'Histoire conduit au même résultat, si ce n'est que, à la première personne du singulier, la diphthongue *ai* y est, de temps en temps, remplacée par l'*é* simple. C'est une variation qu'on peut faire disparaître; il ne faut pas non plus tenir compte d'un exemple unique de l'*a* substitué à l'*ai* dans *otroia* (p. 78). C'est ainsi encore que, à la troisième personne du singulier, le copiste a écrit une fois *envoi* au lieu de *envoia* (p. 304, n. 2).

Pour la deuxième conjugaison, la première personne du singulier, contrairement à l'usage actuel, n'admettait guère d'*s* finale. Les chartes faisant ici défaut, il suffit de remarquer que, dans l'Histoire comme dans le *Credo*, cette orthographe est constatée par de nombreux exemples; ainsi je trouve, dans le *Credo* (p. 518) : *je oï, je m'en esbahi;* dans l'Histoire : *je menti* (p. 16), *je ouvri* (p. 254), *je ting* (p. 76), *je reving* (p. 80). Il est vrai qu'on y trouve aussi *je revins* (p. 170); mais c'est une exception, contredite par les exemples nombreux de *reving* et de *ving*. Toutefois il est possible qu'on eût écrit *je morus* aussi bien que *je moru*.

Il n'est pas douteux que l'*s* ne dût toujours terminer la seconde personne du singulier. A la troisième, le *t* final paraît après l'*u* dans *il morut*, et après *in* dans *tint, vint;* au contraire, après l'*i* on ne le rencontre pas, en sorte que les prétérits de

8.

cette terminaison ont la troisième personne du singulier semblable à la première.

Au pluriel, les formes actuelles étaient établies : toutefois à la forme contracte *vinmes* on préférait *venimes*, écrit quelquefois, mais rarement, *venismes;* en outre, au lieu de *vinrent*, employé dans la lettre de 1315, il y a dans l'Histoire et dans le *Credo* de nombreux exemples de *vindrent* comme de *tindrent.*

Les formes du prétérit défini de la troisième conjugaison paraissent avoir été très-variables dans la langue de Joinville. Les chartes fournissent seulement deux exemples, qui se rapportent à la première personne du singulier du verbe *voir*, écrite *vis* en 1292 et *veiz* en 1294; dans l'Histoire, au contraire, on rencontre presque toujours *vi*, sans *s* ni *z* final. L'une et l'autre forme peuvent avoir été simultanément en usage, et il est plus sûr de les conserver toutes les deux, d'autant plus que, dans l'Histoire même, l'emploi de cette *s* finale est implicitement attesté par la forme *vist*, qui paraît quelquefois à la troisième personne du singulier, et par la forme *veismes*, qui est beaucoup plus fréquente que *veimes*, à la première personne du pluriel. Outre *je vi*, j'ai noté *je soy* pour *je sus* (p. 398), et *je ramentu* (p. 118). Mais pour les verbes *vouloir* et *asseoir*, le *z* et l'*s* paraissent constamment à la première personne du singulier : *je voulz* (p. 254), plus ordinairement *je voz* (p. 78, 82, etc.), *je m'assis* (p. 270 et 338).

A la troisième personne du singulier, j'ai noté sans *t* final *ardi* et *chai* ou *chei*, dans l'Histoire (p. 56, 136 et 138); le *t* final y paraît uniformément après l'*o* et l'*u*, comme dans *pot*, *sot*, *mut*, *parut;* on le trouve aussi après l'*i* dans *vit*. Le *Credo* fournit des exemples analogues.

Je trouve encore dans l'Histoire, par exception et probablement par erreur, *meust* (p. 70), à quoi il faut préférer l'orthographe ordinaire *mut*[1]. Pour le verbe *asseoir,* au contraire, je crois qu'il faut conserver la forme *asist* (p. 24), d'où dérive *assistrent* (p. 112), à la troisième personne du pluriel. On retrouve, en effet, pour plusieurs verbes de la quatrième conjugaison, cette corrélation entre les finales *ist* et *istrent.*

A la première personne du pluriel, on rencontre les finales en *eumes* et en *eimes,* comme *peumes* et *veimes,* ou très-souvent *veismes.* A la troisième personne, outre la finale *istrent* dont j'ai parlé tout à l'heure, j'ai noté les finales *irent, orent* et *urent,* dans *virent, vorent* (pour *voulurent*) et *valurent.* Les finales *orent* et *eurent* se rencontrent tour à tour dans les verbes *pouvoir* et *savoir :* la première est la plus fréquente ; pour le verbe *avoir,* on trouve toujours *orent.*

Beaucoup de verbes de la quatrième conjugaison se comportent au prétérit comme ceux de la seconde : ainsi j'ai noté, dans l'Histoire, à la première personne du singulier, sans *s* finale, les verbes *ceingny, entendi, respondi, cognu* et *cru.* Au contraire, l's ou le *z* paraît à la fin de plusieurs verbes où l'étymologie paraît avoir maintenu cette finale, comme dans *diz* ou *deis, enquis, fiz* ou *feis, plainz*[2]*, promis, trais;* mais on la trouve aussi dans *prins* et *semons,* malgré la forme des parfaits latins *prehendi* et *submonui;* c'est peut-être à cause de la similitude des participes passés *prins* et *semons,* ou de quelque analogie avec d'autres

---

[1] Il n'y a pas de raison d'exclure la forme *meut,* mais on ne peut admettre *meust,* où rien ne paraît justifier la présence de l's. Je dois dire toutefois que mon savant confrère M. Ad. Regnier a rencontré, notamment dans les manuscrits de la jeunesse de Racine, beaucoup de prétérits qui, sans aucune raison étymologique, se terminent par *st* à la troisième personne du singulier. Je suis porté à croire que, en écrivant ainsi, on faisait involontairement confusion entre le prétérit de l'indicatif et l'imparfait du subjonctif.

[2] *Hist.* p. 274. — Le *z* final représente l'*x* de *planxi;* je trouve ailleurs (p. 238) *je me pleing,* mais c'est une faute du copiste, qui a confondu la forme du prétérit avec celle de l'indicatif présent. En effet, on peut voir (p. 232), *pleing* employé comme équivalent de *plungo.*

verbes où l's finale était régulièrement employée. Quoi qu'il
en soit, les finales *st* paraissent à la troisième personne du
singulier dans *prist* et ses composés *aprist, emprist, entreprist,*
de même que dans les verbes *dist, fist, promist;* par la même
raison, ou trouve la finale *istrent* à la troisième personne du
pluriel pour *pristrent* et *empristrent,* comme pour *distrent, enquis-
trent, mistrent.*

Cependant cette corrélation des finales *ist* et *istrent* n'empêchait pas l'emploi simultané d'autres formes, telles que *dirent,
mirent*[1], *prirent, retrairent, enclorrent.* Les prétérits en *i,* qui ne
prenaient pas d's finale à la première personne du singulier, ne
prenaient pas non plus de *t* à la troisième : c'est ce que l'on
peut vérifier souvent pour *respondi*[2]. Pour un même verbe, j'ai
trouvé deux formes très-différentes à la troisième personne
du singulier, *rescout* (p. 196) et *rescoy* (p. 150). A la première
persône du pluriel on trouve les finales *umes* et *imes* ou *ismes,*
comme *courumes, feimes* ou *feismes,* ce qui suppose, pour la
seconde personne, *utes* et *ites* ou *istes.*

En résumé, à défaut des chartes, qui donnent trop peu
d'exemples du prétérit défini, il est encore possible, dans certains cas, de reconnaître, à des signes certains ou probables, la
forme originale à côté des formes plus récentes que le copiste
a introduites. Mais, tout en s'appuyant quelquefois sur le manuscrit lui-même pour rectifier ce qu'il renferme d'évidemment
contraire aux règles ordinaires, il faut apporter une grande

---

[1] J'ai noté *mirent* dans une charte de
1303 (Y 16); *dirent* et *prirent* paraissent
quelquefois dans l'Histoire, où dominent
cependant *distrent* et *pristrent;* mais *fistrent*
n'y est jamais employé à côté de *firent,* dont
les exemples sont très-nombreux. Il faut
donc conserver l'une et l'autre forme, sans
prétendre introduire sur ce point une régularité systématique.

[2] Je ne pense pas qu'il en fût de même
pour les prétérits en *u;* j'ai bien noté dans
l'Histoire *couru,* mais on y trouve *but,
crut;* de même dans le *Credo* j'ai remarqué
quenut.

réserve à ce genre de corrections, attendu que, pour le prétérit surtout, les formes des conjugaisons sont restées longtemps flottantes, et qu'il n'est pas possible d'atteindre, sur ce point, à la même exactitude que pour d'autres temps.

19° FUTUR ET CONDITIONNEL.

Le futur et le conditionnel peuvent donner lieu à quelques observations communes. Les terminaisons du futur étaient fixées, dans les chartes, comme elles le sont aujourd'hui; c'est par exception que l'on y trouve, à la troisième personne du singulier, *paierat, serat, tanrat* et *viverat,* avec un *t* final. C'est encore par exception que, à la première personne, la finale *a* paraît dans les verbes *soffrera* (E *bis* 19) et *vanra* (E *quater* 20, L *bis* 7). Des exemples beaucoup plus nombreux consacrent la désinence *ai,* qui paraît seule dans le *Credo,* et qui est aussi justifiée par le texte de l'Histoire, malgré quelques exemples, tels que *j'aimeré, je diré, je respondré,* où cette désinence est remplacée peu correctement par un *é.*

Les désinences du conditionnel étaient les mêmes que celles de l'imparfait : *oie* à la première personne du singulier, *iens* à la première du pluriel. La désinence *oie* est pour ainsi dire constante dans l'Histoire, mais, au pluriel, c'est la forme *ions* qui domine. Les chartes et le *Credo* ne l'employant jamais, il n'est pas douteux qu'il ne faille préférer la désinence *iens,* sans s'arrêter aux variantes *eiens, eeins* et *iemes,* qui ne paraissent que par exception.

Deux caractères communs au futur et au conditionnel peuvent s'observer dans les chartes : plusieurs verbes de la première conjugaison perdent, en se contractant, l'*e* de nos infinitifs en *er,* répondant à l'*a* des infinitifs latins en *are;* au contraire, dans plusieurs verbes de la troisième et de la quatrième conjugaison, on retrouve l'*e* des infinitifs latins en *ere*, qui a disparu de nos futurs et de nos conditionnels. Voici quelques exemples des formes contractes de la première conjugaison : *demouront* (V 43), *donra* (W 165), *donriens* (W 113), au lieu de *demoureront, donnera, donneriens*. J'ai noté de même, dans l'Histoire, *comparrez, demourrai, donra*, et, dans le *Credo*, *demourra, durra*. C'est ainsi que, par exception, du verbe *envoyer* nous formons *j'enverrai, j'enverrais*[1]. Au contraire, l'*e* de l'infinitif latin, qui a disparu du futur et du conditionnel dans les verbes tels que *avoir, devoir, mouvoir, connaître, mettre, perdre, rendre, vendre*, s'y montre le plus souvent dans les chartes de Joinville, où j'ai noté *averons, averont, averoit, averiemes*, ou *averiens, averoient, deveroit, mouveroit, connoistera, meteriens, perdera, renderoient, venderont*. Des exemples analogues se rencontrent dans l'Histoire et dans le *Credo*, mais moins uniformément, et aucun de ces exemples ne s'applique au verbe *avoir*.

Je ne parle pas d'autres formes contractes, telles que *tenront, venront*, parce que l'*e* et l'*i* des infinitifs latins *tenere* et *venire* ne paraissent pas davantage dans nos futurs *tiendront* et *viendront*. Mais je dois signaler un déplacement de la lettre *r* dont l'Histoire et le *Credo* fournissent plus d'un exemple : au lieu de *delivrera, moustrera, rantreroit, antreront*, on y trouve *deliverra, mousterra, ranterroit, anterront*. C'est une habitude orthographique dont les textes du temps offrent beaucoup d'exemples, quoique les chartes de Joinville ne m'en aient pas fourni un seul. J'y ai bien noté le futur *soufferrai;* mais la forme de l'infi-

---

[1] Ce n'est pas cette forme contracte du futur et du conditionnel qui se présente dans la charte de Vaucouleurs, où je trouve *envieroient*, au lieu de *envoieroient* (W 36); ni dans le *Credo*, où on lit (p. 528) *envoieroit*. Malberbe, Corneille, Mme de Sévigné, etc. disaient encore *envoierai, envoyerai*.

nitif latin *sufferre* empêche qu'on ne reconnaisse là un déplacement de l'*r*, analogue à ceux que je viens de citer.

20° IMPÉRATIF.

Les chartes ne contiennent pas d'exemple de l'impératif; mais ceux qu'on rencontre dans l'Histoire suffisent pour constater que les formes de ce mode devaient être calquées sur le latin à la seconde personne du singulier, où je ne trouve l'*s* finale pour aucune conjugaison : *lière*, *manju* (mange), *meinne*, *vient* (dont la véritable orthographe serait plutôt *vien* ou *vieng*), *fai*, *occi*, *tai*. Parmi ces exemples, celui de *fai* est surtout concluant, puisque le *c* dur de *fac* entraîne la suppression de l'*s* ou du *z* qui terminait la première personne du singulier de l'indicatif présent, comme équivalent du *c* doux de *facio*, dans les formes *fais*, *faiz*, *fas*, *faz*, *foiz*.

A la troisième personne du singulier et du pluriel, l'impératif avait les mêmes formes que le subjonctif; à la première et à la seconde du pluriel, je n'ai rien noté qui ne soit analogue à l'usage actuel.

21° PRÉSENT DU SUBJONCTIF.

L'*e* final caractérisait la première personne du subjonctif présent dans les textes contemporains de Joinville. Je n'en ai noté qu'un exemple dans les chartes, *je face* (W 217) ou *je fasse* (R 71); mais ils sont nombreux dans l'Histoire. Il est probable que la seconde personne du singulier se formait par l'addition d'une *s* à la première. A la troisième personne du singulier, certains verbes de la première conjugaison suppriment l'*e* final, en modifiant quelquefois une ou plusieurs des lettres qui le précèdent : c'est ainsi qu'on trouve, dans l'Histoire, *doint* et *gart*, dont la première personne devait être *doinse* et *garde*. La forme *aïst*, consacrée dans la locution *si m'aïst Dex*, suppose, pour la première personne, *aïsse* [1]. Une charte d'octobre 1266 présente la forme *griet*, en latin *gravet*, dont la première personne devait être *grieve* [2]. Les chartes offrent quelques exemples de la première personne du pluriel, *aiens, faciens, puissiens* et *soiens* ou *soens;* j'ai noté de même dans l'Histoire les subjonctifs *mangiens* et *mouriens*, qui autorisent à croire que la désinence en *iens* dominait pour cette première personne au présent du subjonctif tout comme à l'imparfait de l'indicatif et au conditionnel, ce qui est, d'ailleurs, conforme à beaucoup d'exemples fournis par les autres textes du temps. Les subjonctifs *puissons* (p. 536) et *traveillons* (p. 534), que j'ai notés dans le *Credo*, et beaucoup d'autres qui se terminent aussi en *ons*, dans l'Histoire, n'empêcheraient pas de suivre, à cet égard, les indications fournies par la chancellerie de Joinville, si à la seconde personne du pluriel, où les chartes font défaut ainsi que le *Credo*, l'Histoire ne contenait un très-grand nombre d'exemples dans lesquels la désinence du présent du subjonctif ne diffère en rien de celle du présent de l'indicatif.

En effet, outre *acoustumez* (p. 18), *tenez* (p. 218), *véez* (p. 394), *atendés* (p. 264), et beaucoup d'autres verbes terminés en *ez* au lieu de *iez*, on y trouve des verbes comme *dites* et *faites* (p. 14), qui conservent une forme toute différente de celle qui caractérise aujourd'hui le subjonctif. Dans d'autres

---

[1] C'est ainsi qu'à *truist* répond, dans les textes du temps, la première personne *truisse*.

[2] Dans une charte de 1302, on trouve *greusessent* (X 6) à la troisième personne du pluriel de l'imparfait du subjonctif; mais cette forme se rattache à l'infinitif *greusier* (*se plaindre*), tandis que *griet* (L 20) se rattache à l'infinitif *grever*. De la première personne *grieve* se serait formée régulièrement la troisième personne *grievet*, qui conduit naturellement à *grieft*, puis à *griet*.

passages on trouve, avec une forme qui ne peut d'ailleurs convenir au présent de l'indicatif, la désinence *ez* encore préférée à *iez*, par exemple dans *puissés* (p. 280) et dans *facez* (p. 256). En outre je dois faire observer que des mots tels que *chaciés, courrouciés,* ne font pas exception à ce que je viens de dire, parce que l'on y écrivait *iez* plutôt que *ez,* même à la seconde personne du pluriel de l'indicatif présent, par la même raison que, à l'infinitif, on y écrivait *chacier* et *courroucier,* plutôt que *chacer* et *courroucer.*

Cependant il n'est pas douteux qu'il n'y eût, pour le copiste du manuscrit *A,* un véritable subjonctif, qui se manifestait clairement, même à la seconde personne du pluriel, d'abord dans les formes *puissés* et *facez* que je citais tout à l'heure, puis dans *faciez* (p. 418), dans *preignés* (p. 252), dans *soiés* (p. 210). Mais il est aussi certain que, dans une même phrase, à ces formes non équivoques du subjonctif sont accouplés des verbes qui ont la forme de l'indicatif, quoiqu'ils soient nécessairement au subjonctif : « Et vous commandons que vous en *ralez* « vers vostre seigneur, et dedens quinzainne vous *soiés* ci arière, « et *apportez* au roy, » etc. (p. 302). Ces formes *ralez, apportez* et autres semblables proviennent-elles du manuscrit original, ou ont-elles été introduites par le copiste ? Si l'on se rappelle que ce même copiste a écrit souvent, à la première personne du pluriel, *façons* (p. 230), *metons* (p. 136), etc. là où les chartes permettent de supposer qu'il aurait dû écrire *faciens, metiens,* on sera porté à croire qu'il a pu aussi altérer les formes de la seconde personne du pluriel. Mais ce qui m'a empêché de m'arrêter à cette hypothèse, c'est que souvent le manuscrit de Lucques est d'accord avec l'autre, et que deux copistes à deux siècles d'intervalle n'auraient pu altérer de la même façon le texte original. Il est donc plus sûr de reproduire

les manuscrits, surtout pour la seconde personne du pluriel,
et de n'introduire la désinence *iens* à la première personne que
dans les passages où les manuscrits offrent la finale *ions* au
lieu de *ons*.

22° IMPARFAIT DU SUBJONCTIF.

Quoique l'imparfait du subjonctif se présente rarement dans
les chartes, les exemples qu'on y trouve suffisent pour constater
que les formes habituelles du manuscrit *A* doivent s'accorder
généralement avec l'orthographe du manuscrit original. Pour
la première conjugaison, l'Histoire présente au singulier les désinences *asse, asses* et *ast* [1]; une charte de 1272 contient le verbe
gannast (F 12), et le *Credo* fournit les verbes *osasse* (p. 510),
alast (p. 512), et *donast* (p. 530). Au pluriel, j'ai noté, à la troisième personne, *laissassent* (H 123) et *greusessent* (X 6). La première désinence se rencontre aussi dans l'Histoire *(aidassent,
osassent, ostassent,* etc.); mais on y trouve aussi une désinence
adoucie qui est l'équivalent de celle du verbe *greusessent;* je
citerai pour exemples : *devéissient* (p. 42) et *seingnissient* (p. 330).
Cet adoucissement n'est pas sans exemple dans l'Histoire, à
la seconde personne du pluriel; j'y ai noté *amissiez* (p. 18).
Il est bien plus fréquent à la première personne, où l'on trouve
aidissons (p. 46), *alissiens* (p. 112), *alissions* (p. 202), *alissons*
(p. 116), *demourissons* (p. 156), *envoïson* (p. 224), *esveillissiens*
(p. 116), *loïssons* (p. 78). Dans les exemples que je viens de
citer, il faut noter, indépendamment de l'adoucissement de l'*a*
en *i*, les formes *iens, ions, ons* et *on*, que le copiste emploie alternativement et quelquefois dans la même page. Le mélange
de ces désinences ne se présente pas seulement pour les verbes

---

[1] C'est par exception que l'on trouve, à la troisième personne du singulier, *s'acordat*
et *parla.*

de la première conjugaison, mais dans tous les autres. C'est une mauvaise habitude du copiste du manuscrit *A*, condamnée par les chartes, où j'ai noté *peussiens* (W 189 et X 23), *veissiens* et *voississiens* (W 29 et 78), sans y trouver d'exemple des désinences en *ions, ons* et *on*, auxquelles il faut substituer uniformément *iens*, comme à l'imparfait de l'indicatif et au conditionnel. Pour justifier cette correction par un exemple décisif, je dirai que la forme très-irrégulière *envoïson* est tirée d'un passage de l'Histoire que le *Credo* reproduit; or on trouve, dans ce dernier texte, *envoïssiens* (p. 524) au lieu de *envoïson*, en sorte que cette altération de l'orthographe originale est constatée par deux preuves indépendantes et tout à fait incontestables.

Pour les trois dernières conjugaisons, l'imparfait du subjonctif n'avait généralement, sauf *iens* à la première personne du pluriel, que des désinences consacrées par l'usage actuel. J'ai noté dans les chartes une double forme pour le verbe *pouvoir* à la troisième personne du singulier, *peust* (V 21) et *poist* (C 23); cette dernière forme se retrouve dans le *Credo* (p. 512 et 522). Dans les chartes comme dans l'Histoire, la double consonne *st* est, plutôt que le *t* simple, le signe caractéristique de la troisième personne du singulier. Au lieu de nos formes contractes *vînt, vinssions, vinssent*, j'ai trouvé *venit* (O 30) et, plus correctement, *venist*[1] (*Credo*, p. 510), puis, *venissiens* (*Histoire*, p. 360) et *venissent* (*Credo*, p. 522). On rencontre aussi dans l'Histoire *tenist, detenissent*, etc. Il y faut noter aussi deux formes beaucoup plus rares, *attendrisist* (p. 82) et *partisist* (p. 238, 250 et 256). Quelques exemples fournis par les chartes et confirmés par différents passages de l'Histoire et du

---

[1] Cette forme se représente très-fréquemment dans l'Histoire.

Credo permettent de dire que les verbes de la troisième et de la quatrième conjugaison qui avaient perdu par contraction la dernière consonne de leur radical latin ajoutaient un *e* avant les désinences ordinaires de l'imparfait du subjonctif : ainsi on écrivait, dans les chartes : *peussiens* (W 189), *veissiens* (W 29), *feisse* (T 6 et V 15), *deissent* (S 71); dans l'Histoire : *meisse, preisse, teusse, creusse, occeist,* etc. Au contraire, je trouve, dans l'Histoire, *deffendisse, descendist, vesquist* [1]. Sans prétendre que cette distinction fût toujours observée, on peut affirmer que les exemples s'en présentent fréquemment. Cependant il y a désaccord entre la charte de Vaucouleurs, pour le verbe *vendeist,* et l'Histoire, pour le verbe *perdist;* cela tient peut-être à ce que la contraction du double *d,* qui était encore accusée par la forme *vendeist* pour *vendidisset,* mais qui ne l'était plus par la forme *perdist* pour *perdidisset,* portait seulement sur un élément secondaire du verbe, en ce sens qu'elle laissait subsister le *d* du radical. On s'expliquerait ainsi que la trace de cette contraction, déjà effacée dans la prononciation, tendît à disparaître aussi de l'orthographe. Je ne crois donc pas qu'il y ait lieu de substituer, dans l'Histoire, *perdeist* à *perdist,* ou *rendeissent* à *rendissent;* mais, y trouvant *meust* (p. 154), je suis autorisé à n'y pas laisser *must* (p. 344).

SECONDE PARTIE.

DE L'ORTHOGRAPHE DANS SES RAPPORTS AVEC LA PRONONCIATION.

L'orthographe de la chancellerie de Joinville, quand on la considère dans ses rapports avec la grammaire, paraît avoir

---

[1] C'est bien certainement par erreur que le copiste du manuscrit *A* a écrit *des-pendeit* au lieu de *despendist* (p. 284), qui se lit dans le manuscrit *L.*

été soumise à des règles simples et uniformes, qu'il est facile d'appliquer au texte de l'Histoire, sans être exposé à le dénaturer par des corrections arbitraires. Il n'en est pas de même quand on examine cette orthographe dans ses rapports avec la prononciation. La grammaire, dans son application la plus ordinaire, régit un nombre limité de désinences, et l'on comprend que la pratique des clercs, plus ou moins familiarisés avec les règles de cette grammaire, pût maintenir jusqu'à un certain point l'uniformité, surtout dans la déclinaison et dans les parties les plus connues de la conjugaison. Mais, quand il s'agissait d'écrire des mots ou des portions de mots qui échappaient à l'application usuelle de ces règles; quand il fallait peindre par des lettres certaines syllabes qui étaient plutôt des sons qu'un élément bien connu du mot latin ou germanique d'où elles dérivaient, ce n'était plus la mémoire, c'était l'oreille qui servait à résoudre ces problèmes de l'orthographe française. Chacun s'essayait à représenter de son mieux ce qu'il avait entendu, sans se croire obligé à employer constamment les mêmes lettres pour les mêmes sons. Cette orthographe n'était donc pas uniforme; mais, à cause du but qu'elle se proposait, elle n'était pas non plus arbitraire. J'essayerai de la faire connaître dans sa variété, et de rappeler, à l'occasion, quelques-unes des lois qui en limitaient les écarts.

2 3° SONS DIVERS DE L'*A*.

Parmi les mots où la voyelle *a* se présentait comme finale, ceux où elle devait avoir le son le moins sensible, parce qu'au lieu d'être accentués ils se prononçaient comme s'ils eussent fait corps avec le mot suivant, sont : l'article et le pronom *la*, les adjectifs possessifs *ma* et *sa*. Les mots où la même voyelle devait avoir un son plus net sont : la préposition *à*, les adverbes *çà*, *jà* et *là*, les troisièmes personnes du prétérit singulier de la première conjugaison, celles du futur singulier de toutes les conjugaisons, les mêmes personnes au présent de l'indicatif dans *a* et *va*. C'est par exception que l'on rencontre quelques exemples isolés de *j'a* au lieu de *j'ai*, puis de *soffrera, vanra*, au lieu de *soffrerai, vanrai*. Cette diphthongue *ai*, par une exception contraire, remplaçait quelquefois l'*a* simple de la préposition *à*, du verbe *il a* et des adverbes *çà, jà* et *là*. Enfin la voyelle *a* finale est quelquefois remplacée par *at* dans le verbe *il a*, et à la troisième personne du singulier de quelques futurs, *averat*; *paierat, serat, tanrat, viverat*. En résumé, dans plusieurs mots où l'*a* simple figure aujourd'hui comme finale, on employait quelquefois l'*a* suivi d'un *i* ou du *t* étymologique de la troisième personne du singulier.

La voyelle *a* figure dans les syllabes pénultièmes et accentuées de plusieurs mots, tels que *arable, grace, usage, Champagne, dame, chane, Jaque, abbatre, contrares*. Mais à ce dernier mot, qui se rencontre dans une seule charte, et au mot *usuare*, qui se rencontre dans une autre, on peut opposer des exemples beaucoup plus nombreux de la finale *aire*, soit dans *contraire* et *isuaire* ou *ysouaire*, soit dans *anniversaire, douaire* et *miliaires*. La diphthongue *ai* s'employait aussi, comme aujourd'hui, dans des mots tels que *plaine* et *fontaine*. En outre, elle pouvait, contrairement à l'usage moderne, remplacer l'*a* simple dans des mots tels que *graice, usaige, Champaigne, Jaique*. C'était donc un fait commun à la finale et à la pénultième accentuées que la substitution possible de la diphthongue *ai* à l'*a* simple.

Le fait une fois constaté, on peut se demander si la diphthongue *ai* était considérée comme un pur équivalent de l'*a* simple, ou si l'on en faisait usage comme d'un son analogue qui fût plus fort ou plus faible que celui de l'*a*. Il est certain que, s'il y avait une différence, elle ne pouvait être bien grande, puisque l'on écrivait alternativement *grace* et *graice, usage* et *usaige,* etc. Néanmoins il semble plus vraisemblable que, si l'*a* simple eût été l'équivalent exact de la diphthongue *ai,* on n'eût pas songé à se servir de cette diphthongue. Or, si l'on observe que la diphthongue *ai* figure dans la pénultième accentuée du substantif *gaige,* tandis qu'elle est remplacée par l'*a* simple dans la pénultième non accentuée de l'infinitif *gagier,* on en conclura qu'elle indiquait plutôt un renforcement qu'un affaiblissement du son de l'*a*. En d'autres termes, on substituait la diphthongue *ai* à l'*a* simple dans la pénultième accentuée de *gaige,* pour montrer que la prononciation devait y appuyer plus longtemps et plus fortement que sur la pénultième non accentuée de *gagier*. Voilà dans quel sens je dis qu'en passant de la voyelle simple à la diphthongue on renforçait le son, tandis qu'en passant de la diphthongue à la voyelle simple on l'affaiblissait. C'est par cette raison que la pénultième accentuée des infinitifs *plaire* et *faire* pouvait (quoique ce ne fût pas l'usage le plus ordinaire) se remplacer par les syllabes *pla* et *fa,* quand l'accent tombait sur la finale, dans *plaroit, fasons, fasiens, fasoient,* ou même se transformer en *e* sourd, dans *fesoie, ferons, feront* et *feroient*. C'était donc un renforcement de l'*a* accentué qui engageait quelquefois à le figurer par la diphthongue *ai*.

Quoique la prononciation dût naturellement appuyer sur l'*a* suivi d'une consonne dans la même syllabe, cela n'empêchait pas de le remplacer quelquefois par la diphthongue *ai,* dans *fais* ou *faiz, mairz, grainge, senechaix,* qui alternaient avec *fas* ou *faz, marz, grange, senechas;* dans *plainche,* qui devait alterner avec *planche,* comme *aingle* et *Nicholais* devaient alterner avec *angle* et *Nicholas*. Enfin cette diphthongue s'employait exclusivement dans plusieurs mots où elle subsiste encore, tels que *bail, communaille, chapelain, main, saint, fait* et *lait.*

La diphthongue *au* pouvait également se substituer à l'*a*, en le renforçant d'une manière plus sensible encore que ne le faisait la diphthongue *ai.* On voit *au* alterner avec *al* dans un grand nombre de mots, tels que *chevaux* et *cheval, vau* et *val, alx* et *aus, official* et *officians;* ou bien représenter ces mêmes lettres étymologiquement dans *autre, faus, sauf*[1]. Quelquefois la consonne *l* subsistait malgré le remplacement de l'*a* par la diphthongue *au;* car on trouve *bannaul, léaul, ospitaul, seneschauls, vaul,* au lieu de *bannal, léal,* etc. C'est aussi l'*a* simple qui est remplacé par *au* dans *estauble, heritaublement, permenaublement;* et, réciproquement, l'*a* simple se substitue, par une exception très-rare, à la diphthongue *au* dans *acuns* et *atrui*[2].

Puisque l'*a* simple s'employait à la finale et à la pénultième accentuées, on s'en servait, à plus forte raison, dans des syllabes non accentuées, par exemple dans *abé, acorder, acostumei.* Il en était de même des diphthongues *ai* et *au,* dans *airables, airdoir, aumone, autrui.* Mais il faut noter en outre que l'*a* simple pouvait aussi représenter un son très-sourd, puisque de la finale accentuée d'*achat* il passe dans la pénultième non accentuée du participe *achatez,* où il devait se prononcer comme l'*e* de la syllabe correspondante des mots *achetée, achetour,* etc. Il paraît probable aussi que la diphthongue *ai* dans *faisoient*

---

[1] La diphthongue *au* peut aussi représenter *il* et *el,* comme dans *seaus* (*sigillum*) ou *Guillaumes* (*Guillelmus*). La consonne *l* se change-t-elle en *u* quand s'opère la substitution de *vau, aus,* etc. à *val, alx,* etc. ou bien la voyelle *u* figure-t-elle là comme une simple compensation, destinée à maintenir dans la syllabe finale un son de force équivalente? C'est une question délicate et controversée, dont je n'ai pas à m'occuper ici.

[2] Quoiqu'on trouve *chacun, chacune,* il était plus ordinaire d'écrire *chascun, chascune,* en sorte que la diphthongue *au* dans *chaucun, chaucune,* représente moins l'*a* simple que l'*a* appuyé sur l'*s.*

devait être loin d'avoir un son aussi prononcé que dans *faire,*
puisqu'on la voit alterner avec l'*a* simple dans *fasoient,* et avec
l'*e* sourd dans *fesoie.* Les habitudes de la prononciation devaient
donc aider à rectifier tout ce qu'il y avait d'inexact et d'imparfait dans les moyens à l'aide desquels on essayait d'en reproduire les nuances. Il faut avant tout constater l'inexactitude et
l'imperfection de cette orthographe, pour y discerner plus sûre-
ment les indices de l'ancienne prononciation. C'est ce que j'ai
essayé de faire pour la voyelle *a,* en montrant qu'à ce signe
unique répondaient des sons divers, parmi lesquels j'ai signalé
particulièrement : le son de l'*e* sourd dans la seconde syllabe
d'*acheter;* le son médiocre des monosyllabes *la, ma* et *sa;* le son
ou plutôt les sons représentés, à l'occasion, par la diphthongue
ai, dans *fasoient, là* adverbe, *usage, grace, contrares,* et par la
diphthongue *au,* dans *estable, cheval, acun.* Je soumettrai au
même examen les voyelles suivantes.

2 4° SONS DIVERS DE L'*E*.

Autrefois comme aujourd'hui la voyelle *e* était celle qui représentait les sons les plus nombreux et les plus divers, sans qu'il
existât, souvent, aucun moyen sûr de discerner celui qu'elle
devait rappeler de préférence dans une circonstance donnée.
Pour s'en rendre compte, il faut examiner quelles fonctions
pouvaient remplir l'*e* simple, l'*e* accouplé à une autre voyelle
et l'*e* s'appuyant sur la consonne suivante, en les considérant
d'abord dans les syllabes finales, les monosyllabes ou les syllabes accentuées, ensuite dans les syllabes non accentuées.

L'*e* muet final s'employait, comme aujourd'hui, dans des
mots tels que *cause, bonne, dite,* ou bien dans certaines désinences
de la conjugaison, notamment à la troisième personne du sin-

gulier de l'indicatif présent. Là pourtant j'ai rencontré une fois *demouret*, avec un *t* final; mais c'était une orthographe déjà tombée en désuétude, malgré l'étymologie latine, et qui devait avoir perdu depuis longtemps toute influence sur la prononciation. Il ne faut donc tenir nul compte de cette exception, mais croire que la syllabe finale du mot *demouret* se prononçait comme dans les chartes où l'on rencontre *demeure* et *demoure*. Il est certain aussi que l'*e* ne cessait pas d'être muet quand on y ajoutait une *s* pour obéir aux règles de la déclinaison; en d'autres termes, que *peuples* répondant à *populus* et à *populos*, ou *causes*, à *causas*, se prononçaient comme *peuple* répondant à *populum* et à *populi*, ou *cause*, à *causam*.

Il y a un petit nombre de cas où, contrairement à l'usage qui dominait alors, on trouve deux *e* muets de suite au lieu d'un. C'est une même charte qui fournit tous ces exemples : *iauee* (L 41 et 43), *partiee* (L 9), *vanduee* (L 10), *avoiee* (L 9), *pooiee* (L 10), *devoiee* (L 10 et 72). Quoiqu'il semble difficile d'admettre qu'une lettre ainsi redoublée restât muette, je serais porté à croire que ce procédé, dont on ne retrouve pas trace pour ces mêmes mots dans les autres chartes, servait à indiquer que l'on appuyait longtemps sur la voyelle précédente; car il n'y a rien de plus contraire aux habitudes de notre langue que la succession de deux *e* muets. La même charte en fournit encore deux exemples dans les verbes *randeroieent* et *panroiéet* (L 30 et 74). Dans ce second verbe, qui est aussi à la troisième personne du pluriel, on remarquera que la désinence ordinaire, qui était alors la même qu'aujourd'hui, se trouve altérée, nonseulement par le redoublement de l'*e*, mais encore par la suppression de l'*n*. Comme il y a plusieurs exemples de cette suppression, on peut se demander si toutes les lettres du groupe *ent* étaient muettes au même degré. Ce qui permettrait d'en douter, c'est que la prononciation pouvait seule engager, malgré l'étymologie, à retrancher quelquefois la lettre *n;* tandis qu'on voulait peut-être, en conservant les deux autres, indiquer qu'il y avait un son quelconque de l'*e* et une certaine articulation du *t* final, même quand le mot suivant commençait par une consonne[1].

Je distingue de l'*e* muet un *e* sourd, qui s'employait dans l'article *le,* dans les pronoms *ce, je, le, me, que, se,* dans la négation *ne* et dans la conjonction *se.* Je l'appelle *e* sourd, non-seulement parce qu'il a encore maintenant, dans les mêmes mots, un son plus sensible que celui de l'*e* muet, mais encore parce qu'il était quelquefois remplacé par des lettres qui devaient avoir une certaine sonorité. Ainsi on trouve *ceu* au lieu de *ce, lo* et *lou* au lieu de *le, ju* au lieu de *je.* L'emploi de ces équivalents, tout rare qu'il était, montre assez que l'*e* dont ils pouvaient tenir la place ne doit pas être considéré comme un simple *e* muet.

L'*é* fermé, qui se rencontre si souvent à la syllabe finale et accentuée des mots tels que *abbé, verité, donné,* se confondait complétement par sa forme avec l'*e* muet, dont il se distingue aujourd'hui par le signe appelé *accent aigu,* comme l'*è* ouvert s'en distingue par l'*accent grave.* Il est certain qu'il était loisible et régulier d'écrire exactement de la même manière des mots d'une valeur diverse, tels que *fosse* (I 27) et *fossé* (L 38), *devise* (X 7 1) et *devisé* (O 40). Mais, quoique le sens pût suffire souvent à distinguer sous cette forme ambiguë celle des deux pronon-

---

[1] On trouve devant un mot commençant par une voyelle : *lasoiet* et *usoiet* (L 20), *voloiet* (J 19), *paiet* (U 31), *puiuset* (L 21), *soiet* (L 28); et devant une consonne : *doiet* (J 14), *poet* (J 8), *estoiet* (J 10), *faisoiet* (L 29), *paieroiet* (J 20), *panroieet* (L 74), *facet* (L 34), *aitet* (L 26). Sauf le mot *paiet,* écrit de la main de Joinville, ces différents exemples sont tirés de deux chartes seulement; partout ailleurs, c'est l'orthographe actuelle qui a été uniformément employée.

ciations qu'il fallait préférer, on substituait parfois, en pareil cas, la diphthongue *ei* à l'*e* simple, en écrivant *fossei* (R 2 4) et *devisei* (H 94). Tout en reconnaissant que cette orthographe, qui dominait à la chancellerie de Joinville, était en rapport avec la prononciation locale, je suis porté à croire que les écrivains se proposaient aussi d'établir par ce moyen une distinction entre l'*é* fermé et l'*e* muet[1].

C'est par la même raison que, au lieu de l'*e* simple suivi de l'*s*, qui aurait pu se confondre avec l'*e* muet, ils employaient souvent le groupe de lettres *eis*, dans des mots tels que *abbeis*, *cureis*, *jureis*, *nommeis*, *prioleis*. Au contraire, ils préféraient la combinaison *ez* à *eiz* parce que l'*e* appuyé sur un *z* prenait par cela seul le son de l'*é* fermé[2]; ainsi j'ai trouvé seulement six mots, tels que *preiz*, *prissieiz*, etc. écrits avec la finale *eiz*, tandis que les finales *ez* ou *iez* se présentent dans plus de vingt-cinq mots différents.

En examinant les finales des participes passés féminins de la première conjugaison, on reconnaît encore que l'emploi de la diphthongue *ei* devient moins fréquent lorsqu'il n'y a plus nécessité d'y recourir pour empêcher la confusion de l'*é* fermé avec l'*e* muet. En effet, tandis que les participes passés masculins terminés par l'*é* simple se rencontrent un peu moins souvent que ceux qui ont pour désinence la diphthongue *ei*, au féminin les finales *ée* ou *ées* sont six fois plus nombreuses

[1] Cet *i* tenait en effet la place du *t* étymologique, dont les chartes de Joinville ont conservé quelques exemples, déjà surannés, dans les participes *levet*, *obligiet*, *paiet*, *renonciet*.

[2] J'ai remarqué une seule fois l'*e* muet de *abbes*, au sujet singulier, suivi d'un *z* au lieu d'une *s* (G 14); le même clerc a écrit plus régulièrement *abbes* (G 3); et cette dernière leçon est assez fréquente dans les chartes de Joinville pour que l'on soit autorisé à considérer l'autre comme une erreur. C'est aussi par erreur que deux participes passés ont été écrits, au féminin pluriel, avec la finale *z* au lieu de l'*s* (*nomméez*, Z 60, et *ostéez*, Z 20); il faut en dire autant de la leçon *toutez* (H 95).

que les désinences *eie* ou *eies*. Il ne semble pas qu'on puisse expliquer ce fait par une différence de prononciation. Le groupe de lettres *eie*, étant contraire à l'étymologie latine, n'aurait jamais été employé en pareil cas, s'il n'eût pas été aussi propre à représenter le son final des participes passés féminins de la première conjugaison que la diphthongue *ei* pouvait l'être à représenter le son final des participes masculins. Si donc la diphthongue masculine *ei* s'employait plus souvent que l'autre, c'est que l'*e* simple des participes masculins risquait de se confondre avec un *e* muet, tandis que, dans la désinence féminine *ée*, le dernier *e* étant muet, l'autre ne pouvait pas l'être, et que l'habitude suffisait pour faire distinguer à première vue la différence de son cachée sous ces deux signes identiques.

L'emploi de l'*è* ouvert à la pénultième accentuée donne lieu à des observations analogues. S'il se confondait en apparence avec l'*e* muet de la syllabe suivante, l'usage apprenait à en reconnaître la valeur véritable dans les mots tels que *père, mère, frère*, où l'on savait d'avance qu'il ne pouvait pas y avoir deux syllabes muettes de suite. Lors donc que certains clercs écrivaient *freire, remeide, pleige, privileige*, en remplaçant l'*e* simple de la pénultième par la diphthongue *ei*, c'était moins pour en figurer l'exacte prononciation que pour y attacher un signe extérieur qui le distinguât de l'*e* muet. Car la diphthongue *ei* ne devait pas se prononcer de même dans le mot *freire* que dans le mot *veritei*; mais, dans l'un comme dans l'autre, elle remplissait le même office que nos accents typographiques. Tel n'est pas l'office de l'*i* joint à l'*e* dans la même syllabe lorsque, au lieu de le suivre, il le précède pour produire un son double et presque simultané, qui participe à la fois de ces deux voyelles. Je n'aurais point à en parler maintenant s'il ne s'agissait que de l'*i* qui conserve le son dominant et principal lorsqu'il précède l'*e* muet des mots *bergerie, garantie,* etc. Mais la même combinaison se faisait avec l'*é* fermé ou avec l'*è* ouvert dans des mots tels que *moitié, pié, eschangié, baillié, charrière, rivière, manière.* Or, dans tous ces mots, l'*i* se prononçait à part, quoique très-rapidement, et sa présence n'empêchait pas que l'*e* ne conservât un son distinct, soit fermé, soit ouvert.

Pour résumer ce que j'ai dit sur l'*e* tantôt isolé, tantôt suivi ou précédé de la lettre *i,* je citerai, d'après les chartes de Joinville, trois formes orthographiques du même mot. Si l'on admet que dans le mot *priviliège* l'*i* de la pénultième est le même qui suit le *g* dans *privilegium,* et qu'il a subi une transposition comme l'*i* de *cameraria* dans *chambrière,* ou comme celui de *cancellarius* dans *chancelier,* etc., il faudra reconnaître que l'orthographe *privilièges* (N 38) était réglée par l'étymologie. J'ai montré, en tout cas, que cet *i* laissait à l'*e* qui le suivait un son distinct et indépendant, en sorte qu'il ne pourrait être considéré comme un signe qui en modifiât la prononciation. Au contraire, quand un clerc écrivait *privileiges* (Q 34), il adoptait une orthographe qui ne permettait plus de confondre l'*e* pénultième avec un *e* muet; car, en le faisant suivre d'un *i,* il le marquait en quelque sorte d'un signe analogue à notre accent typographique. Enfin le clerc qui écrivait *privileges* par un *e* simple (O 45) ne se préoccupait ni d'étymologie ni de signe d'accentuation, et il s'en tenait à une orthographe qui, quoique moins savante et moins précise, a cependant prévalu dans la langue moderne.

Je dois avertir ici que le copiste du manuscrit *A* employait l'*e* simple dans un grand nombre de mots où nous employons aujourd'hui la diphthongue *ai,* et où les chartes fournissent généralement une orthographe conforme à la nôtre. Ce serait

déjà un motif suffisant de croire que tous ces mots ont été
altérés par le copiste; mais on peut dire que lui-même a fourni
la preuve des altérations involontaires qu'il s'est permises,
car il lui est arrivé fréquemment d'écrire ces mots dans les
premières pages du texte autrement qu'il ne l'a fait dans les
dernières. Ainsi j'ai vérifié que, touchant à la fin de sa tâche, il
écrivait autant de fois par un *e* simple que par un *ai* des mots
tels que *faire, fait, mauvais, pais;* tandis que, dans les premiers
feuillets, il avait, pour ces mêmes mots, employé cinq fois
contre une la diphthongue *ai.* Il en faut conclure que, après avoir
commencé par mettre plus d'exactitude à reproduire l'orthographe du manuscrit original, il avait fini par y apporter moins
d'attention et par se laisser aller à ses propres habitudes. Au
fond, il exprimait par un équivalent le son des mots dont il
s'agit; mais il ne se faisait pas scrupule d'abandonner la méthode qu'on avait suivie à la chancellerie de Joinville pour
représenter ces mêmes sons. Peut-être ne serait-il pas inutile,
en certains cas, de comparer ainsi les premières et les dernières pages d'un manuscrit, afin de vérifier si le système de
l'orthographe ne s'y est pas modifié dans quelques détails, à
mesure que l'attention du copiste se relâchait dans l'accom-
plissement de sa tâche.

Comme dans l'orthographe moderne, l'*e* appuyé sur une
consonne appartenant à la même syllabe prenait généralement
le son de l'*é* fermé ou de l'*è* ouvert[1]. Pour l'*é* fermé de la finale,
je me contente de citer les infinitifs de la première conjugaison, *acheter, bouchier,* etc. et les mots tels que *chevalier, antier.*
Je note en passant que l'on trouve encore ici la diphthongue
ei substituée à l'*e* simple dans une douzaine d'infinitifs, tels que

---

[1] Cette observation ne s'applique ni à certaines syllabes finales où l'*e* restait muet, quoique suivi de l'*s,* ni aux sons nasaux *en* et *em.*

acordeir, aleir; mais comme c'était sans nécessité, c'était aussi par exception que l'on recourait à cette diphthongue.

Ici se présentent naturellement plusieurs mots qui devaient avoir comme aujourd'hui un son intermédiaire entre l'*é* fermé et l'*è* ouvert : *blef* ou *bleif,* prenant aussi les formes *blez, blés* et *bleis; chief* ou, au sujet, *chiés;* puis *fiés* et *fiez,* faisant au régime singulier *fiei* et *fié,* sans que la forme primitive *fief* paraisse nulle part, à moins qu'on ne veuille voir une erreur de copiste dans la forme *fiel.* Je n'oserais l'affirmer, parce que ces consonnes finales empêchaient l'*e* d'être muet, sans qu'il fût nécessaire de les articuler, en sorte que l'on pouvait imaginer ainsi une orthographe qui était contraire à l'étymologie tout en restant conforme à la prononciation. J'en citerai tout à l'heure des exemples moins contestables.

Quoique l'*e* suivi de l'*s* pût rester muet, cette consonne suffisait pour lui communiquer le son ouvert dans les articles *des* et *les,* dans les pronoms *ces, les, mes* et *ses,* qui s'écrivaient alors comme aujourd'hui, ou dans d'autres mots du genre de ceux où l'*e* reçoit maintenant un accent grave, *adès, après, da-lès, dès, ès, lès, près, très.* Je dois mettre à part le substantif *decès,* parce qu'il ne se présente que sous deux formes contraires à l'étymologie, *decest* et *decet.* Il est évident que ce *t* final ne s'articulait pas, et qu'il avait pour objet unique d'indiquer le son ouvert de l'*e,* tel qu'on le figurait dans *forest* ou *foret,* et plus irrégulièrement en écrivant parfois *et* au lieu de *est* (E 5 et 8).

Parmi les mots assez nombreux où l'*e* de la syllabe finale prenait le son ouvert parce qu'il s'appuyait sur la consonne *l,* comme aujourd'hui dans les mots *hostel, lequel, tel,* il y en a qui se rencontrent avec certaines variantes orthographiques où la lettre *l* n'est plus comprise. D'où l'on peut conclure que

cette consonne finale s'articulait à peine, et qu'elle se manifestait surtout en communiquant à l'*e* un son ouvert. Il est certain d'abord que cette *l* ne s'articulait pas quand elle était suivie
d'un *z* ou d'une *s*, puisque, à côté de *saelz, seels, Cystels, lesquels*
et *telz*, on trouve comme équivalents *saés, seés, Cystés, lesqués,
lesqueis, lesquex, teix* et *tex*. C'est ainsi encore que *journel* devient au pluriel *journés*. Mais, au singulier même, *perpetné* se
rencontre au lieu de *perpetuel, aponné* au lieu d'*aponnel; boissel*
alterne avec *boissé*, et le nom de l'abbaye d'Escurey se trouve
écrit *Ecurel* en même temps que *Escuiré, Escurei, Escurey, Escuri* et *Escury*. J'ajouterai que, dans le patois des environs de
Langres, on prononce *codé* pour *cordel*, comme je le vois dans
le glossaire qui termine une brochure publiée en 1865 par un
habitant de la Haute-Marne, sous le titre suivant : *Quelques
vieux usages du diocèse de Langres.*

Doit-on croire, au contraire, que l'*r* de la syllabe finale, quand
elle communiquait à l'*e* un son ouvert, comme dans les mots
mer, yver, clerc, s'articulait aussi nettement qu'aujourd'hui? Les
chartes n'apprennent rien de décisif à cet égard. Il est vrai que
l'*r* finale de ces mots subsiste même quand la déclinaison y
ajoute une *s*, comme dans *chiers* ou dans *clers*, dont le *c* étymologique tombe seul. Mais on peut objecter que cette persistance de l'*r* n'est pas un indice suffisant, puisque la même
consonne se conservait au sujet singulier et au régime pluriel
des mots tels que *chevaliers, deniers*, où il est permis de supposer qu'elle était, comme aujourd'hui, muette [1]. Mais comme,

---

[1] Cette hypothèse ne devrait pas être ad-
mise, si l'on pouvait s'en fier à un exemple
unique, fourni par une charte où le mot
Saunierr est écrit avec deux *r* au lieu d'une
(I 53); en supposant que ce redoublement
de l'*r* finale eût été fait avec intention, on
pourrait croire que le féminin *Saugnaire*
(H 67), ou *Saunaire* (J 5), aurait entraîné
pour le masculin une désinence en *aire*,
de même que *contraire*, après s'être dit
d'abord au féminin seulement, s'est ensuite appliqué au masculin (S 13, W 188,

en l'absence d'indications contraires, c'est la conformité de la
prononciation ancienne avec la moderne qui est l'hypothèse
la plus vraisemblable, il y a quelque motif d'admettre que l'*r*
finale s'articulait dans le mot *chier*. En effet, grâce à l'obligeance
de M. le curé de Joinville, je puis attester que telle est aujour-
d'hui la prononciation vulgaire du pays. J'incline à croire pourtant que cette articulation n'est pas nettement accusée, puisque
le glossaire de la brochure citée un peu plus haut apprend que,
dans un cas à peu près analogue, les paysans des environs de
Langres disent ordinairement *chaie* au lieu de *chair*.

L'*e* s'appuyant sur une consonne à la pénultième accentuée
se présente dans beaucoup de cas semblables ou analogues à
ceux de l'orthographe actuelle, par exemple dans les mots *querelle, terre, evesque, messe, beste, lettre*. Mais il arrivait souvent
que l'on supprimait cette consonne, quoique l'*e* privé de cet
appui conservât certainement le son ouvert : c'est ainsi qu'on
écrivait *appèle, èle, tèle, cèles*, au lieu de *appelle*, etc. ou bien
quèque, esvèke, requète, au lieu de *quelque, evesque, requeste;* enfin
lètres au lieu de *lettres*, parce que l'*e* final étant muet, l'*e* pénultième avait par position un son ouvert. De là vient que des
mots qui prennent aujourd'hui un double *t* ne se présentent,
dans les chartes de Joinville, qu'avec un *t* simple[1]. Mais, par
une combinaison inverse, pour accuser plus nettement ce son
ouvert, on redoublait surabondamment une consonne, comme
dans *menierre* (U 7); ou l'on remplaçait mal à propos la consonne étymologique par une autre, en écrivant *lestre* et *lestres*
(L 2 et 65, AA 13 et 22); ou bien encore on substituait inuti-

---

Z 12). Dans ce cas, le redoublement de l'*r*
aurait eu pour but d'avertir que la finale
ierr était l'équivalent de la finale *aire*, et
non de la finale *ier*, où l'*r* était muette. Mais

il me paraît plus probable que le copiste a
commis une erreur involontaire en écrivant *Saunierr* au lieu de *Saunier*.

[1] *Charrètes, clochète, dète, fossète,* etc

lement la diphthongue *ei* à l'*e* simple dans *leitres* (E 15, X *bis* 44)*et *leittres* (F 2). Pour que le mot *lettre,* qui se représente dans toutes les chartes, pût être écrit de tant de manières différentes par des clercs capables d'ailleurs d'observer les règles de l'orthographe grammaticale, il fallait que l'usage leur laissât une grande liberté dans le choix des combinaisons qu'ils jugeaient propres à représenter la prononciation d'un mot. C'est ainsi qu'un clerc est allé jusqu'à écrire *matre* et *latres* (E *bis* 24 et 26) pour *mettre* et *lettres.*

Quand on examine comment l'*e* s'employait dans les syllabes non accentuées autres que la finale muette, on reconnaît que, si les différents sons de cette voyelle peuvent s'y rencontrer, il est plus ordinaire néanmoins de voir l'*e* sourd ou muet précéder immédiatement la syllabe accentuée. Ainsi, tout en constatant à la pénultième l'*é* fermé de *défaut* et de *décest,* ou l'*è* plus ouvert de *sèrvans* et de *confèrmer;* tout en montrant que les mêmes sons se produisaient à d'autres syllabes dans les mots *décembre, délivrer, héritage,* ou *annivèrsaire, dèschargier, crèstièntei, excèption,* on ne peut pas révoquer en doute que la succession de la syllabe accentuée à l'*e* sourd ou muet des mots *denier, grevance, bergerie,* ne soit une combinaison beaucoup plus fréquente. Il y avait, dans le rapprochement de ces deux sons différents, un contraste qui plaisait à l'oreille, et qui a déterminé dès lors une orthographe souvent contraire à l'étymologie latine. On peut s'expliquer ainsi, par exemple, que l'*a* antépénultième des mots *gallina, acaptare, arbalista* se soit transformé en *e* sourd dans *geline, acheter, arbelestre,* et qu'on ait affaibli l'*e* des mots *capellanus, castellanum, cancellatas,* en écrivant avec une *l* seulement *chapelains, chatelein, cancelées.* C'est par cette raison qu'on écrivait *ordenei, ordenons, ordenance,* plutôt que *ordonei,* etc. En s'appuyant sur ces faits, on peut supposer que, dans des mots tels que *celerier, edefices*, le premier *e* devait avoir un son franc et le second rester presque muet; ou bien encore qu'à la leçon *premetons* il faut préférer *prometons* ou *proumetons*, parce que, la seconde syllabe étant sourde, la première ne devait pas l'être. On ne doit pas balancer non plus à prononcer les mots *chastelerie* et *chapelerie* comme s'ils étaient écrits avec la double *l*, parce que la cause qui a fait supprimer une de ces consonnes pour assourdir la pénultième de *chapelains* et de *chatelein* n'empêche plus de rendre ici à l'antépénultième le son ouvert qui doit nécessairement précéder l'*e* muet de la syllabe suivante. Il y a lieu de croire aussi qu'on prononçait comme aujourd'hui le mot *dessus*, d'autant plus que cette orthographe alterne avec une autre, *desus*, qui se concilie parfaitement avec cette prononciation.

Au moment où je viens de rappeler encore que la succession de deux *e* muets est contraire aux habitudes de notre langue, je dois avertir qu'il y a des mots, comme *recevoir, refera,* qui paraissent faire exception à cette règle. On peut supposer d'abord que la première syllabe de ces mots se prononçait comme nous prononçons celle des substantifs *réception, réfection*, ou des verbes *réciter, réclamer,* etc. Mais il est possible aussi qu'on appuyât plus longtemps sur le premier *e*, tout en le prononçant sourdement, et qu'on fît à peine sentir le second. Quoi qu'il en soit, il ne faut voir là que des difficultés secondaires, qui n'empêchent pas d'admettre la règle que j'exposais tout à l'heure, en avertissant d'avance qu'elle ne peut s'appliquer à tous les cas. Ainsi, malgré les nombreux passages où la seconde syllabe du mot *sénéchal* est écrite avec l'*e* simple, l'emploi plus fréquent qu'on y faisait des lettres *es* autorise à croire que la prononciation de ce mot était conforme à l'étymologie, et qu'on disait *senéchal* plutôt que *sénechal;* mais il est bien probable en tout cas que, contrairement à l'orthographe moderne (*sénéchal*), l'un des deux *e* devait rester muet.

Parmi les procédés orthographiques qui s'éloignent de l'usage actuel, je citerai les variantes *léalment, leiament* et *loiaument,* dont les syllabes *lé, lei, loi* indiqueraient pour nous trois sons différents. Il est à croire pourtant que les diphthongues *ei* et *oi* exprimaient un seul et même son, qui n'était guère que l'é-quivalent de l'*è* ouvert, comme dans *plèges* et *ploiges, conseil* et *consoil,* etc. On en voit un autre exemple dans les mots *otréei, otreiei* et *otroions,* auxquels il faut ajouter la forme *otrié,* dans laquelle le son de l'*i* paraît devoir être à peu près assimilé à celui de l'*e,* ce qui s'admet plus facilement quand on remarque l'emploi simultané des formes *dimi* et *demi, iglise, esglise* et *esglèse.* Il n'est pas moins extraordinaire pour nous de voir l'*e* de *mettre* alterner avec l'*a* dans *matre.* Cependant cette ortho-graphe, sans être ordinaire, se constate par d'autres exemples : au lieu d'*eschangié,* on trouve *achangé* et *achangié;* de même que les substantifs *acorde* et *amande* ou le verbe *amander* s'écrivaient aussi *escorde, esmendes, esmandeir;* ce qui permet de considé-rer *aponné* comme l'équivalent d'*esponné* ou *esponnel,* en le rat-tachant à *spontalis,* suivant l'opinion de mon savant confrère M. Guessard. D'où il faut conclure, non que l'*a,* l'*e* et l'*i* fussent des signes qu'on pût toujours remplacer l'un par l'autre, mais qu'ils représentaient respectivement plusieurs nuances de sons qui, par des dégradations successives, se rapprochaient assez pour autoriser, dans certains cas, de telles permutations.

25° SONS DIVERS DE L'*I*.

J'ai déjà eu l'occasion de montrer la voyelle *i* s'ajoutant après l'*a* et l'*e,* pour en renforcer le son plutôt que pour le changer,

et je montrerai plus tard qu'elle forme avec l'*o* et l'*u* des combinaisons de même nature, où elle n'apporte encore qu'un élément tout à fait secondaire. L'*i* paraît aussi devant certaines
voyelles, non pour les renforcer, mais pour produire un son
très-bref, qui se perd dans celui de la voyelle principale. C'est
ainsi qu'on écrivait *Ysabiau, iaue, quarriaux, eschangié, pechié,
chief, bouchier, chiers, croisiés,* là où l'orthographe moderne remplace cet *i* parasite par un *e* muet dans les trois premiers mots,
ou le supprime entièrement dans les autres. Mais c'est un genre
de combinaisons dont je n'ai pas à parler maintenant, parce
que l'*i* n'y remplit qu'un rôle accessoire. Ce qui doit m'occuper quant à présent, c'est l'emploi qu'on faisait de l'*i* comme
voyelle isolée ou principale, soit dans la syllabe accentuée,
soit dans les autres.

L'*i* seul paraît comme adverbe de lieu plus souvent que *y,*
et comme pronom il remplace par exception *il.* Les exemples
de l'article *li* sont très-nombreux, et ceux du pronom *li* plus
fréquents que *lui,* tandis que *celi* est plus rare que *celui;* mais,
dans l'un et dans l'autre cas, la diphthongue *ui* se rattache plutôt
à l'*i* qu'à l'*u.* On en peut dire autant du pronom *sui,* puisqu'il
se présente une fois sous la forme *si.* La forme *cesti,* qui se rencontre ailleurs que dans les chartes, indique aussi que le son
de l'*i* restait le principal dans la variante *cestui.* Il est encore
naturel de considérer la diphthongue *ui* comme un simple
renforcement de l'*i* dans les mots *autrui, cui, muis, huit,* de
même que dans les verbes *puis, puisse* et *nuire,* où la prononciation actuelle conserve encore à cette voyelle le son dominant.
Mais j'avertis dès à présent que la même combinaison de lettres
a été employée dans d'autres mots, où le son de l'*u* me paraît
l'avoir emporté sur l'autre. Ce serait une preuve de plus qu'une
même lettre ou une même combinaison de lettres pouvait re-

présenter plusieurs nuances de son. Parmi les mots où l'*i* seul sonnait à la syllabe accentuée, je citerai les pronoms *mi* et *qui*, l'adverbe *si* (répondant au latin *sic*, et non à la conjonction latine *si*, qui est toujours représentée par *se*), le substantif *mari*, le participe *establi*, le nom propre *Aubri*, le verbe *je di*. J'ajoute les mots *ainsi*, *aussi*, *fi*, *demi* et *Remi*, quoiqu'ils alternent avec *ainsin*, *ainsis*, *ausin*, *aussinc*, *fil*, *demei* et *Remei*, parce que les consonnes finales et l'*e* de la diphthongue *ei* rentrent ici dans la catégorie des lettres accessoires qui se combinaient avec la voyelle principale, non pour la changer, mais pour l'accentuer davantage.

C'est presque toujours isolément que l'*i* paraît à la pénultième accentuée dans des mots tels que *paisible*, *libres*, *justice*, *articles*, *partie*, *lige*, *vignes*, *vile*, *file*, *dire*, *eglise*, *escrites*, *petite*, *arbitre*, *vivre*. L'étymologie et l'usage engageaient souvent à redoubler la lettre *l* dans le mot *ville*; on le faisait plus souvent encore dans *fille*, sans que l'on cherchât, dans le redoublement de cette consonne, un moyen particulier de représenter le son mouillé. C'était par souvenir de l'orthographe latine qu'on pouvait maintenir quelquefois le *p* d'*escriptes*; mais l'emploi de l'*n* à la pénultième dans *vingnes*, et celui de l'*s* redoublée dans *jostisse* et *yglisse* n'étaient que des procédés irréguliers, auxquels on recourait pour indiquer la syllabe accentuée. Ce redoublement de consonne concourt avec le renforcement de l'*i* par un *e* dans le mot *deimme*, qui alterne avec *deime*, et dont une autre variante (*disme*) prouve l'ancienneté de la prononciation qui a prévalu dans la langue moderne. C'est la même prononciation qu'indique à la syllabe non accentuée la comparaison des variantes *deimé*, *dismé* et *dimé*. J'en dis autant pour les mots *deix* et *seix*, qui se présentent par exception à côté de *dis*, *dix*, *sis* et *six*.

Les chartes n'apprennent pas si l'on articulait l'*r* sur laquelle
l'*i* s'appuie dans la syllabe finale des infinitifs *tenir, venir,* etc.
mais ce qui semble le plus probable, c'est que, conformément
à un usage qui a été très-répandu, et qui persiste encore à
Joinville[1], on prononçait tous ces infinitifs en ne tenant compte
que de l'*i*. Il est à croire seulement que la prononciation y appuyait davantage, et l'on peut s'expliquer ainsi pourquoi l'on
n'y observe pas de variations orthographiques comme dans
aneanties et *anientis, dimi* et *demi, eglise, esglise* et *esglèse, ede-*
fier et *edifier.* Je dois faire observer aussi que le dernier *i* de
l'infinitif *edifier* devait se prononcer isolément de l'*e,* comme
dans *marier, eschuminier* ou *escomenier.* Mais, tandis que la prononciation de l'*i* devait être rapide et peu sensible dans les
participes masculins *obligié, prissié,* où l'*é* final conservait le
son principal, elle devait être forte et distincte dans les féminins *obligie* et *prissie,* où l'*i* l'emportait nécessairement sur l'*e*
muet; il est même probable qu'on appuyait plus longuement
sur cette finale que sur celle des participes de la seconde conjugaison, parce qu'elle représentait la contraction de l'ancienne
désinence *ieie.*

Il y a un assez grand nombre de mots dans lesquels on voit
figurer l'*i* et l'*y* alternativement; mais il convient de distinguer
ceux où l'*y* tient la place d'un seul *i,* de ceux où il en représente
deux. Dans des mots tels que *Cystels, syres, synor, yglisse, ysouaire,*
on ne voit pas que l'*y* pût avoir un autre son que l'*i* simple,
qui, en effet, s'y employait très-habituellement. Il n'y a pas
non plus à distinguer entre l'*y* et l'*i* dans les substantifs *foy*

---

[1] Grâce à M. le curé de Joinville, je sais que, dans la prononciation vulgaire du pays, cette *r* finale ne s'articule pas. Ce témoignage est confirmé par le glossaire de la brochure relative à quelques vieux usages du diocèse de Langres (voyez ci-dessus p. 83) : on y voit que le mot *querir* se prononce *cri.*

et *roy*, dans le verbe *j'ay*, dans les noms propres *Heluy* et *Mansuy*, dans le nombre *huyt* et dans plusieurs mots terminés en *ey*. On pourrait tout au plus supposer à quelques-unes de ces finales un son légèrement mouillé, qui existe dans la prononciation actuelle de certaines contrées du Nord. Au contraire, il faut admettre que l'*y* se prononçait comme aujourd'hui dans les mots *deyen* et *pays;* mais comme on les écrivait aussi *diens* et *païs*, il en faut conclure que l'*i* simple avait, dans ces mots, la valeur de deux *i*, par la même raison qu'il faut admettre une seule et même prononciation pour les trois combinaisons de lettres par lesquelles on représentait notre mot *aide*, dans lequel le son de l'*i* se distinguait certainément de celui de l'*a*, soit qu'on l'écrivît *aide, aiide* ou *ayde*. Les lettres *pais* répondaient donc à deux prononciations très-différentes, suivant qu'elles représentaient le mot *pax* ou le mot *pagus*. On en peut conclure que les lettres *oi* dans *moienneley* produisaient chacune leur son, et que l'*i* se liait avec l'*e* comme eût fait un *y*. Je citerai, à cette occasion, deux cas analogues, sans être identiques, où les mêmes lettres *oi* devaient se prononcer à part en glissant rapidement sur l'*o*, dans les mots *occoison* et *poissent*, qui alternent avec *ocquison, oquison* et *puissent*. Il me paraît en effet certain qu'ici encore il faut retrouver l'unité de prononciation sous la diversité d'orthographe; or, pour arriver à ce résultat, il faut supposer que le son principal et distinct de l'*i* était précédé par le son secondaire et sourd de l'*o* ou de l'*u*, qui pouvaient permuter, à la condition de s'éteindre dans le son dominant de la voyelle suivante.

26° SONS DIVERS DE L'*o*.

Je n'ai rencontré la voyelle *o* comme finale que dans l'article et le pronom *lo*, qui s'écrivaient presque toujours *le;* dans

12.

le possessif *no*, qui prenait généralement l's finale, même au sujet pluriel; et dans le verbe *je lo*. Il est inutile d'avertir que, dans ces deux derniers mots, le son de l'*o* devait être plus fort que là où l'*e* sourd venait habituellement le remplacer. On trouve, au contraire, un assez grand nombre de mots où l'*o* paraît à la pénultième accentuée : *noble, octobre, roche, loges, apostole, home* et *homme, bone* et *bonne, encore, chose, totes, notre* et *nostre, doze*. On l'employait de même à la syllabe non accentuée, dans des mots tels que *aprovons, affoage, auctorité, obligation*, et autres qu'il serait trop long d'énumérer. Je me contenterai aussi de citer quelques-uns des mots où cette voyelle s'appuyait sur une consonne, par exemple : *or, jor, seignor, successor, force, descorde, ordre, acordé, acostumei, ordoneroie, decollation*. Dans plusieurs mots, tels que *encore, notre, auctorité, force, decollation*, la voyelle *o* devait avoir le même son qu'aujourd'hui, parce qu'on ne voit pas qu'elle y ait permuté avec d'autres lettres. Je m'occuperai uniquement des cas nombreux où cette voyelle semble avoir eu une valeur plus ou moins différente de celle que nous lui attribuons aujourd'hui.

J'ai dit que dans l'article et le pronom *lo* elle était presque toujours remplacée par l'*e* sourd. La même permutation pouvait se produire dans d'autres mots, comme l'indiquent les variantes *donner* et *dener, reconeu* et *requeneu, prometons* et *premetons, provenisiens* et *prevenisiens*. La forme *pruvenisiens*, qui se rencontre aussi, montre de même que l'*o* pouvait alterner avec l'*u*, ainsi que dans *escomenier* et *escumenier*, où le son noté alternativement par ces deux voyelles devait être analogue à celui de l'*e* sourd.

Il est plus difficile de se rendre compte de la valeur de l'*o* simple dans un certain nombre de mots où il permute avec les lettres *oi ;* mais il semble probable que ces lettres représentaient un son simple dans les mots où l'*o* seul suffisait à les remplacer. En d'autres termes, l'*i* devait uniquement renforcer le son de l'*o* dans les mots *avoir, pooir, hoirs, connoissant, avenoit, voirient*, ainsi que dans la première syllabe du mot *oitroièrent*, et dans les monosyllabes *toiz, joirs* et *loir*, puisque ces mêmes mots pouvaient s'écrire *avor, poor, hors, conossant, avenot, vorient, otroièrent, toz, jors* et *lor*. Il est vrai que ces permutations de l'*o* simple avec *oi* ne sont que des exceptions, mais le nombre en est assez grand pour qu'on ne puisse y voir de simples erreurs. Il faut noter en outre que, si dans les mots *avor, poor, hors, conossant* et *avenot*, c'est l'*o* simple qui est l'exception, il est, au contraire, presque toujours préféré dans les mots *vorient, otroièrent, toz, jors* et *lor*. Pour les mots de la première série, je suis porté à croire que le son de l'*o* participait de celui de l'*è* ouvert. Il devait au contraire conserver à peu près sa valeur habituelle dans les mots de la seconde série, attendu qu'il était remplacé non-seulement par *oi*, mais encore par *ou*, puisqu'on trouve les formes *vouroient, outroiez, tous, jours* et *lour*. Or, comme l'*o* simple permutait continuellement avec *ou*, c'est une raison déterminante de croire que l'emploi des lettres *oi* dans ces mots indiquait non un changement, mais un simple renforcement du son de la voyelle simple. On s'explique ainsi que l'orthographe *moutié* pût, par exception, alterner avec *moitié*.

Il y a, au contraire, des mots où les lettres *oi* ne devaient pas se prononcer comme l'*o*, parce que cette voyelle n'y paraît pas sans l'accompagnement de l'*i*, et que plusieurs de ces mots offrent des variantes qui annoncent un son voisin de l'*è* ouvert. Ainsi on ne trouve pas *drotures* au lieu de *droitures*, et l'on rencontre, à côté de *droit*, l'orthographe *dreit*, qui autorise à croire qu'on prononçait l'*oi* comme un *è* ouvert. C'est à peu près de la même manière que l'on devait prononcer les mots *loiaul* et *loiaumant*, puisqu'ils alternent avec *laial* et *leiamant*. L'orthographe de *borgesies* indiquerait aussi que la dernière syllabe de *bourjois* se rapprochait du son de l'*è* ouvert. On est conduit à la même hypothèse par l'étymologie latine, pour le son probable de la seconde syllabe dans le mot *acroissance*, et même dans le mot *ampoirier*, si l'on admet que cette syllabe y représente le son initial de la racine *pejor*. Mais la même explication ne peut s'appliquer aux mots *croiseront* et *croisiés*, où les lettres *oi* devraient plutôt se rapprocher de l'*o* simple, qui remplacerait ici l'*u* du mot latin.

On ne peut pas douter que le son ordinaire de l'*o* ne fût représenté dans le subjonctif *absoile* ou *absoyle;* seulement il se liait à l'*i* ou à l'*y* par un son analogue à celui que produisait le rapprochement des deux lettres *oi* dans le verbe *otroier*. Mais il est facile de voir qu'ici l'*i* simple joue le rôle d'un *y* ou de deux *i*, ce qui est plus sensible encore dans le participe féminin *otroïe*, dont la forme ancienne a dû être *otroieie* ou *otroiée*. On voit, par cet exemple, que la rencontre de plusieurs voyelles amenait naturellement des syncopes plus ou moins fortes. Telle est la cause qui explique les formes *leal* et *lealment*, où la prononciation devait rétablir le son de l'*i* conservé dans *laial*, *loiaul*, *leiamant* et *loiaument;* par la même raison, on trouve alternativement *anvoé* et *anvoier*, *joent* et *joient*, *soent* et *soient*. C'est donc par la suppression accidentelle de l'*i* que l'*o* se trouvait rapproché de l'*e* dans les mots que je viens de citer. Ces deux lettres étaient au contraire réunies habituellement pour produire un son analogue à celui des lettres *eu* dans des mots tels que *avoec* (qui s'écrivait aussi *avoc*), *loe* et *moebles* (qui alterne avec *meubles* ou *muebles*) [1].

---

[1] Notre diphthongue *eu* s'écrivait souvent *ue :* à côté de *meut, meuvent, neuve* et *veulent*, on trouve *muet, muevent, nueve* et *vuelent*.

Il serait trop long d'énumérer les mots dans lesquels l'*o* simple pouvait être remplacé par les lettres *ou;* mais il est indispensable d'en faire connaître quelques exemples. C'est d'abord, pour le son le plus sourd, l'article et le pronom *lou,* qui, aussi bien que *lo,* s'employait quelquefois au lieu de *le.* C'est ensuite, pour un son plus prononcé, le verbe *je lou,* qui alterne avec *je lo.* A la pénultième accentuée, *nouble, chouse, douze* pouvaient remplacer *noble, chose, doze.* A d'autres syllabes, on trouve *outroie, proumis, renouveler,* à côté de *otroie, promis, renoveler.* Le pronom *lour* était sans cesse entremêlé à *lor,* de même que *jour, signour* et *pourroient,* à *jor, signor* et *porroient.* Tout annonce donc que, du temps de Joinville, la diphthongue *ou* était, dans un grand nombre de cas, employée comme un équivalent de l'*o* simple, et qu'on devait la prononcer de la même manière. Il n'en faut pas conclure que la voyelle simple pût toujours être substituée à la diphthongue et réciproquement, mais que, là où cette substitution avait lieu, elle se faisait ou semblait se faire indifféremment.

Pour montrer qu'elle ne se faisait pas toujours, je dirai qu'on voit, dans les chartes de Joinville, les substantifs *fou* et *four,* sans y rencontrer *fo* ni *for;* que l'adverbe *ubi,* la conjonction *aut* et l'article contracté qui équivaut à *in illo* ne s'y présentent que sous la forme *ou;* enfin que l'article *dou* n'est jamais écrit *do.* Mais il y a une charte où cet article a été écrit plusieurs fois *dor* (E 5, 12 et 15) au lieu de *dou,* de même que le mot *culpa* est rendu ailleurs par *corpe* (O 31), tandis que, par une combinaison inverse, *quatouze* (U 4) se présente une fois au lieu de *quatorze.* Pour que ces formes diverses puissent représenter une seule et même prononciation, il faut admettre que la consonne *r* servait d'appui à l'*o* sans qu'elle fût articulée, en sorte qu'il en résultait un simple renforcement du son

de la voyelle : c'est le son de l'*o* ainsi renforcé que pouvait représenter la diphthongue *ou*. Il est vrai que la présence de l'*u*
peut s'expliquer d'une autre façon. L'analogie des consonnes
l et *r* fait que l'on passe facilement de *or* à *ol* et, par conséquent,
à *ou*, en sorte que *corpe*, *colpe* et *coupe* doivent naturellement
s'accepter comme des équivalents[1]. Sans contester ce fait, je
dis que, pour retrouver un seul et même son dans ces trois
formes orthographiques, il faut admettre que, dans les syllabes
cor, *col* et *cou*, le son de l'*o* ne recevait qu'une seule et même
modification : ce qui revient à dire que la consonne *r* ne s'y
articulait pas. On est conduit alors à supposer que, la forme
ancienne de notre mot *seigneur* étant *signor* et se prononçant
signô, sans aucune articulation de l'*r*, on aura substitué la
diphthongue *ou* à l'*ô*, en conservant l'*r* finale, comme lettre
purement étymologique. Un mot de même désinence fournit
par ses variantes une preuve directe à l'appui de cette hypothèse. En effet, quand on rencontre au régime singulier les
formes *priour* et *prieus*, puis au régime pluriel *prious*; quand on
voit en même temps le féminin *prieuse*, il est impossible de
ne pas reconnaître que l'*r* finale de *priour* restait complétement
muette; en sorte que le mot se prononçait et pouvait, au besoin,
s'écrire exactement comme si l'étymologie latine eût été *priosus*
et non *prior*. J'invoquerai encore ici le témoignage de l'auteur
de la brochure relative à quelques vieux usages du diocèse de
Langres. A propos du mot *bonnes* employé pour *bornes*, il allègue
expressément « la faiblesse avec laquelle nos paysans prononcent
« la lettre *r* dans beaucoup de mots. » Il cite, à cette occasion,
potai au lieu de *porté*, et plus loin *codé* au lieu de *cordel* (p. 52),
puis *encô* au lieu de *encor* (p. 54).

[1] Sur le changement fréquent de *l* en *r*, on peut consulter M. Max Müller (*Nou-velles leçons sur la science du langage*, t. I de la traduction française, p. 215).

27° SONS DIVERS DE L'*U*.

J'ai rencontré un seul exemple de la forme *ju* substituée à *je*, et c'est aussi le seul monosyllabe où la voyelle *u* semble avoir servi à représenter le son de l'*e* sourd. Elle paraît à la syllabe finale de plusieurs participes passés, tels que *perdu*, et dans le substantif *ru*, où elle devait se prononcer de même qu'aujourd'hui. Dans une seule charte les pronoms *lui* et *celui* sont écrits *lu* et *celu*; mais, comme ils s'écrivaient aussi *li* et *celi*, il faut admettre que, dans ce cas, l'*u* représentait un son voisin du son de l'*i*, d'autant plus que cette dernière voyelle alternait avec l'autre dans la première syllabe d'*isuaire* et dans la troisième d'*escuminiez*. Dans la seconde syllabe de ce même mot, l'*u* alternait avec l'*o* simple ou avec la diphthongue *ou*. C'est ce qui arrivait encore pour le mot *Urbain*, qu'on trouve écrit *Orbain* et *Ourbain*, sans compter la forme exceptionnelle *Ouirbain*, dont la prononciation devait être la même. Les variantes *dous*, *deus* et *dus*, *prouz*, *preus* et *prus*, *proudome*, *preudome* et *prudome*, ne permettent pas de savoir si l'*u* représentait dans ces mots un son voisin de la diphthongue *ou* plutôt que de la diphthongue *eu*; mais c'est un rapprochement avec cette dernière diphthongue que paraît autoriser la comparaison des variantes *nuf* et *neuf*, à côté desquelles les formes *nof* et *nouf* ne se rencontrent pas dans les chartes de Joinville.

Telles sont les principales nuances de son qui pouvaient être représentées par l'*u* simple. Quant à celles qui répondaient aux différentes combinaisons par lesquelles l'*u* s'unissait à une autre voyelle pour en renforcer le son plutôt que pour y apporter un changement essentiel, j'ai déjà eu occasion de les signaler, en parlant de la voyelle qui conservait son dominant. C'est ainsi que j'ai rattaché à l'*i* l'emploi de la diphthongue *ui*, dans les mots tels que *lui, celui* et *autrui;* mais j'ai averti que la même diphthongue s'employait dans d'autres mots où le son de l'*i* devait être effacé par celui de l'*u*. Il ne paraît pas probable en effet que l'*i* pût servir à autre chose qu'à renforcer l'*u* du mot *entrepresuires*, qu'on trouve écrit *entrepresures* et *antrepresures* dans trois chartes différentes. Ce devait être aussi à titre de voyelle muette qu'il figurait par exception dans la première syllabe des mots *cuireiz* et *duire*, dont la véritable prononciation semble indiquée par plusieurs exemples des variantes *cureis* et *dure*. La forme *dui*, qui se rencontre dans cinq chartes différentes, ne représentait pas un son autre que celui de l'*u*, puisqu'elle alterne avec la forme *duiu*, qui devait se prononcer comme la première, mais à la condition que l'*i* final de l'une ne se fît pas plus entendre que l'*i* intermédiaire de l'autre. C'est par une combinaison analogue qu'un clerc a écrit deux fois *puiuset*, quoiqu'il s'agît uniquement de figurer le son prolongé et renforcé de l'*u*, sans aucun mélange de l'*i*, dans un mot que trois autres chartes présentent sous l'une des formes équivalentes *peussent* et *puessent*. Je citerai enfin, à titre de variantes tout à fait exceptionnelles, les formes *fui, fuist* et *fuissent*, dont la véritable prononciation est déterminée par les nombreux exemples des variantes *fu, fut, fust* et *fussent*, variantes d'où la voyelle *i* n'aurait pas été exclue neuf fois sur dix, si elle eût été autre chose qu'un souvenir étymologique et un moyen de figurer le renforcement de la voyelle principale.

28° SONS NASAUX.

Les chartes de Joinville présentent des exemples nombreux de sons nasaux qui devaient se prononcer comme dans les mots *empeschier, consoil,* sans qu'il y eût une articulation de l'*m* ou de l'*n* qui contribuaient à les représenter. Je crois, au contraire que, dans les mots tels que *comme* et *connoissent,* le son cessait, ainsi qu'aujourd'hui, d'être nasal, et que l'on prononçait *come* et *conoissent,* en laissant la voyelle de la première syllabe indépendante de la consonne, qui se liait et s'articulait nettement avec la syllabe suivante. Aux présomptions qui se tirent de la prononciation moderne peuvent s'ajouter quelques preuves fournies par certaines variantes de l'orthographe ancienne.

Si la syllabe *ment,* qui servait comme aujourd'hui de désinence à la plupart des adverbes, avait été prononcée à la manière des Italiens, en découvrant le son propre de l'*e* par l'articulation distincte de l'*n* et du *t,* on n'aurait eu qu'une seule manière de l'écrire, qui eût été sans doute conforme à l'étymologie. Mais comme le son de cette désinence était nasal, et qu'il pouvait être aussi bien représenté par *an* que par *en,* les clercs employaient indifféremment l'une ou l'autre combinaison, ainsi qu'il est facile de s'en assurer en parcourant la liste spéciale des adverbes. C'est par la même raison qu'on écrivait, à volonté, *antredit* ou *entredit,* et qu'on allait même jusqu'à employer l'*n* dans *enpetrer,* ou l'*m* dans la première syllabe des mots *amcombrement* et *emquison,* quoiqu'on écrivît aussi et plus régulièrement *empetrer* et *enquerre.* De là encore les variantes *temps, tens* et *tans,* qui représentaient sous trois formes diverses un seul et même mot, prononcé de même manière et dérivé de même source. Si j'ajoute que *davant* s'écrivait aussi *davent,* malgré l'étymologie latine *ante,* et que la préposition *in* mise en français se représentait par *an* et par *en,* c'est pour montrer qu'un son nasal unique répondait, dans tous ces mots, à des étymologies aussi diverses que pouvaient l'être les formes de l'orthographe vulgaire. Le seul cas où les lettres *an* fussent employées de préférence à *en*, c'était dans les participes présents, qu'on voit tous écrits de cette manière, sans autre exception que celle du mot *apparent* (V 14); encore ce mot pourrait-il passer pour un adjectif.

On ne devrait point hésiter à reconnaître le même son dans les mots *ancor* ou *encor, ansi* ou *ensi, janvier, encarnacion,* si l'on ne rencontrait, pour ces mêmes mots, les variantes *aincor* et *eincor, ainsi, jainvier, incarnacion.* On se trouve ici, une fois de plus, en présence d'orthographes diverses qui devaient servir à figurer une seule prononciation. Telle est du moins l'hypothèse qui me paraît devoir être préférée, comme ailleurs, à celle de deux prononciations différentes pour un seul et même mot. Il n'est pas douteux d'abord que le son figuré tour à tour par les lettres *an, en, ain, ein* et *in* ne fût un son nasal, dans lequel la consonne *n* n'avait pas d'articulation distincte, puisque, dans le cas contraire, elle eût mis à découvert des voyelles très-diverses, qui ne pouvaient permuter entre elles. D'un autre côté, comme l'*i* pouvait être ajouté à l'*a* et à l'*e* pour en renforcer le son sans le changer, rien ne s'opposait à ce que les combinaisons de lettres *ain* ou *ein* servissent, comme les formes *an* ou *en,* à figurer le son *an,* dans des mots tels que *aincor, eincor* et *jainvier,* qu'on trouve écrits plus habituellement *ancor, encor* et *janvier*[1]. Il en est de même du mot *incarnation,* parce que, tout en reconnaissant que, en général, les lettres *in* devaient se prononcer comme aujourd'hui, il est permis de croire que la forme latine du mot entraînait involontairement les clercs, et que la variante *encarnacion* figure la véritable prononciation. C'est par la même raison, je crois, que la pre-

---

[1] J'en dis autant des mots *greinge* et *eintredit,* qui alternent avec *grange, antredit* et *entredit.*

mière syllabe du mot *indulgences* a été écrite sous sa forme latine; tous les autres mots dont la préposition *in* forme la syllabe initiale commencent, dans les chartes, par *an* ou *en*, de même que la préposition *inter* y est rendue par *antre* ou *entre*.

A côté de ces mots, où les combinaisons de lettres *ain*, *ein*, et même *in*, me paraissent avoir la même valeur que les variantes *an* ou *en*, qui en déterminent, selon moi, la véritable prononciation, il s'en présente d'autres où l'on doit reconnaître de préférence notre son nasal *in*, quoiqu'il y soit figuré par des combinaisons de lettres semblables ou analogues à celles dont je viens de parler. Ainsi, comme les mots *chapelains, contraindre, main* ou *mein, pain, saint, souverain,* ou *chatelein, plein, porceint,* ne se présentent pas dans les chartes avec des variantes qui permettent de supposer aux combinaisons de lettres *ain* ou *ein* une valeur autre que dans la prononciation moderne de ces mêmes mots ou de leurs analogues, il serait arbitraire de croire qu'on dût y préférer le son *an*. De même c'est à la prononciation actuelle qu'on peut plus probablement rattacher celle des mots *bien, chien, crestien, deyen, rien, vient,* etc. Je croirais, au contraire, qu'il faut s'écarter de cette prononciation pour les syllabes finales en *in* des mots *anterin, chemin, moulin,* etc. parce que les finales analogues des mots *ausin* et autres que j'ai cités plus haut permutaient avec l'*i* simple et ne devaient point, par conséquent, représenter un son nasal. Je dois dire pourtant qu'à Joinville on les prononce aujourd'hui comme elles s'écrivent.

C'est ici le lieu de signaler de nombreuses variantes qui portent sur un même mot, et qu'on n'aurait pas dû s'attendre à rencontrer dans des chartes émanées de la chancellerie de Joinville. Il semble en effet que, s'il devait y avoir un nom dont l'orthographe fût fixée par la tradition et l'usage de tous les jours, c'était celui qui s'inscrivait dans le préambule de toutes les chartes de l'historien de saint Louis. Cependant la première syllabe du nom de *Joinville* se présente, dans ces chartes, sous dix formes différentes. Voici le tableau de ces variantes, avec l'indication du nombre de chartes où chacune d'elles a été employée :

Gen, 1;	Jein, 7;	Joen, 1;	Jon, 1.
Jen, 1;	Jain, 3;	Join, 17;	
Jeein, 1;	Gien, 1;	Joing, 1;	

Quand on compare ces variantes, il est facile de reconnaître que les deux premières, qui, dans notre système actuel d'orthographe, représenteraient plutôt le son *jan,* peuvent cependant se rattacher facilement aux quatre suivantes et représenter le même son que la première syllabe du verbe *geindre.* Il n'est pas moins certain que la septième, la huitième et la neuvième variantes doivent être considérées comme l'expression orthographique d'un son analogue au premier, mais qui pouvait en différer un peu dans le cas où l'articulation de la consonne, avant de se reposer sur le son nasal *in,* aurait glissé rapidement sur l'*o*, sans le laisser entièrement muet. Quant à la dernière variante, il faut y voir, non une faute de copiste, puisque la forme *Jonville* se représente trois fois dans le même acte (L *bis* 1, 28 et 34), mais une combinaison de lettres peu intelligente, essayée par le clerc de l'official de Langres pour peindre le son d'un mot qu'il n'avait pas l'habitude d'écrire [1]. Laissant de côté cette variante, il restera : d'une part, six variantes qui se présentent dans quatorze chartes et qui répondent à la première syllabe du verbe *geindre;* de l'autre, trois variantes em-

---

[1] Ce même clerc s'éloignait de l'usage ordinaire en écrivant *poor, avor, toiz, avenot, soent*, au lieu de *pooir, avoir, toz, avenoit, soient.*

ployées dans dix-neuf chartes et qui peuvent avoir répondu à un son un peu différent.

Cette différence, si elle existait, devait être peu sensible, puisque l'on voit concourir dans la même charte les formes *jein* et *joen*, employées par le même clerc qui s'est servi ailleurs de la forme *jon*. Néanmoins, j'incline à croire que le son dominant *in* était précédé d'un son rapide et sourd, en sorte que la variante *jeein* serait celle qui, dans nos habitudes, en donnerait la représentation la plus exacte. Ce serait pour exprimer la succession de ces deux sons qu'auraient été employées les formes *jeein*, *joen*, *join*, *joing*, et peut-être *gien* [1]. Quant aux clercs qui ne tenaient compte que du son principal et dominant, ils se servaient des formes *gen*, *jen*, *jein* et *jain*. Tout en supposant que l'on faisait entendre deux sons successifs quand on prononçait la première syllabe du nom de Joinville, je reconnais que le premier son devait être très-faible, puisqu'il était négligé par certains clercs. Je dois ajouter en outre qu'il a fini par s'effacer entièrement, puisque le nom de *Joinville* est écrit *Ginville* dans le testament de Marie de Lorraine, duchesse de Guise, en date du 6 février 1686 [2]. Aujourd'hui les anciens habitants des villages voisins de Joinville prononcent encore comme écrivait Marie de Lorraine [3]; mais les personnes plus jeunes et plus lettrées ont adopté la prononciation qui correspond à l'orthographe officielle du nom.

[1] Je crois retrouver la trace de ce double son dans la forme latine *Juinvilla*, que nous a conservée une charte de 1140. (*Collect. Moreau,* LVIII, 192.) Dans une charte de 1132 on trouve, au contraire, l'adjectif *Jonvillenses*, et, dans une charte de 1148, *Jonivillensi.* (*Moreau,* LV, 139, et LXII, 124.) Ce sont les formes les plus anciennes que j'aie rencontrées.

[2] Bibliothèque impériale, fonds français, vol. 22,432.

[3] Ce fait m'est attesté en même temps par M l'abbé Desmot, curé de Joinville, et par M. Dumont, juge au tribunal de Saint-Mihiel. Je les prie l'un et l'autre d'agréer tous mes remercîments pour l'obligeance qu'ils ont mise à répondre à mes questions.

Ce n'est pas seulement par analogie avec la prononciation moderne, c'est aussi à cause de quelques variantes orthographiques qu'on doit admettre l'existence du son nasal *on* dans la langue de Joinville. Des mots latins *suum, homo* et *nomen,* dérivent le possessif *son,* le pronom indéfini *on* et le substantif *nom,* qui s'écrivaient le plus ordinairement dans les chartes comme nous les écrivons aujourd'hui, c'est-à-dire que l'*m* étymologique y était remplacée par l'*n* dans les deux premiers, et s'était conservée seulement dans le troisième. Mais, en même temps, on rencontre quelquefois cette *m* étymologique dans *som* (C 21) et dans *om* (R 42, V 42) [1], tandis qu'elle fait place à l'*n* dans le mot *non* (H 1, N 4); en sorte que les lettres *om* ou *on* figuraient un seul et même son nasal, dans lequel l'*m* ou l'*n* pouvaient permuter parce qu'elles ne s'articulaient pas.

Doit-on admettre que ce même son nasal pût permuter avec la diphthongue *ou?* Plusieurs variantes orthographiques semblent l'indiquer, mais je crois que cette permutation est plus apparente que réelle. Si l'on ne considère que la forme orthographique des mots *donné* (S 104) et *douné* (L 71), on dira que les syllabes *don* et *dou* étaient des équivalents; mais le mot *donné* ne renfermait pas de son nasal s'il se prononçait comme aujourd'hui, et cette hypothèse semblera bien probable si l'on remarque qu'il s'écrivait aussi *doné* (D 4, L 32), et qu'alors la syllabe initiale consistait uniquement dans les lettres *do*. De là il est permis de conclure que c'est le son représenté par ces deux lettres qui pouvait l'être par les lettres *dou;* en sorte que cette permutation rentre dans la classe de celles qui avaient lieu si fréquemment entre la voyelle *o* et la diphthongue *ou*. C'est ce qui arrivait dans beaucoup d'autres mots où la voyelle *o* cons-

---

[1] Je cite des passages où l'emploi de l'*m* n'est pas déterminé par le voisinage du *b* ou du *p*.

tituait le son final d'une syllabe, soit qu'elle en fût effective-
ment la dernière lettre, soit qu'elle y fût suivie d'une *n* ou
d'une *m*, parce que l'articulation de ces consonnes, alors même
qu'elles étaient redoublées, appartenait tout entière à la syllabe
suivante. Ainsi, malgré la réunion des lettres *on* et *om* dans la
syllabe initiale des mots *bonnes, commandemenz, communaille,
homme*, le son nasal *on* n'existait pas dans cette syllabe, parce
qu'elle pouvait se terminer par la lettre *o* quand on écrivait
bones, comandemens, comunaille, home. C'était donc le son de
cet *o* indépendant de l'*n* ou de l'*m* qui était représenté par la
diphthongue *ou* dans les variantes *bounes, coumandemanz, coumunaille, houme*.

En dehors des mots où l'*o* n'a pas aujourd'hui le son nasal,
précisément parce qu'il est suivi d'une *m* ou d'une *n* redoublée,
les chartes de Joinville n'en présentent qu'un petit nombre
où l'on voie les lettres *on* et *ou* figurer alternativement dans la
même syllabe. Je citerai d'abord *convenances* et *convant*, qui s'é-
crivaient aussi *couvenances* et *couvant*. Ici encore j'incline à croire
que la diphthongue *ou* ne permutait pas avec le son nasal *on*,
mais avec l'*o* simple des variantes *covenances* et *covant*, qui
représentaient la véritable prononciation de ces mots. On
s'explique facilement que l'étymologie ait fait conserver, dans
certains cas, les lettres *on* du radical latin; mais il serait difficile de s'expliquer que la lettre *n* eût pu être remplacée par
un *u*, ou même complétement supprimée, dans une syllabe où
elle aurait contribué à représenter un son nasal. Par la même
raison, la lettre *n* devait être muette dans le nom de lieu *Monteir*, dérivé du latin *monasterium;* et c'est dans la variante *Moteir*,
permutant avec *Mouteir*, qu'il faut chercher la véritable prononciation du mot. Deux autres variantes de ce nom de lieu,
Moster et *Mostier*, indiquent assez probablement que le mot

monasterium, en passant dans la langue vulgaire, est devenu d'abord *Monstier*, puis *Mostier* et *Motier*, permutant avec *Moustier* et *Moutier;* en d'autres termes, que la lettre *n* a disparu, parce qu'elle ne se prononçait pas devant les lettres *st*. On en peut conclure que cette consonne était à peu près muette dans le verbe latin *constare*, et que, par cette raison, il a pu donner naissance à notre verbe *coûter*. C'est peut-être par un motif analogue que l'*n* de *trans* a disparu comme muette dans l'adverbe *très* et dans le verbe *trespassera*[1]; c'est ainsi encore que l'*n* se supprimait dans la syllabe initiale du mot *estrument*. En dehors des exemples fournis par les chartes, on verrait que la même élimination s'est produite fréquemment dans des mots tels que *mostrer*, *esposer*, etc. qui pouvaient, conséquemment, s'écrire *moustrer*, *espouser*. Au contraire, on ne voit pas la diphthongue *ou* se substituer aux lettres *on* dans un grand nombre de mots où la syllabe initiale paraît avoir toujours conservé le son nasal, tels que *compaignie*, *comporte*, *concession*, *condicion*, *conferrner*, *conseil*, etc. La seule exception qui pût être objectée, c'est que l'article contracte *ou* s'écrivait quelquefois *on;* mais il vaut mieux, ce me semble, admettre encore ici que l'*n* restait muette, comme dans la première syllabe du mot *convant*.

Le son nasal *un* n'existe aujourd'hui que dans un très-petit nombre de mots, et je crois qu'il était aussi fort rare dans la langue de Joinville. Il est vrai qu'on y rencontre les lettres *un* dans *denuncier*, *renuncié*, *qaelcunque*, *sunt* et *orrunt;* mais il est probable que cette orthographe était purement étymologique, car les mêmes mots sont plus ordinairement écrits avec

---

[1] C'est ainsi encore que du latin *defensam* s'est formé *deffois*, que de *burgensis* on a fait *bourgeois*, et que dans plusieurs noms de pays, tels que *Blesois*, etc. la finale *ois* répond à la désinence latine *ensis*. C'est par suite de la même élimination que l'article composé *ens*, répondant à *in illis*, est devenu *ès*.

on au lieu de *un*. Néanmoins il serait possible que les lettres *on* pussent, à l'occasion, servir à représenter un son voisin de celui que nous figurons par *un*, puisqu'on trouve par exception *auquons* au lieu de *aucuns;* or si le son nasal *un* existait quelque part, ce devait être dans les mots *aucun* et *chascun,* qui renferment le radical pour lequel il est encore aujourd'hui le plus fréquemment employé. Ce serait peut-être à cause de cette prononciation exceptionnelle des lettres *on* que notre mot *point,* qui devait se rapprocher du son nasal *in* plutôt que de *on,* se trouve écrit une fois *pont* (E *quater* 34). Quoi qu'il en soit, une autre circonstance semble prouver que les lettres *un* pouvaient être employées à cause de l'étymologie plutôt que pour peindre la prononciation : en effet, on les retrouve dans le mot *volunté,* dont l'orthographe ordinaire (*volenté* et *volanté*) annoncerait plutôt que la seconde syllabe de ce mot faisait entendre le son nasal *an.* Au reste, loin d'insister sur ces conjectures, je dirai qu'il y a, dans la prononciation de nos provinces de l'Est, des nasales dont on ne peut se faire une idée qu'après les avoir entendues, et que, par conséquent, il est impossible d'imaginer une orthographe qui les représente exactement.

29° CHANGEMENTS DÉTERMINÉS DANS LES VOYELLES PAR LE DÉPLACEMENT DE L'ACCENT.

En parlant de chaque voyelle en particulier, j'ai eu l'occasion d'indiquer les diphthongues qui servaient à la renforcer, et de faire observer que ce renforcement se produisait à la syllabe accentuée plus souvent qu'ailleurs. Mais, pour mieux montrer quelle a été l'influence de l'accent sur les sons, il ne sera pas inutile de réunir ici quelques exemples des changements qui se produisaient dans un même mot sur une voyelle déterminée, suivant qu'elle était ou non soumise à cette action [1]. Il en subsiste dans la langue actuelle des traces évidentes, mais auxquelles l'habitude empêche souvent de faire attention. Le hasard a voulu d'ailleurs que l'usage ait plus souvent méconnu que respecté la loi de ces modifications, en sorte qu'il y a tout avantage à l'étudier dans un temps où elle était moins complétement oubliée.

On en avait assurément perdu tout souvenir quand on imprimait en 1771, dans le Dictionnaire de Trévoux : « TROUVER, « verbe actif, autrefois TREUVER; il n'y a pas même longtemps « que ce dernier était encore en usage. Suivant Vaugelas, *trouver* « et *treuver* sont bons; mais *trouver* est meilleur. » *Trouver* est, en effet, meilleur, et même beaucoup meilleur que Vaugelas ne le supposait. Cependant, malgré la préférence de ce grammairien pour *trouver,* Molière a pu écrire avec toute raison :

> Non, l'amour que je sens pour cette jeune veuve
> Ne ferme point mes yeux aux défauts qu'on lui treuve.

C'eût été aussi fort bien dit au XIIIe siècle; mais on n'aurait probablement pas eu alors la tentation d'employer l'infinitif *treuver,* pas plus que *pleurer* et *demeurer.* Joinville disait, dans son Histoire, *plorer* (p. 30) et *je pleure* (p. 32), ou, plus régulièrement, *je pleur,* comme on écrivait dans ses chartes;

---

[1] Mon savant confrère M. Ad. Regnier m'a fait observer que de semblables modifications se produisent dans les mots de diverses langues, sans que l'influence de l'accent y soit pour quelque chose. Il m'a signalé, à cette occasion, les passages de la *Grammaire comparée des langues indoeuropéennes* où M. Bopp traite de l'espèce de balancement qui s'établit entre le poids du radical et celui de la désinence. Voyez ce qui est dit dans cet ouvrage, aux paragraphes 129 à 132, des cas faibles, forts et moyens des mots déclinables; puis, aux paragraphes 480 à 492, des désinences lourdes et légères des verbes, et de l'influence qu'elles exercent sur le radical.

demorer et *demeure, trover* et *truevent,* en remplaçant, à la syllabe accentuée, par la diphthongue *eu* l'*o* non accentué qui précède la terminaison toujours accentuée de l'infinitif. De même que nous disons encore aujourd'hui *mourir* et *meurent, mouvoir* et *meuvent, vouloir* et *veulent, pouvoir* et *peuvent,* Joinville pouvait dire aussi *honorer* et *honeurent* (*Hist.* p. 132), *couvrir* et *cuevrent* (p. 168), *ouvrir* et *oevrent* (p. 326), *soufrir* et *seuffre* (p. 462), *jouer* et *jeue* (p. 178)[1].

Ces exemples sont plus que suffisants pour établir que la voyelle *o* ou la diphthongue *ou* de la pénultième non accentuée se transformaient babituellement en *eu* par le déplacement de l'accent tonique. Mais il n'en faudrait pas conclure que cette règle fût toujours observée, même au XIIIe siècle. On trouve dans les chartes *approve* à côté d'*apprueve,* de même que *demorent* et *demoure* à côté de *demeure.* Il n'est pas certain qu'à cette différence d'orthographe correspondît une différence analogue dans la prononciation; mais il semble probable que la différence produite primitivement par l'accent, après avoir amené ce changement dè la voyelle étymologique, avait décru peu à peu et qu'elle tendait à s'effacer, puisque les clercs en étaient venus à confondre quelquefois sous une même orthographe la syllabe accentuée et celle qui ne l'était pas[2]. Il est assez difficile de s'expliquer pourquoi c'est le son de la pénultième accentuée qui l'a emporté dans les verbes *pleurer* et *demeurer,* tandis que celui de la pénultième non accentuée règne uniformément dans les verbes *trouver, approuver, honorer, couvrir,*

<hr>

[1] Quant à la forme *jueroient* (*Credo,* p. 522), je ne suis pas certain qu'elle soit régulière, et j'y verrais plutôt une faute du copiste, qui aurait dû écrire *joueroient,* parce que le conditionnel est, en général, calqué sur l'infinitif.

[2] On en voit un double exemple dans l'infinitif *greusier* et l'imparfait du subjonctif *greusessent,* où la diphthongue *eu* a été écrite au lieu de *ou* à une syllabe non accentuée, quoique les formes *groucier* et *grousier* fussent certainement en usage.

ouvrir, souffrir et *jouer.* Mais il faut remarquer que le son de la pénultième accentuée, en disparaissant de certains verbes, a laissé une trace dans des substantifs tels que *preuve, honneur, jeu.* On peut donc, au besoin, induire de l'orthographe de substantifs analogues celle de la pénultième accentuée des verbes que l'on ne connaît que par des temps où cette syllabe était dépourvue d'accent. Ainsi le substantif *duel* ou *deul*, employé par Joinville (*Hist.* p. 48), autorise à croire que, à côté de l'imparfait *doloit* (Z 5) et du prétérit *dolut* (*Hist.* p. 480), il y avait à l'indicatif présent la forme *je deul,* de même que le substantif *euvre* présuppose la forme *j'euvre* à côté de l'infinitif *ovrer.* Au contraire, l'existence du substantif *offre* (p. 110) peut justifier la leçon *offrent* (p. 40).

De ce que la diphthongue *eu* a remplacé l'*o* du radical latin dans la syllabe accentuée de certains verbes et des substantifs qui ont respectivement la même origine, il ne faudrait pas conclure que ce changement s'était opéré simultanément dans ces deux classes de mots. Je croirais, par exemple, que la finale *our* ou *or* dominait encore du temps de Joinville dans les substantifs dont la désinence est aujourd'hui en *eur;* tandis que la diphthongue *eu* était employée, comme je le montrais tout à l'heure, à la syllabe accentuée de plusieurs verbes où l'on préfère aujourd'hui la diphthongue *ou.* Ainsi la diphthongue *eu* aurait paru plus tôt dans les verbes, mais pour s'y maintenir moins longtemps et moins généralement; elle aurait paru plus tard dans les substantifs, pour y dominer d'une manière définitive et presque absolue. Dans la langue usuelle, on ne compte guère aujourd'hui plus de quatre substantifs en *our* dérivant de mots latins en *or*[1]. Dans les seules chartes de Joinville, j'en

---

Amour, cavalcadour, labour, troubadour.

ai noté douze, qui, sauf le mot *ancessour*, tombé en désuétude, existent tous aujourd'hui avec la finale *eur*[1]. Cette dernière désinence ne dominerait certainement pas dans le manuscrit de l'Histoire si elle n'y avait pas été introduite par le copiste.

La lettre *e* subissait, sous l'influence de l'accent tonique, un changement analogue à celui que je viens d'indiquer pour la lettre *o* et pour la diphthongue *ou*. La langue actuelle en a conservé un exemple frappant dans les verbes *tenir* et *venir*, dont l'*e* sourd, remplacé par la diphthongue *ie* aux trois personnes du singulier de l'indicatif présent, reparaît aux deux premières personnes du pluriel, pour disparaître encore à la troisième.

En d'autres termes, la conjugaison de ce temps se comporte dans ces deux verbes comme dans les verbes *mourir*, *mouvoir*, *pouvoir* et *vouloir*, puisque les uns prennent, perdent et reprennent la diphthongue *ie*, selon que la diphthongue *eu* paraît, disparaît et reparaît dans les autres. C'est ainsi qu'il faut expliquer les formes *afiert* (L 60 et *Hist.* p. 4) et *affièrent* (p. 124), où la diphthongue *ie* remplace l'*e* simple de *aferoit* (p. 206). De là encore *fiert* (p. 28) et *ferir* (p. 106), *requier*, *requiert* (p. 332), *requièrent* (p. 240) et *requeroient* (p. 518), *lieve* (p. 322) et *lever* (p. 276), *despiesce* (p. 418) et *depecie* (p. 524). La forme *lieve* et notre substantif *relief* permettent de rétablir *relieve*, au lieu de *releve* (p. 520), comme le substantif *giet* (p. 180) suppose la forme *giète* (J 7) plutôt que *gète* (*Hist.* p. 124). Il n'est pas douteux non plus que l'*e* de la première syllabe de *grever* ne se changeât en *ie*, sous l'influence de l'accent tonique, puisque cette diphthongue paraît au subjonctif *griet* (L 20) et à l'accusatif pluriel *griés* (V 6). De ces indices il est permis de con-

---

[1] *Achetour, ancessour, faucillour, pescheour, prestour, priour, signour, successour, tenour, valour, vendour, veneour.*

clure que le présent de l'indicatif offrait les formes suivantes : *je grief, nous grevons, ils grièvent.*

De même qu'il y avait des exceptions pour le changement de la lettre *o* ou de la diphthongue *ou* en *eu*, de même aussi le déplacement de l'accent tonique n'amenait pas nécessairement la substitution de la diphthongue *ie* à l'*e* simple. Quoiqu'il y ait des textes où la forme *appiele* se rencontre, elle ne paraît ni dans les chartes, où l'on écrit *appele* (S 15 et 40), ni dans l'Histoire, où l'on écrit *appelle* (p. 304). Dans d'autres cas, la diphthongue *ei* est employée de préférence à la diphthongue *ie;* mais c'est bien certainement sous l'influence de l'accent tonique que, à côté de *mener* (*Hist.* p. 430), *amener* (p. 54), *demenans* (p. 378), *remenames* (p. 130), on a écrit *meinne* (p. 322), *ameinne* (p. 80), *demeinne* (p. 374), *rameinne* (p. 422). C'est ainsi encore que les lettres *eit* remplacent, dans *promeittent* (Q 27), l'*e* sourd de *prometons* (H 153, W 117) ou *proumetons* (S 97). On devait en effet prononcer *prometons* et *promettent*, comme nous prononçons *jetons* et *jettent*, ce qui n'empêchait pas d'écrire *prometent* (K 31), parce que, indépendamment de toute orthographe, l'*e* d'une pénultième accentuée restait nécessairement ouvert[1].

La même voyelle subit encore de nos jours un changement très-sensible par le déplacement de l'accent dans des verbes tels que *devoir* et *recevoir*, où la diphthongue *oi* alterne avec l'*e* sourd, comme la diphthongue *ie* le fait dans *tenir* et *venir*. A cette forme de conjugaison se rattachait celle de notre verbe *voir*, qui s'écrivait souvent *veoir* (*Hist.* p. 4), avec un *e* sourd précédant la désinence de l'infinitif, comme dans *devoir* et *recevoir*. Cet *e*

---

[1] La forme *appelle,* que j'ai citée tout à l'heure, prouve que le son ouvert de l'*e* pouvait s'indiquer comme aujourd'hui par le redoublement de la consonne. Les formes *adrecier* (*Hist.* p. 308) et *adresce* (p. 494) fournissent un exemple analogue.

disparaissait au singulier du présent de l'indicatif, comme aujourd'hui; mais il reparaissait aux deux premières personnes
du pluriel, qui s'écrivaient *veons* (p. 254) et *veés* (p. 264), au
lieu de *voyons* et *voyez*. Par la même raison, on disait *pour-
veoie* (p. 90) et *pourveance* (p. 86), au lieu de renforcer par la
diphthongue, comme nous le faisons aujourd'hui, les syllabes
non accentuées des mots *pourvoyais* et *prévoyance*. Cette même
diphthongue, qui domine aujourd'hui dans la conjugaison du
verbe *corroyer*, devait être réservée pour les syllabes accentuées
du verbe qui se présente dans beaucoup de textes, à l'infinitif,
sous la forme *conreer*, et, à la troisième personne du pluriel de
l'indicatif présent, sous la forme *conroient* (*Hist.* p. 168 et 324)[1].
Au contraire, dans notre verbe *peser*, c'est l'*e* simple qui domine, avec un son alternativement sourd et ouvert, tandis que
la forme *poise* (*Hist.* p. 266 et 342) montre que la diphthongue
oi se substituait autrefois à l'*e* sourd, sous l'influence de l'accent tonique.

Le déplacement de l'accent tonique a exercé aussi son influence sur la lettre *a*, mais la langue actuelle n'en renferme
que des traces incomplètes. La conjugaison du verbe *valoir* au
présent de l'indicatif atteste la substitution de la diphthongue
au à l'*a* simple pour les trois personnes du singulier : *je vaus,
tu vaus, il vaut;* mais l'*a* simple, qui ne devrait reparaître qu'aux
deux premières personnes du pluriel, subsiste aussi à la troisième, quoiqu'il soit frappé de l'accent tonique. Une permutation analogue est constatée dans l'impersonnel *il faut.* Ce
renforcement de l'*a*, qui se retrouve dans l'Histoire pour les
verbes *vaut* (p. 20) et *faut* (p. 124), serait attesté, au besoin,

---

[1] Le participe pluriel féminin est écrit *conrées* (p. 164) au lieu de *conredes*, par suite d'une syncope qui a fait disparaître l'*e* sourd. Si la forme régulière eût été *conroiées*, la syncope ne se fût peut-être pas produite.

par la présence de la diphthongue *au* à la syllabe accentuée d'un assez grand nombre de substantifs, d'adjectifs ou de pronoms[1].

La lettre *a* se changeait aussi en *ai* sous l'influence de l'accent tonique, et la conjugaison actuelle du verbe *savoir* en conserve la trace aux trois personnes du singulier de l'indicatif présent. La forme *sevent* dans l'Histoire (p. 468) est un équivalent de *saivent*, qui se rencontre souvent ailleurs, et qui complète le cadre de la conjugaison déjà signalée pour les verbes *mouvoir* et *venir*. Ce cadre était aussi complet à l'indicatif présent du verbe *amer*; car il est certain que l'*a* simple paraissait aux deux premières personnes du pluriel comme à l'infinitif *amer* (*Hist.* 20) et à l'imparfait *amoit* (p. 2), tandis que la diphthongue *ai* existait aux autres personnes du présent, comme dans *il aime* (p. 10). Le rapprochement du substantif *gaige* et de l'infinitif *gagier* dans les chartes permet également de conjecturer que la conjugaison de ce verbe était soumise à des changements analogues.

Une troisième transformation de l'*a* s'est conservée dans notre verbe *il appert*, dont l'Histoire présente deux formes différentes à l'indicatif, *appert* (p. 54) et *appiert* (p. 60), tandis que le *Credo* fournit un exemple du subjonctif *apere* (p. 536). Soit que le renforcement de l'*a* pût consister dans l'*e* simple prononcé avec un son ouvert, soit qu'il fût plus régulièrement figuré par la diphthongue *ie*, toujours est-il que, dans cette conjugaison, l'*a* simple devait caractériser la pénultième non accentuée des deux premières personnes du pluriel de l'indi-

---

[1] Ici encore j'ai besoin d'avertir que, en signalant ces faits, je ne prétends pas nier que le changement de *al* en *au* ne pût se faire sans qu'il y eût déplacement de l'accent tonique; je dis seulement que le déplacement de cet accent est ici la cause déterminante du changement.

catif présent (*apparons* et *apparez*), tandis que, aux autres personnes, il se changeait en *e* ou en *ie* sous l'influence de l'accent.

Pour montrer que cette influence agissait aussi sur l'*i*, je citerai d'abord, à côté des pénultièmes non accentuées du participe *otrié* (J 3) et de la première personne du pluriel de l'indicatif présent *ottrions* (W 199), l'*i* changé en *oi* à la première et à la troisième personne du singulier, *otroi-je* (J 12) et *il otroie* (H 30). De là on pourrait déduire une forme de conjugaison analogue à celle de l'indicatif présent du verbe *mouvoir;* mais, contrairement aux formes que je viens de citer, les chartes de Joinville fournissent pour le même verbe plusieurs exemples de la diphthongue *oi* employée à la pénultième non accentuée des participes *otroié, ottroiés* et *outroiez*, puis de la première personne du pluriel de l'indicatif présent *otroions* et *ottroions*. D'où il résulte que la loi de transformation de l'*i* sous l'influence de l'accent n'était déjà plus observée, puisque la diphthongue *oi* s'employait si souvent au lieu de l'*i* simple à la syllabe non accentuée. C'est ainsi encore que cette diphthongue paraît à la pénultième non accentuée du verbe *ampoirièr*, ce qui autorise à croire qu'on l'avait plus régulièrement employée en écrivant *j'ampoir*. D'un autre côté, le conditionnel *envieroient* (W 36 et 37) atteste l'emploi de l'infinitif *envier*, formé comme notre infinitif *dévier*, quoique la même charte, à côté de ce conditionnel, fournisse un double exemple de l'infinitif *anvoier* (W 156 et 157).

Si, au temps de Joinville, on écrivait *otroier* et *otrier, ampoirier* et *ampirier, envoier* et *envier*, faut-il en conclure que plus anciennement la diphthongue *oi* s'employait ainsi au lieu de l'*i* simple à une syllabe non accentuée ? N'est-il pas plus probable qu'on avait commencé par avoir pour ces verbes une conjugaison analogue à celle du verbe *mouvoir*, et que la diphthongue *oi* dans les uns, comme la diphthongue *eu* dans l'autre, avait été d'abord réservée pour les syllabes soumises à l'influence de l'accent? Tant que la loi qui réglait ces permutations avait été observée, on n'avait dû avoir pour ces verbes qu'une seule conjugaison : *otrier, j'otroi, nous otrions; ampirier, j'ampoir, nous ampirons; envier, j'envoi, nous envions.* Du moment, au contraire, où cette loi n'a plus exercé assez d'influence, on a pu créer comme une seconde conjugaison, en employant les formes parasites et irrégulières *otroier, otroions,* etc. Telle serait peut-être la véritable origine de notre double verbe *ploier* et *plier,* dont les deux formes ont pu concourir dans la conjugaison régulière de l'indicatif présent : *je ploi... nous plions... ils ploient.* C'est par une confusion analogue que, dans l'Histoire, on a écrit : *lièrent* (p. 242), *loiés* (p. 168) et *liée* (p. 336); *je pri* (p. 12), *il proie* (p. 442), *pria* (p. 2) et *proia* (p. 278), comme on trouve, dans les chartes, *pria* et *proié, prières* et *proière*[1].

De même que les substantifs *preuve, honneur, jeu* attestent l'emploi de la diphthongue *eu* à la pénultième accentuée des verbes *prouver, honorer, jouer;* de même l'emploi analogue de la diphthongue *oi* est attesté pour les verbes qui se rattachent aux substantifs *otroi, envoi, tournoi, effroi.* Il n'y a donc pas de difficulté à en déduire, par exemple, les formes *otroient, envoient, tournoient, effroient.* Mais comme du substantif *conroi* on déduirait aussi *conroient,* dont l'infinitif était *conreer,* tandis que celui d'*otroient* était *otrier,* il est facile de voir que l'infinitif peut rester douteux alors que certaines formes du verbe sont connues. On pourrait rattacher les formes *guerroie* (*Hist.* p. 32) et *nettoie* (p. 94) aux infinitifs *guerreer* ou *guerrier, netteer* ou *nettier,* tout aussi bien qu'à *guerroier* et *nettoier,* puisque l'infinitif

---

[1] Je puis citer encore *renoioient* (*Hist.* p. 220) et *renioient* (*Credo,* p. 522).

hardier, qui concourt dans l'Histoire (p. 122 et 366) avec le participe *hardoiant* (p. 130), aurait pu, à plus forte raison, se concilier avec l'indicatif *hardoie.* Quoi qu'il en soit, l'emploi simultané de l'infinitif *hardier* et du participe *hardoiant* dans l'Histoire est un exemple de plus de la confusion qui existait alors dans les conjugaisons de cette nature.

Les chartes fournissent bien peu d'exemples du renforcement de l'*u* à la syllabe accentuée d'un verbe. La diphthongue *ui* remplace par exception l'*u* simple dans les imparfaits du subjonctif *fuist* et *fuissent;* on la retrouve dans le prétérit *je luiz* et à la troisième personne du présent de l'indicatif *il duire;* mais ce même mot y est plus souvent écrit avec l'*u* simple, comme nous l'écrivons aujourd'hui. On voit encore la diphthongue *ui,* à la pénultième d'*entrepresuires,* alterner avec l'*u* simple d'*entrepresures,* de même que, dans le *Credo,* on trouve alternativement, à la syllabe non accentuée, *luiterres* (p. 534) et *luterres* (p. 536). S'il y a une conclusion à tirer de ces rares exemples, c'est que la loi du renforcement de l'*u* sous l'influence de l'accent tombait déjà en désuétude.

Pour montrer comment le déplacement de l'accent amenait le renforcement de certaines voyelles, principalement aux trois personnes du singulier de l'indicatif présent et à la troisième du pluriel, j'ai cité jusqu'ici des verbes dont l'infinitif attire l'accent tonique sur l'une des désinences *er, ir* et *oir,* qui caractérisent ce qu'on appelle la première, la seconde et la troisième conjugaison.

Il me reste à faire voir que cette loi était observée aussi dans des verbes de la quatrième conjugaison, où l'accent porte nécessairement, à l'infinitif, sur la voyelle du radical. Nous en avons un exemple dans notre verbe *prendre,* où le son nasal et plein de l'infinitif se conserve au singulier de l'indicatif présent, pour se changer en *e* sourd lorsque l'accent se porte sur la terminaison des deux premières personnes du pluriel (*prenons, prenez*), et se prononce comme un *è* ouvert à la troisième personne, où l'accent le frappe de nouveau. La conjugaison du même temps pour le verbe *boire* donne un résultat analogue, si ce n'est que, au lieu d'un *e* sourd, c'est un *u* qui remplace la diphthongue *oi* à la syllabe non accentuée; dans l'Histoire, au contraire, c'est un *e* sourd qui paraît à l'imparfait *je bevoie* (p. 14), et qui devait par conséquent s'employer aussi pour les deux premières personnes du pluriel de l'indicatif présent. Pour le verbe *croire*, on trouve, dans l'Histoire, les formes *je croy, vous creez, ils croient*, et l'imparfait *je creoie*, qui suffisent pour prouver que cette conjugaison était réglée par la loi de l'accentuation, et que l'*e* simple y remplaçait, à l'occasion, la diphthongue *oi*.

En résumé, les conjugaisons, telles qu'elles se présentent dans les chartes de Joinville et dans l'Histoire, offrent des indices plus nombreux que nos conjugaisons modernes de la modification que subissait la voyelle du radical sous l'influence de l'accent tonique. Cette loi, que l'on observait alors plus souvent qu'aujourd'hui, était cependant déjà violée dans certains cas, en sorte que, après en avoir constaté l'existence, il faut se garder d'en exagérer l'influence réelle.

D'ailleurs, à côté des faits divers qui attestent tour à tour l'observation ou la violation de cette loi, il s'en présente d'autres dont le caractère est très-différent : je veux parler de certains radicaux qui n'étaient pas de nature à laisser leur voyelle se modifier par le déplacement de l'accent, et qui la conservaient invariable dans toute l'étendue de la conjugaison. J'en vais citer quelques exemples.

3o° VOYELLES LONGUES PAR POSITION.

Les chartes de Joinville contiennent plusieurs verbes où l'accent frappe tantôt sur la terminaison sans atteindre le radical, tantôt sur le radical, parce que le radical se confond alors avec la terminaison ou que cette terminaison consiste dans un *e* muet. L'accent frappe sur la terminaison sans atteindre le radical dans les mots : *confermons* (H 152), *servir* (W 116), *perdoit* (W 171), *partoit* (Y 12), *acorder* (J 19), *porter* (L 80), *torner* (L 39), *renonçons* (S 99), *entendons* (I 112), *consentir* (S 105). Au contraire, l'accent frappe sur le radical dans les mots : *conferme* (U 9), *servent* (D 5), *perdre* (R 12), *despart* (R 45), *acort* (L *bis* 34), *comporte* (Q 17), *tornent* (I 11), *renoncent* (N 16), *atendre* (B 7), *consant* (L *bis* 34). Pourquoi, dans l'un et dans l'autre cas, la voyelle du radical (que ce fût un *a*, un *e* ou un *o*) restait-elle fixe, alors que la même voyelle changeait dans la conjugaison des verbes tels que *gagier* ou *amer, tenir* ou *morir, plorer* ou *honorer* ? Sans prétendre donner de ce fait une explication générale, on peut du moins faire observer que, dans les verbes où la voyelle du radical restait invariable, elle était suivie de deux consonnes, qui la rendaient longue par position (*confirmare, servire*); tandis que, dans les verbes où cette voyelle se modifiait sous l'influence de l'accent, elle pouvait être longue ou brève par nature (*plorare, tenere*), mais elle n'était pas suivie de deux consonnes qui la rendissent longue par position [1].

Si une telle observation était généralement exacte, elle pourrait être acceptée pour règle, alors même qu'elle serait sujette

---

[1] C'est la confirmation de la règle énoncée par M. Burguy sur la conservation des brèves suivies de plusieurs consonnes (*Gramm. de la langue d'oïl*, I, 23).

à quelques exceptions. Il en est que je veux signaler immédiatement, parce qu'elles sont fournies par des verbes où la voyelle du radical se modifiait quoiqu'elle fût longue par position en latin. A côté des infinitifs *soufrir, souffrir* ou *soffrir* (p. 8, 484 et 510), on trouve, dans Joinville, *il seuffre* (p. 462), c'est-à-dire que la voyelle *u* de *sufferre*, quoique longue par position et représentée par *o* et *ou* à la pénultième non accentuée de l'infinitif français, se change en *eu* quand elle est frappée de l'accent dans *seuffre*. Cela tient, je crois, à ce qu'une consonne redoublée pouvait se convertir en une consonne simple dans les habitudes de la prononciation, en sorte que la voyelle suivie de cette consonne redoublée dans l'orthographe régulière, mais articulée comme si elle eût été simple, n'était plus considérée comme étant longue par position. Ainsi je puis dire que, dans les chartes de Joinville, le verbe *acorder* n'est pas une seule fois écrit par deux *c*, et que les exemples de cette nature y sont si nombreux qu'ils ne doivent pas être attribués à la négligence des copistes, mais à une influence réelle de la prononciation sur l'orthographe[1].

Les chartes de Joinville fournissent un autre exemple d'une voyelle longue par position qui changeait sous l'influence de l'accent tonique. On y trouve, en effet, le futur *afferra* accentué

---

[1] J'essayerai de montrer plus loin que la plupart des consonnes redoublées devaient se prononcer comme des consonnes simples ; mais, en attendant, on m'accordera que, dans certains cas, au moins, il en était ainsi. C'est ce qui peut s'observer dans la prononciation moderne, où l'on s'abstient, par exemple, de faire sentir le redoublement de l'*r* dans *arrangement*, quoiqu'on en tienne compte dans *ferrugineux*. Cela me conduit à dire que l'*e* de *ferrum* devait être considéré comme long par position, tout aussi bien que le premier *i* de *firmitas*, et que dans le premier mot une consonne redoublée produisait le même effet que deux consonnes différentes dans le second : car à chacune de ces voyelles répond une voyelle simple dans le mot *fer* et le nom de lieu *Ferté*. Au contraire, aux voyelles brèves par position de *ferus* et de *feritas* répondent les deux diphthongues de nos mots *fier* et *fierté*.

sur la finale; mais l'*e* du radical, étant frappé de l'accent, se change en *ie* dans *afiert* à la troisième personne du singulier de l'indicatif présent. C'est ainsi encore que l'on rencontre dans l'Histoire, à côté de *aferoit* (p. 206), les formes *afiert, affiert* (p. 4) et *affièrent* (p. 124). Si j'ai dit que la voyelle était longue par position, c'est moins à cause de l'infinitif *afferre* que de la troisième personne du singulier *affert;* mais elle ne l'était pas dans *affero, afferimus, afferunt,* ni dans la presque totalité de la conjugaison. J'incline donc à croire que le français *affiert* a été calqué sur la forme archaïque *afferit,* et que la conjugaison complète : *j'affiers, tu affiers, il affiert, nous afferons, vous afferez, ils affièrent,* répondait à un type conservé en partie seulement dans la bonne latinité, et dans lequel la voyelle *e* n'était pas longue par position. J'ajoute que l'ancien infinitif français *afferir* se rattache à ce type archaïque et non à la forme contracte *afferre,* de même que notre infinitif *mourir* dérive de la forme populaire *morire.*

La conjugaison de ce verbe *mourir,* comparée à celle du verbe *acorder,* peut fournir une autre preuve de la manière toute différente dont l'accent agit sur la voyelle du radical, selon qu'elle est ou n'est pas longue par position. Je trouve dans les chartes l'infinitif *morir,* et, dans l'Histoire, *meurent* (p. 28), à la troisième personne du pluriel de l'indicatif présent. Il est donc certain que ce verbe se conjuguait comme aujourd'hui, et que l'*o* du radical, changé en *eu* par l'accent, reparaissait quand cet accent frappait sur la terminaison. Les chartes fournissent, d'un autre côté, l'infinitif *acorder* et la première personne du singulier de l'indicatif présent *j'acort,* où l'*o* du radical subsistait, quoique frappé par la terminaison. Cet *o* se maintenait donc aussi à la troisième personne du pluriel, et si l'on avait eu l'occasion de l'employer dans les chartes ou dans l'Histoire, on eût écrit *acordent*, quoiqu'on y écrivît *meurent*. Pourquoi cette différence? La voyelle *o*, qui entre dans le radical des deux verbes, existait non-seulement dans toute la conjugaison des verbes *morior* et *accordo*[1], mais dans les substantifs *mors* et *cor*, d'où ils dérivent. En français, tandis qu'elle se maintient dans le substantif *mort* et qu'elle disparaît dans *meurent*, elle disparaît au contraire dans *cuer* (*Hist.* p. 8) et se maintient dans *acordent*. Les lettres *or*, étant l'élément commun de ces radicaux, ne peuvent expliquer ce résultat; ce qui peut l'expliquer, c'est que l'*o* transformé en *eu* n'est long par position ni dans *moriunt*, type barbare de *meurent*, ni dans *cor*, tandis que l'*o* persistant est long par position dans *mortem* comme dans *accordant*.

On pourrait m'objecter que, si l'*o* n'est pas long par position dans *cor*, il l'est dans *cordis* et *cordi;* que les substantifs se formaient non-seulement sur le nominatif, mais encore sur les cas indirects, et que, par conséquent, je dois montrer pourquoi le mot *cuer* dérivait, non de ces cas indirects, mais uniquement de la forme *cor*. Je réponds que le cas d'où dérive une des formes des anciens substantifs est, en règle générale, l'accusatif et non le génitif ni le datif, et que le mot *cor* étant neutre, c'est sur l'accusatif *cor* que le français *cuer* s'est formé. Il y a dans l'ancienne langue un mot qui fournit une preuve incontestable d'une formation analogue, c'est le substantif *ues* ou *oes*, qui ne peut venir que d'*opus;* car le génitif *operis* ou le datif *operi* eussent produit un mot tel que notre mot *œuvre*, qui s'est formé sur *operam*. Ici le doute n'est pas possible : le mot *oes*, qui nous est connu surtout par des locutions telles que *à son oes* (*ad suum opus*), dérive nécessairement de l'accusatif

---

[1] Je cite ce verbe de la basse latinité, puisqu'il répond au verbe français *accorder;* je pourrais m'appuyer, au besoin, sur le verbe *concordare*.

opus. Cuer se rattache donc à l'accusatif *cor*, comme *oes* à l'accusatif *opus* [1].

Il ne sera pas inutile de répondre à une objection que peut suggérer le verbe *joint* (L 67) à la troisième personne du singulier de l'indicatif présent, où la voyelle *u* du latin *jungit* se trouve remplacée par la diphthongue *oi*, quoique cet *u* soit long par position. Je ferai observer d'abord que, à ce renforcement de l'*u* de *jungere* et des verbes analogues *ungere* et *pungere*, répond le renforcement de l'*i* changé en *ei* dans nos verbes *ceindre* et *peindre*, qui dérivent du latin *cingere* et *pingere*. Or toutes ces dérogations à la règle ordinaire doivent avoir pour cause la prononciation douce du *g* dans ces mots, où il était comme une demi-voyelle analogue au *j*. C'est par la même raison, si je ne me trompe, que de *virginem* on a fait *vierge*, tandis que de *virgam* on a fait *verge*, l'*i* du premier mot n'étant plus considéré comme long par position, à cause du *g* doux, tandis que la même voyelle, dans le second, était considérée comme telle, à cause du *g* dur. On s'explique, par cette distinction entre le *g* doux et le *g* dur, qu'aux syllabes initiales d'*ungere* et d'*unguentum* répondent aujourd'hui deux syllabes différentes, l'une qui est renforcée, dans *oindre*, l'autre qui ne l'est pas, dans *onguent*. Il n'y a donc en réalité, dans le verbe *joint*, qu'une exception apparente, qui confirme la règle au lieu de l'ébranler.

La même explication ne pourrait s'appliquer au participe passé *joint*, qui dérive du latin *junctum*, où l'*u* est long par position comme suivi de trois consonnes. Ce participe ne se présente pas dans les chartes, mais on y trouve le substantif *point*, qui est exactement dans les mêmes conditions, comme répon-

---

[1] Bartsch, dans sa *Chrestomathie* (p. 480), cite plusieurs autres mots qui se sont for- més de même de l'accusatif neutre : *corps, lez, piz, temps.*

dant au latin *punctum*. Je crois que, dans l'un et dans l'autre
mot, la diphthongue *oi* représente un renforcement de l'*u*, de
même que, dans le mot *saint*, la diphthongue *ai* est un renforcement de l'*a* de *sanctum*[1]. Ce qui montre que la diphthongue *ai*
est un renforcement de l'*a*, c'est que, dans un grand nombre
de mots, elle représente un *a* qui n'est pas long par position :
tels sont, par exemple, les mots *l'endemain, pain, main, chapelains*, qui se rencontrent dans les chartes, et qui dérivent du
latin *mane, panem, manum, capellanus*. Au contraire, l'*a* étant
long par position dans des mots latins tels que *annum* et *ban-
num*, dans la désinence des participes présents et dans un grand
nombre de mots qu'il serait inutile d'énumérer, c'est le son
nasal *an*, et non le son *ain*, qui répond aux lettres *an* de ces
différents mots latins. Il semble donc que notre mot *saint* s'est
formé de même que si les lettres *an* du mot *sanctum* étaient suivies d'une voyelle, comme dans les mots *mane, panem, capellanus*.

L'analogie qui existe à cet égard entre les mots *joint* et *saint*
ne peut-elle pas se constater dans une autre classe de mots?
Un rapprochement bien naturel se présente pour nos mots *fait*
et *trait*, où la diphthongue *ai* remplace l'*a* long par position
des mots *factum* et *tractum*. Si j'y ajoute les mots *droit, huit,
destruite*, où les chartes montrent autant de diphthongues qui
remplacent une voyelle suivie des lettres *ct* dans les mots latins
directum, octo, destructa, il deviendra bien probable que l'*a* du
mot *junctum* s'est changé en *oi*, par la même raison que les

---

[1] Je ne prétends pas que le son de la
diphthongue *ai* soit absolument plus fort
que celui de l'*a* simple; il s'agit d'une vé-
rité relative, résultant des faits que l'on observe dans la langue de Joinville. (Voyez
ce qui a été dit pour *gaige* et *gagier*, à la
page 73.) Je reconnais donc que, dans
d'autres langues, la diphthongue *ai* peut
n'être, au contraire, qu'un affaiblissement
de l'*a* simple.

voyelles *a*, *e*, *o* et *u* se sont changées en diphthongues dans tous les mots que je viens de citer. Il en faut conclure que la double articulation du *c* et du *t* offrait une difficulté dont on s'est affranchi en retranchant la première des deux consonnes, et que la seconde voyelle s'est introduite en compensation de ce retranchement[1]. Or, du moment où une seconde voyelle venait tenir la place du *c*, la voyelle principale cessait d'être considé- rée comme longue par position, et le mot français, au lieu de se former sur *junctum*, *sanctum*, *factum*, etc. ne reproduisait que des mots altérés par une prononciation vicieuse, et dont la prétendue orthographe eût été *junitum*, *sanitum*, *faitum*, etc.

C'est probablement aussi par une difficulté de prononcia- tion qu'il faut s'expliquer ce qui se passait dans certains mots terminés en *allis*, *allus* et *alis*, mots où les lettres *al* se trans- forment souvent en *au*. Ce changement était moins habituel au régime singulier; car, si l'on trouve *vau* (H 72) et *seneschau* (H 19), on peut dire que, dans l'usage ordinaire, on écrivait : *val* (H 65), de *vallem; cheval* (W 114), de *caballum*, et *official* (E *quater* 19), de *officialem*. Au contraire, le changement de *al* en *au* était de règle au sujet singulier et à l'accusatif pluriel, par exemple, dans *vaus* (D 4), de *valles; chevaux* (W 101), de *caballos*, et *officiaus* (E *quater* 23), de *officialis*. Il est certain que le redou- blement de la consonne *l* n'était pour rien ni dans l'un ni dans l'autre résultat. En effet, d'une part, la désinence *al* représen- tait aussi bien l'*a* suivi d'une *l* simple dans *officialem*, que suivi d'une *l* double dans *caballum* et dans *vallem;* d'autre part, la désinence *aus* représentait également l'*a* suivi d'une *l* simple dans *officialis*, ou l'*a* suivi d'une *l* double dans *caballos* ou dans *valles*. On peut se demander pourquoi c'était, d'un côté, la dési-

---

[1] Les organes italiens se sont affranchis de cette difficulté, ou en supprimant le *c*, comme dans *giunto* et *santo*, ou en redou- blant le *t*, comme dans *fatto*, *tratto*, etc.

nence *al*, de l'autre, la désinence *aus* qui prévalait alors. Comme ce résultat ne dépend ni de la voyelle *a*, qui est toujours la même, ni du redoublement de la consonne qui la suit, il faut en chercher l'explication dans la différence essentielle que présentent ces deux séries de désinences latines. Or cette différence consiste dans les sons *um* et *em*, comparés à *os*, *es* et *is;* c'est-à-dire que, à l'élément commun *al*, s'ajoute tantôt un son sourd, où l'articulation de l'*m* devait être à peu près nulle, puisqu'elle ne laisse aucune trace dans les mots français correspondants; tantôt un son lié à l'articulation d'une *s* qui s'est conservée dans certaines formes de l'orthographe moderne. Je crois que, dans le premier cas, la lettre *l* pouvait se maintenir parce qu'elle s'articulait sans difficulté, et que, dans le second cas, cette consonne se combinait plus difficilement avec la finale *s*, qui se faisait sentir et embarrassait l'organe, comme si les mots latins se fussent écrits *cabals*, *vals* et *officials*. C'est par la même raison sans doute que la diphthongue *au* a remplacé *al* dans *aube* et *autre*, où la consonne *l* se heurtait désagréablement contre un *b* dans *alba* et contre un *t* dans *alter*.

3 1° CONSONNES.

Après avoir parlé des voyelles et des diphthongues, il me reste à présenter sur les consonnes quelques observations, que j'abrégerai autant qu'il sera possible.

Le redoublement du *b*, comme celui de la plupart des consonnes, était souvent négligé, malgré l'étymologie : on écrivait donc quelquefois *abé* ou *abei*, et l'on devait prononcer ainsi, quoique l'usage le plus ordinaire fût d'écrire *abbé* ou *abbei*. On ne devait pas prononcer davantage le double *b* d'*abbatre*, puisqu'on écrivait aussi *abatre* et *abatissient;* les formes *desous* et *desouz* prouvent également que le *b* final de *soub* est purement étymologique. Le *b* devait également être muet dans *absoile* (T 5), puisqu'on trouve ailleurs *assoille* (*Credo*, p. 5o8). Je n'ai pas remarqué que le *b* ait été nulle part remplacé par la consonne forte *p*.

Le *c* doux se prononçait probablement comme aujourd'hui, sinon qu'il alterne avec *ch* dans les mots *faucie* et *fauciées;* c'est par exception qu'on a écrit une fois *capele* au lieu de *chapele*, et *coses* au lieu de *choses*[1]. Il remplace notre double *s* dans *fauce*, et au subjonctif du verbe *faire* (*face, faciens, facet*), où il représente plus exactement l'orthographe latine, quoique la forme *fasse* s'employât déjà. C'est parce qu'il se prononçait comme l's au commencement des mots que l'on écrivait quelquefois, par erreur, *ce* (H 168) au lieu de *se*, et *ces* (H 118, P 20, R 19) au lieu de *ses*. Il devait avoir, à l'occasion, le son de notre *ç* à cédille, par exemple dans les mots *cà, cay, renoncons*. Le *c* dur s'employait comme aujourd'hui devant les voyelles *a*, *o* et *u;* mais il remplaçait par exception les lettres *qu* dans *coi* (L 36) et dans *que*, lorsque ce dernier mot était suivi du pronom *on :* on trouve donc *c'on* (P 3) et *c'om* (R 41) au lieu de *qu'on*. Conformément à une loi qui voulait que, à la fin d'un mot, la consonne douce fût remplacée par une forte, il se substituait au *g* dans les mots *sanc* et *lonc*, mais il devait rester muet quand le mot suivant commençait par une consonne. Il l'était certainement dans *octambre* et *octaves*, qu'on écrivait aussi *otambre* et *ottaves*. C'est la prononciation plus encore que l'étymologie qui obligeait à conserver les deux *c* dans *successeurs*, *successor* et *successours*, puisque, le premier s'articulant comme un *k* et le second comme une *s*, il n'était pas possible qu'une

---

[1] Il est probable que le copiste aura cédé involontairement à l'influence de l'étymologie latine.

seule consonne produisît ces deux articulations différentes. Le mot *occoison*, au contraire, devait se prononcer comme si l'on eût écrit *ocoison*; car on trouve aussi la variante *oquison* (L. 15), où le *q* n'est pas précédé du *c* comme dans *ocquison* (V. 5). Ce qui prouve qu'on avait l'habitude d'articuler un seul *c* dur au lieu de deux, c'est que, malgré l'étymologie, on écrivait *acorde, acordé, acorder,* etc. *acort, acostumé, acroissance,* de même qu'on remplaçait *cq* par un *q* simple dans *aquerre, aquester, aquité*. La forme *cincquante* est une exception sans valeur, à côté des nombreux exemples de l'orthographe régulière *cinquante*.

Sans prétendre que l'articulation du *d* fût plus voisine qu'aujourd'hui de celle du *t*, je dirai qu'on trouve une fois *garandir* (S 99) au lieu de *garantir*[1], et que l'Histoire offre dans le mot *debde* un autre exemple de cette permutation.

L'*f* finale ne s'articulait pas dans *sauf* (L 81), puisque dans la même charte le même mot se trouve écrit *sau* (L 40). Il est probable aussi que cette consonne était muette aux cas indirects *blef* et *chief*, puisqu'elle ne figurait même plus à la fin de *fié* ou *fiei*, où elle eût dû représenter le *v* de *fevum*[2]. Elle ne figurait pas non plus dans les sujets *blés* et *chiés*, parce que l'addition d'une *s* à la fin d'un mot faisait ordinairement disparaître la consonne précédente, à moins que cette consonne ne fût une *m*, une *n* ou une *r*. La lettre *f* se retrouve encore à la fin du nom de nombre *nuef*, où elle remplace le *v* étymologique, comme elle tient lieu du *p* dans *chief*. Le redoublement de l'*f*, bien qu'assez fréquent dans les chartes, ne me paraît pas avoir pour cause la double articulation de la consonne. En effet, la

---

[1] Et, réciproquement, *servitutes* au lieu de *servitudes*.

[2] Quoique la forme *fevum* puisse être plus récente que *feudum*, elle est néanmoins fort ancienne, puisque Du Cange (t. V, p. 276) en cite un exemple de l'an 1038.

plupart des mots qui en offrent des exemples se rencontrent
aussi écrits avec l'*f* simple. A côté des leçons *afferra, affoage,
affouer, deffaut, Joffroi, official, souffisant, souffisoit, souffrir,* et
autres leçons analogues fournies par le même verbe, j'ai noté
afiert, afoer, afouer, defaut, Jofroi, oficial, soufisamment et *soferont.*
D'un autre côté, les leçons *desfandre, mesfait, mesfère,* prouvent
que, si l'on écrivait aussi *deffendre, deffois, meffait, meffaire, meffaisans,* c'était uniquement pour avertir que l'*e* des syllabes
initiales n'était pas muet; car il n'est pas possible d'admettre
que ces syllabes dussent se prononcer tantôt *des* et *mes,* tantôt
def et *mef,* en articulant tour à tour l's ou l'*f* à la suite de l'*e.*
Ces syllabes se prononçaient donc *dé* et *mé,* de même que l'on
prononçait *tré* dans *tresfons,* puisque ce mot s'écrivait aussi
trefonz.

Quoique le *g* eût habituellement le son dur devant l'*a,* l'*o*
et l'*u,* et le son doux devant les deux autres voyelles, on trouve :
d'une part, dans trois chartes différentes, la forme *obligons,*
dont la véritable prononciation devait être exactement indiquée
par la variante *oblijons;* de l'autre, les mots *longe* et *longemant,*
où il semble difficile d'attribuer au *g* le son du *j.* Il devait, au
contraire, avoir ce son dans *dimenge* et *dimmange* [1], comme dans
ge, où, par exception, il remplace le *j.* On le trouve combiné
avec l's pour tenir lieu de l'*x* dans *seigsante,* qui s'écrivait aussi
sessante. Je suppose que, dans des mots tels que *recogneu, aumogne, semeigne, pregnoit,* le *g* restait muet comme il l'est aujour-
d'hui dans *signet,* puisqu'on trouve ailleurs *reconu, aumone,* etc.
Cependant je dois faire observer que l'*n* double ou même
simple prenait peut-être l'articulation des lettres *gn* quand on
l'employait dans des mots où ces deux lettres étaient ordinai-

---

[1] A moins qu'il ne s'y prononçât comme *ch.*

rement réunies. Je croirais, par exemple, que *Champenne* (E *qua-*
ter 1, L *bis* 2) et *sinor* (E *quater* 3) se prononçaient de même
que quand on écrivait, selon l'usage ordinaire, *Champaigne* et
signor[1]. Quant à la combinaison des lettres *ng* à la fin des mots
doing, joing, juing, reteing, tieng et *tesmong*, elle annonce, si je
ne me trompe, qu'on ajoutait au son nasal ordinaire une articulation sourde des lettres *gn*, en prononçant comme si l'on
eût écrit *doingn, joingn,* etc.

La lettre *h* devait être muette lorsqu'elle pouvait s'ajouter
ou se supprimer au commencement de certains mots, tels que :
eritage, heritage; avoit, havoit; oir, hoir. Néanmoins, suivant une
observation judicieuse de M. Boucherie, cette lettre, quoique
muette, ne devait pas être considérée comme absolument nulle;
car il a constaté, par de nombreux exemples, que l'*h* initiale
disparaissait toujours après une élision. En vertu de cette règle
qu'il n'a vue exprimée nulle part d'une manière précise, « ja-
« mais, dit-il, on ne trouve, dans les anciens textes, de mots
« orthographiés comme ceux-ci : *l'homme, aujourd'hui;* l'*h* était
« supprimée, et on écrivait *l'omme, aujourd'ui.* C'est à cette habi-
« tude que nous devons la forme *l'on* pour *li hom* ou *li hon*[2]. »

Je puis signaler, en effet, dans les chartes de Joinville, les
leçons *li heritaiges* (W 51 et 58), *li honme* (H 51), *li houme*
(H 58), où l'absence d'élision concourt avec la présence de l'*h*
initiale, sans compter *lou hourdement,* où l'*h* devait être aspirée.
D'un autre côté, j'y ai remarqué, avec élision et sans l'*h* initiale,
l'eritage (N 11), *l'eritaige* (W 43, 76 et 181), *c'om* pour *qu'om*
(R 41, V 42), *c'on* pour *qu'on* (P 3) et *d'ostel* (S 8). Combinée
avec le *c,* la lettre *h* se prononçait ordinairement comme aujourd'hui (*achat, franchise,* etc.); mais ces deux consonnes pou-

---

[1] La même observation est applicable au mot *gannast* (F 12).

[2] *Messager du Midi,* numéro du 19 janvier 1869.

vaient avoir, par exception, le son du *k* : *enchoison, eschuminier, Nicholais.*

Le *j* pouvait se substituer au *g* doux devant les voyelles *a, o* et *u* : c'est ainsi qu'on trouve *bourjois, jardin, Jofroi, joïr, Jorge, ju, oblijons, serjanz.* Cette consonne ne se présente pas plus que dans le français moderne devant l'*i* ou l'*y*; et si on l'employait devant l'*e*, c'était plutôt dans des mots où l'*e* avait remplacé une voyelle devant laquelle le *g* avait ordinairement le son dur, comme dans *je* de *ego*, *forjes* de *fabricas*, *Jehans* de *Johannes.*

Le *k*, employé si fréquemment dans le dialecte picard, est à peu près inusité dans les chartes de Joinville, où je ne l'ai rencontré que deux fois, à la place des lettres *qu* (*ke* et *esveske*).

La lettre *l* paraît au lieu de *r* dans la dernière syllabe de *priolez* et de *Christofle*. Elle pouvait avoir le son mouillé, sans être redoublée, non-seulement à la fin des mots tels que *bail, conseil*, mais dans *absoile, ailet* (pour *aillent*), *ailors, apparilié, Baali, Chevilon, Corboile, defailoit, defaliens, file*, et même sans être précédée ni suivie d'un *i*, dans *defaloient* et *julet*. Cependant l'usage le plus ordinaire était d'exprimer le son mouillé, comme nous le faisons aujourd'hui, par une *l* redoublée et presque toujours précédée d'un *i*. Quant à la double *l* non mouillée, elle se prononçait, sans aucun doute, comme une *l* simple; car, à deux ou trois exceptions près, il n'est pas de mot écrit avec une double *l* qu'on ne trouve aussi écrit avec une *l* simple; cette dernière orthographe est au moins aussi souvent employée que l'autre, sauf peut-être pour les mots *elle* et *ville*, quoique d'ailleurs il y ait de nombreux exemples des formes *ele* et *vile*.

Contrairement à l'usage actuel, mais par exception cependant, la lettre *m* se rencontre devant des gutturales (*amcombrement, cimquante*), et la lettre *n* devant des labiales (*decenbre, enpeschement*); c'est aussi par exception que l'*n* ne s'assimile pas à l'*m* qui la suit dans *honmage* (B 5) et *sonmes* (H 166), quoiqu'elle s'y assimile dans le mot composé *nommuebles* (W 48). L'une et l'autre de ces consonnes pouvaient se redoubler dans un grand nombre de mots où elles ne produisaient pas de son nasal; dans ce cas, la consonne, quoique redoublée, s'articulait comme si elle eût été simple; car la plupart de ces mots se représentent ailleurs écrits avec la consonne simple (*damme* et *dame, famme* et *fame, femme* et *feme, dimmange* et *dimenge,* nommés et *només, summe* et *some, mannière* et *manière, fontainne* et *fontaine, prennoit* et *prenoient, aumonne* et *aumone, aucunne* et *aucune*). C'est surtout après l'*o* que le redoublement de ces deux consonnes avait lieu; j'en ai trouvé peu d'exemples après l'*i* ou l'*u,* et aucun après les diphthongues *au* et *ou.*

Le *p* pouvait se redoubler, à cause de l'étymologie, dans des mots tels que *appèle, approve;* mais, comme la prononciation ne tenait pas compte de cette double consonne, on se contentait plus ordinairement d'un seul *p* pour écrire ces mots ou d'autres de même nature.

Les lettres *qu* se rencontrent au lieu du *c* dur dans *auquons* (E *quater* 22), et, par une permutation analogue, on pouvait écrire *quenossant* (E *quater* 3), *esquemeniés* (E *bis* 24), au lieu de *connoissant* ou *escomeniés.*

J'ai déjà eu l'occasion d'indiquer plus haut un certain nombre de cas dans lesquels la lettre *r* devait rester muette. Je crois qu'il en était ainsi dans l'adverbe *deseur, desseur* ou *desur,* quand le mot suivant commençait par une consonne; car, dans ce cas, il s'écrivait le plus souvent *dessus, desus* ou *desuz.* Mais la finale étymologique de *desuper* devait se prononcer dans l'adverbe français quand le mot suivant commençait par une voyelle : c'est ce que prouve l'orthographe *deseure,* que j'ai notée une seule fois, dans le passage suivant : « les choses *ci deseure es-*

« *crites* » (S 1o6). Il est vrai que le même mot est écrit avec l's
finale dans un passage où le mot suivant commence par une
voyelle, mais le sens indiquait à cet endroit un repos suffisant
pour empêcher de faire sentir la liaison de l's dans la prononciation : « l'estant lou molin de la Doiz et la coste de desus, à
« tout lou pourpris qui siet à l'issue de Domartin lou Franc »
(I 94). La lettre *r*, simple ou redoublée, s'employait au lieu de
dr dans plusieurs mots, tels que *quarriaux* et *quarante, vorient*
et *vorrient, vouroient* et *vourroient, defauroient* et *faurra, panre*
et *panrre*. Parmi beaucoup d'exemples de ces formes et d'autres
semblables, j'en ai rencontré un seul de *voudroit, voudroient,*
prendre et *prandrai*. C'est ici l'occasion de faire remarquer que,
si le redoublement d'une consonne était rare après les diphthongues *au* et *ou*, il l'était bien plus encore à la suite d'un
son nasal. Les chartes de Joinville n'en fournissent d'exemple
que pour la lettre *r* : ce sont les mots *Hanrri, panrre, tanrront,*
tanrroit, tenrroit et *vanrredi*. Faut-il conclure de là que l'on articulait cette double consonne? Ce qui empêche de le supposer,
c'est que, abstraction faite du mot *vanrredi*, qui ne se présente
qu'une fois, les autres mots se rencontrent cinq fois plus
souvent écrits avec l'*r* simple. Je croirais plutôt que certains
clercs redoublaient cette consonne en songeant à l'effort qu'il
fallait faire pour l'articuler nettement. Puisque l'on négligeait
dans la prononciation beaucoup d'autres redoublements de
consonnes qui eussent été moins pénibles à rendre, on devait,
à plus forte raison, négliger celui qui l'était davantage. Il y a
cependant certains mots où l'*r* redoublée pouvait s'articuler
autrement que l'*r* simple, pour éviter de confondre deux temps
différents d'un même verbe : j'en trouve un exemple dans les
conditionnels *requerreeins* et *querroient*, comparés aux imparfaits
requereiens et *requeroient*. La clarté du discours pouvait exiger

un effort de prononciation que l'étymologie n'obtenait pas ordinairement.

La lettre *s* pouvait remplacer l'*x* étymologique, par exemple, dans *sessante* et *sestière*, comme elle était quelquefois remplacée par l'*x* dans le substantif *moix* et dans la conjonction *maix*. Elle alterne fréquemment avec le *z* après l'*é* final des mots tels que *donnés*, etc. J'ai déjà dit que, sans être articulée, elle servait d'appui à une voyelle, comme dans le mot *lestre*. La même consonne, simple ou redoublée, avait le son du *c* doux dans *conosant*, *connoissant*, *alesens*, *alessiens*; ce qui explique qu'on ait pu l'employer au lieu du *c* doux dans *servise* et *jostisse*. Cela n'empêchait peut-être pas qu'elle ne se prononçât comme un *z* dans *maison* ou *maisson*, *devisé* ou *devissé*. Mais il y a ici une distinction à faire, c'est que l'*s* redoublée placée entre deux voyelles, dans les mots où nous employons l'*s* simple en la prononçant comme un *z*, se présente plus rarement que l'*s* simple placée entre deux voyelles, dans les mots où nous employons l'*s* double en la prononçant comme le *c* doux. Dans le premier cas, par exemple, on trouvera cinq fois *iglisse* ou *yglisse*, et quinze fois *eglise*, *esglise* ou *iglise*[1]. Dans le second cas, on rencontrera quinze fois *ausi* ou *ausin*, et deux fois seulement *aussi* ou *aussinc*. D'où il résulte que l'usage se perdait de prononcer la double *s* comme un *z*, mais que l'on conservait encore l'habitude de prononcer comme un *c* doux l'*s* simple entre deux voyelles. Je ne crois pas inutile de faire observer que la consonne *s* est la seule qui se redouble dans un assez grand nombre de mots après la lettre *i*; pour les autres consonnes, si l'on excepte la

---

[1] Il est vrai qu'il y a plus d'exemples de *prissei*, *prisseroient*, etc. que de *prisié*, *prisies* et *prisiez*; mais il me paraît probable qu'on prononçait ce verbe *pricer*, en conservant le son du *c* doux qu'avait le *t* dans le mot *pretiare*, et que l'habitude de prononcer *prizer* a dû venir plus tard.

double *l* mouillée, les chartes n'offrent des exemples de redoublement après l'*i* que dans les mots *ville, dimmange* et *Philippe.*
Cette circonstance peut tenir à ce que, pour prononcer l'*i,* la
langue prend la position qui prépare le mieux l'articulation de l'*s.*

Le *t* suivi d'un *i* et d'une autre voyelle pouvait avoir, comme
aujourd'hui, le son du *c* doux (voyez *fondation, devantiers,* etc.);
mais, en pareil cas, il était permis de le remplacer par le *c* doux,
et d'écrire *condicion, diminucion, devancier.* Cela n'empêchait pas
que le *t* suivi d'un *i* et d'une autre voyelle ne s'articulât, comme
aujourd'hui, d'une façon toute différente dans des mots tels
que *garentie, moitié, selier.* Comme finale, il remplaçait toujours
le *d* étymologique (*grant, secont, atant, dessant, prant*). Les exemples du *t* redoublé sont rares, et contredits par des exemples
plus nombreux du *t* simple dans des mots ou identiques ou
analogues. J'ai dit plus haut que nos substantifs en *ette* s'écrivaient toujours avec un *t* simple (*charrète, clochète,* etc.).

Le *v* se rencontre au lieu du *b* dans *truvle* et *taisivlement;*
il est remplacé par le *w* dans *wal, wandue, octawes;* peut-être
occupe-t-il la place de l'*h* dans le nom de nombre *huit,* qu'on
trouve écrit alternativement *huit, vuit* et *wit.* On voit que les
lettres *vu* pouvaient être remplacées par le *w* : c'est ce que
prouvent plusieurs variantes fournies par le verbe *vouloir* :
d'abord *wet* (*vult*), qu'il faut lire *vuet,* en prononçant *veut,*
comme il est écrit dans une autre charte (P 16); ensuite *weil*
(*volo*), qu'il faut lire *vueil,* comme on le trouve écrit ailleurs,
et qui doit se prononcer *veuil.* Cette décomposition du double
w en *vu* n'est plus nécessaire quand la voyelle *u* est exprimée
dans la syllabe, par exemple dans la forme *weulent* (L 39);
mais je crois qu'il faut lire *vuieul* et *vuellent* plutôt que *wieul*
(*volo*) et *wellent* (*volunt*), d'autant plus que certains clercs écrivent *vuelent,* en séparant les deux lettres.

Ce que j'ai dit de l'*x* et du *z* en parlant de l's suffit pour montrer que ces consonnes pouvaient souvent se substituer l'une à l'autre, surtout à la fin des mots (*deus, deux, deuz, seix, seiz, vins, vinz, cens, cenz*); mais l'*e* à la suite duquel on ajoutait un *x* ou un *z* n'était pas muet, tandis que celui qui était suivi de l's pouvait l'être. Le *z* s'employait comme aujourd'hui dans les noms de nombre *onze, douze, treze, quatorze, quinze* et *seze*.

32° DE L'*I* PARASITE.

Je termine en disant quelques mots d'une question qui se rattache en même temps à l'articulation de certaines consonnes et à l'emploi qui se faisait de l'*i* comme voyelle parasite ou presque muette, notamment dans plusieurs infinitifs et participes passés de la première conjugaison[1]. Pour mieux déterminer l'influence que l'articulation des consonnes pouvait exercer dans l'emploi de cette voyelle, je prendrai pour premier exemple le verbe *renoncier*, où il semblerait qu'elle n'a été introduite qu'à cause de l'étymologie latine.

Ce qui prouve que, dans ce verbe, la présence de l'*i* ne doit pas s'expliquer uniquement par l'étymologie, c'est que, en parcourant les exemples fournis par les chartes, on trouve l'*i* employé dans le participe *renoncié*, mais supprimé à la troisième personne du pluriel de l'indicatif présent, *renoncent*, comme à la première, *renonçons*. L'*i* parasite n'était donc pas mis uniquement à titre de lettre étymologique; il n'y était pas davantage pour indiquer que le *c* avait le son de l's; car il n'eût été nécessaire que devant l'*o* de *renonçons*, où le *c* aurait dû se prononcer

---

[1] J'examine cette question, comme j'ai examiné plusieurs de celles qui précèdent, relativement à la langue de Joinville, sans me croire dispensé de le faire parce que d'autres ont pu la traiter avant moi d'une manière plus générale et plus complète.

comme un *k*, si les lecteurs n'avaient su d'avance que cette
articulation gutturale était exclue de toute la conjugaison de
ce verbe. Quelle est donc la circonstance qui peut expliquer
que l'*i* parût inutile pour figurer la prononciation de *renoncent*
ou de *renonçons*, et qu'il ne le parût pas pour celle de *renoncé?*
Il me semble que, si l'on compare l'articulation de ces trois
finales, même dans notre prononciation actuelle, on entend
que le sifflement du *c* est moindre dans la première que dans
la seconde, moindre dans la seconde que dans la troisième. Or,
comme il atteindrait son maximum dans la syllabe *ci*, on doit
croire que, en écrivant *renoncié*, on voulait indiquer un sifflement moindre, mais voisin de celui-là. C'est par la même raison
que l'*i* parasite figure dans la finale de *gagier*, sans être employé
dans la pénultième de *engaigera;* la prononciation actuelle des
syllabes *ge* et *ger* présente une différence analogue à celle que
je signalais entre les finales de *renoncent* et *renoncié*. C'est un
sifflement plus fort dans la finale de *gagier* qu'on a voulu indiquer en y conservant l'*i* étymologique de *wadiare;* ce même *i*
disparaît de la troisième syllabe d'*engaigera*, parce qu'il n'est
pas nécessaire pour en figurer la prononciation.

Les exemples que je viens de citer permettent de constater
la double influence de l'étymologie et de la prononciation dans
l'emploi de l'*i* parasite; je voudrais montrer maintenant que cet
i pouvait s'employer dans certains mots où l'étymologie n'a pu
l'introduire. Je citerai dans l'Histoire le verbe *sechier* (p. 324),
et dans les chartes les substantifs *marchié* et *pechié*, dont l'orthographe avait pour but de peindre un sifflement plus prononcé
encore que celui des syllabes finales des mots *renoncié* et *gagier*,
sans que l'étymologie latine ait pu contribuer à cette prononc-
ciation. On peut conclure de là que l'articulation des lettres
ch, dans la syllabe que nous écrivons aujourd'hui *ché*, pouvait

amener par elle-même l'introduction de l'*i* parasite, indépendamment de toute raison étymologique. Ce qui n'empêchait pas que cet *i* ne disparût lorsque les lettres *ch* étaient suivies d'un *e* sourd ou muet, comme dans le futur *pescheront*[1].

On peut voir, au contraire, que l'étymologie était la raison primitive et déterminante d'employer ou de ne pas employer l'*i* parasite lorsqu'il s'agissait de l'articulation de la double *s*. Si nous comparons aujourd'hui l'orthographe comme la prononciation des verbes *chasser* et *passer*, nous y trouvons pour les cinq dernières lettres une identité complète. Je trouve, au contraire, dans l'Histoire de saint Louis, d'abord les deux prétérits *chacièrent* (p. 182) et *passèrent* (p. 160), ensuite les infinitifs *chacier* (p. 328) et *passer* (p. 70), où l'*i* parasite est employé dans le premier verbe sans être employé dans le second. Cette différence ne tient pas à l'articulation propre du *c* doux comparée à celle de la double *s*, puisque le *c* est remplacé par la double *s* dans le prétérit *chassames*. Donc c'est dans la comparaison des étymologies de forme latine *cacciare* et *passare* qu'il faut chercher la cause de cette différence d'orthographe, à laquelle, pendant un certain temps, a dû répondre aussi une différence de prononciation; différence légère sans doute, puisqu'elle a fini par disparaître entièrement, et qu'elle n'est pas constamment observée dans le manuscrit de l'Histoire, mais indispensable à signaler, quand on veut déterminer les causes qui ont amené ces modifications de l'orthographe ancienne.

Entre l'articulation des lettres *ch,* qui déterminaient l'emploi de l'*i* parasite indépendamment de l'étymologie, et celle du

---

[1] On en peut conclure que, dans la première syllabe du mot *chevetain*, qui est écrit souvent, dans l'Histoire, *chievetain* ou *chievetein*, l'*e* était ouvert ou fermé et non muet. La même orthographe suppose la même prononciation dans la première syllabe du mot *chievaige* (S 9) ou *chievaige* (S 22).

c doux ou de la double *s*, qui n'entraînait pas la modification
de la forme étymologique, il y avait l'articulation du *g*. J'incline à penser qu'elle pouvait exercer la même influence que
les lettres *ch*. Je trouve, en effet, dans les chartes le participe
obligié, et dans l'Histoire le verbe *alongier* (p. 3o6), qu'on doit
dériver du latin *allongare* plutôt que de la forme *allongiare*, qui
semble relativement moderne, puisque les Italiens disent *al-
lungare*. Je ne cite ni le participe *chargié* (p. 28o), ni le verbe
mangier (p. 518), parce qu'ils ne dérivent pas directement du
radical latin, mais d'un mot contracté, et que, par cette contraction même, le second verbe a pris l'*i* parasite dans l'italien
mangiare. J'avertis en outre que, pour l'articulation du *g*, le manuscrit de l'Histoire se contredit fréquemment; mais l'ensemble
des exemples fournis par les chartes autorise à faire suivre le
g de l'*i* parasite, et c'est, d'ailleurs, l'orthographe conforme à
l'usage le plus général.

Cet usage autorise également à faire suivre de l'*i* les lettres
gn et la lettre *l* mouillée, dans des mots tels que *enseignier*
(p. 526), *esloignier* (p. 536), *espargnier* (p. 6), *apparilié* (p. 538),
où nous entendons encore aujourd'hui le son de l'*i*, quoique
nous ayons cessé de l'écrire[1]. Il faut aussi expliquer par une
habitude de prononciation l'emploi de l'*i* parasite dans certains
infinitifs, après l'une des consonnes *d*, *r*, *s*, *t*, *z*, lorsque ces
consonnes étaient immédiatement précédées d'un autre *i* :
tels sont les infinitifs *plaidier* (*Hist.* p. 46o), *ampoirier* (V 6o),
brisier (*Hist.* p. 94), *profitier* (N 42), *traitier* (*Hist.* p. 456), *es-
ploitier* (*Hist.* p. 316), et le participe *baptizié* (p. 314)[2]. Ces

---

[1] C'est contre l'usage ordinaire que
cet *i* parasite figure devant un *e* muet dans
le subjonctif *aillient* (X 58), puisqu'on a
vu que, même dans les verbes où l'étymologie avait contribué à l'introduire, il n'é-
tait pas employé devant l'*e* muet.

[2] J'écarte à dessein d'autres mots où la
présence de l'*i* parasite peut tenir à l'éty-

exemples, que je pourrais multiplier, suffisent pour constater le fait et peut-être aussi pour en fournir l'explication.

Du moment où l'emploi de l'*i* parasite dans les cas analogues à ceux que je viens de citer coïncide toujours avec la présence d'un autre *i* dans la syllabe précédente, il est naturel de rechercher si en prononçant ce premier *i* on était amené à en introduire un dans la syllabe suivante pour la prononcer plus facilement. Or on peut remarquer que, pour articuler de suite la seconde et la troisième syllabe des verbes *profitier* et *baptisier*, l'organe n'a pas besoin de se modifier autant que pour articuler de suite les mêmes syllabes selon l'orthographe moderne. Je n'entrerai point ici dans des détails trop minutieux, que ne comporte pas la nature de ce mémoire, et je me borne à constater que, à mon sens, c'est par des nuances de prononciation qu'il faut expliquer ces légères variations d'orthographe. Plus ces nuances sont délicates, plus il sera facile de comprendre que les copistes ne les aient pas constamment observées et qu'elles aient fini par tomber en désuétude.

CONCLUSION.

Lorsque j'ai entrepris ce mémoire, je n'ai pas eu la prétention de découvrir des théories nouvelles; mais j'ai pensé que, tout en m'appuyant sur des règles déjà connues, je pourrais y rattacher des observations qui ne seraient pas inutiles à l'étude de nos anciens dialectes. Il m'a paru, en outre, qu'il était toujours bon de constater avec précision jusqu'à quel point ces règles ont été observées dans un temps et dans un lieu dé-

mologie, comme *prisier*, à cause du latin *pretiare*, et *laissier*, à cause de l'italien *lasciare*.

terminés. Si je n'ai pas atteint ce but, j'espère du moins m'être préparé à rétablir par des corrections certaines ou probables plusieurs caractères essentiels de la langue de Joinville, et, pour ainsi dire, les traits les plus saillants de la physionomie qu'elle avait dans le manuscrit original. Je ne me dissimule pas qu'une telle tentative peut soulever plus d'une objection; mais j'ai la confiance qu'on me tiendra compte de la méthode qui a dirigé mes recherches et du soin que j'y ai apporté.

PIÈCES JUSTIFICATIVES.

RECUEIL

DE

CHARTES ORIGINALES DE JOINVILLE,

EN LANGUE VULGAIRE.

A. 1239, 1ᵉʳ mai.

[1] Je Jehans, sires de Gienville, seneschaus de Champagne, faiz [2] à savoir à toz cex qui cez lettres verront, que j'ai juré mon très [3] chier segneur Thebaut, par la grace de Deu roi de Navarre, [4] conte palais de Champagne et de Brie, et creanté com à mon [5] segneur lige, sor la foi que je li doi, que je ne m'alierai au conte [6] de Bar ne par mariage ne par autre chose, ne à lui ne à autrui [7] ancontre lui, et noméement je ne prandrai à fame la fille lou [8] conte de Bar, se par l'otroi monsegneur devant dit non; et li [9] serai aidanz ancontre totes genz qui puissent vivre ne morir. [10] Et se je aloie ancontre cez covenances devant dites, mis sires li [11] rois devant diz porroit asener sans soi mesfère à tot lo fié que [12] je tieng de lui, et lo porroit tenir tant que je li eusse amandé lo [13] mesfait à l'esgart de sa cort. An tesmong de ceste chose, je ai [14] fait cez lettres seeler, an l'an de l'incarnacion Nostre Segneur [15] Jhesu Crist mil et deus cenz et trente nuef, lo premier jor de [16] mai.

(Archives de l'Empire, J, 1035, n° 23.

B. 1255, mars.

[1] Je Jehans, sires de Joinvile et seneschaus de Champaingne, [2] fas savoir à touz celx qui sunt et qui seront, que mes sire Au- [3] bers de Sainte Livière, mes sire Rogiers de Chatonru et mes [4] sire Aubers de Ragecort, chevalier, seignor de Fronvile et establi [5] en ma presance, ont repris en fié et en honmage, por alx et por [6] lor hoirs, de l'esglise mon seignor saint Ourbain, quanqu'il ont [7] en la vile de Fronvile et en finage, et quanqu'il i pueent atendre [8] en hommes, en bois, en agues, en terres, en prez et en totes [9] autres choses. Meismement mes sire Rogiers de Chatonru, che- [10] valiers devant diz, a repris de la devant dite esglise de Saint Our- [11] bain l'escheoite qu'il atant de la famme mon seignor Jehan le [12] Bouchu, son neveu qui fu. Ceste chose a esté faite par mon los et [13] par mon otroi, et l'abes et li couvens de la devant dite esglise [14] de Saint Ourbain ont mis totes ces choses devant dites en ma [15] garde et en m'avoerie. Et por ce que ce soit ferme chose et es- [16] table, j'ai mis mon sael en ces presentes lettres, à la requeste des [17] parties devant dites. Ce fut fait en l'an de grace mil et dex cens et [18] cinquante et cinc ans, en mois de mars.

(Archives de la Haute-Marne, série H, abbaye de Saint-Urbain, liasse 7, 9ᵉ partie.)

C. 1258, septembre.

[1] Ge Jehans, sires de Joinville, senechaus de Champaingne, fas [2] savoir à touz celx qui verront ces lettres, que mes sires Maheus [3] de Tremble-cort, chevaliers, en ma presance estaublis, a requeneu [4] que il a mis en gaige à frère Adant, abbei de Saint Ourbain par [5] la grace de Deu, por sixante livres de fors pruvenisiens, lesqueis [6] il a receu dou devant dit abbei en deniers contanz, sa partie [7] dou moulin Saint Amant de Pisson et sa partie dou porchet que [8] om prant ou lais dou moulin, et le lais dou moulin devant dit, [9] et sa partie de la deime de Pisson en blef et en vin, lesqueis [10] parties furent prisies, li blés cinc sestière chascun an, et li vins [11] cinc muis, quatre muis en la deime, et un mui que Thiebaus [12] Rates en paioit chascun an à mon seingnor Maheu de rante. Et [13] se il avenoit par aventure que la deime dou blef ou la deime dou [14] vin ne vausist tant chascun an, li devant dis abbes ou sés coman- [15] demens panroit la faute dou vin en vin des vingnes mon sein- [16] gnor Maheu, et la faute dou blef, se elle i estoit, ens assensies [17] des hommes mon seingnor Maheu à Pisson.

Après il li a mis en [18] gaige sa partie des preiz que il tient à Pisson et en finaige de [19] Pisson. Et si li a mis en gaige demei mui de blef, moitié fron- [20] ment, moitié avoinne, à la mesure de Joinville, que mes sires [21] Maheus prennoit chascun an por som charruaige, ou som char- [22] ruaige, lequel li diz abbes vorra miez. Et se il avenoit par aventure [23] que li abbes ne preist le charruaige, ou il nou[a] poist avoir le [24] demei mui de blef de celui qui tanroit le charruaige, li diz abbes [25] panroit la defaute dou blef ens assensies des hommes mon sein- [26] gnor Maheu à Pisson. Et toutes ces choses que li abbes prant en [27] gaige de mon seingnor Maheu sunt dou fié de l'esglise de Saint [28] Urbain. Et est à savoir que li abbes de Saint Urbain ou ses com- [29] mandemenz tanront toutes ces choses devant dites jusque à tant [30] que mes sires Maheus aura randu à l'abbei de Saint Urbain les [31] devant dites sixante livres enterinemant. Et quant il les aura [32] rendues enterinement, il repenra sa chose devant dite toute [33] quite. Et por ce que ceste chose soit ferme et estauble, je ai mis [34] mon seel en ces lettres, à la requeste des parties. Ce fut fait en [35] l'an de grace mil deux cenz et cinquante et ouit ans, en mois de [36] septembre.

(Archives de la Haute-Marne, abbaye de Saint-Urbain, liasse 11.)

D. 1261, 11 décembre.

[1] Je Jehans, sires de Jenville et seneschaus de Champaigne, faz [2] savoir à toz saus qui ces letres verront et orront, que mes sires [3] Gautiers, chevaliers, sires de Rinel, en son boen sens et en bone [4] memoire, a doné en aumone à l'eglise de Vaus en Ornoys, de [5] l'ordre de Cystés, et au frères qui enqui servent Nostre Signor, [6] son molin qu'il avoit à Liméville, por le remède de s'arme et de [7] ses ancessors. Et ceste aumone est faite par mon lous et par [8] mon otroi, et par le lous et l'otroi Aaliz, ma femme, sauve ma [9] garde et ma jotisse. Et en tesmoignage de ceste chose, je ai donées [10] ces letres au frères devans jà només, saielées de mon saiel. Ce fu [11] fait en l'an que li miliaires Nostre Signor corroit par mil et cc. [12] et lx. et un an, le dimenge après la feste seint Nicholais.

(Archives de la Meuse, abbaye des Vaux, K—19.)

[a] Ou peut-être *nen;* mais il y a *nou* dans l'original

— 144 —

E. 1262, juin.

[1] Je Jehans, sires de Joingville et seneschaus de Chanpeingne, [2] fais savoir à tous que, com descors fut meuz entre l'esglese de [3] Seint Mansué de Toul, d'une part, et Guillaume de Haute Ville, es- [4] cuier, mon home, d'autre part, de l'aumonne que mes sires Hanris, [5] chevaliers, pères dor dit Guillaume, fit à la dite esglese, s'et à [6] savoir de trente sestières de blef, lou tiers froument et les deuz pars [7] avoingne, à penre perpetuément chiescun an eu tiers des deimmes [8] de Lyzéville et de la Neuve Ville; à la fin pais et escorde et (*sic*) [9] faite entre les deuz parties par davant moi, en tel menière que li dis [10] Guillaumes, por Deu et en aumonne, loe et otroie et conferme la [11] dite aumonne ausi com sez pères la fit. Et ceste aumonne (faite dor [12] père dor dit Guillaume et confermée dor dit Guillaume, qui [13] meut de mon fici) ai je loée et otroïe à la dite esglese à tenir perpe- [14] tuément. Et por ce que se soit ferme chouse, à la requeste dor dit [15] escuier, ai je mis mon seel en sez leitres, qui furent faites en l'an [16] que li miliaires corroit par M. CC. et LX. II. ans, en mois de juing.

(Bibliothèque imp. coll. de Lorraine, vol. 397, pièce 9.)

E *bis*. 1262, janvier.

[1] Je Jehans, sires de Joinvile, senechas de Champaigne, et je [2] Alix, fame à davant dit Jehan, fille à nouble baron Gatier, signor [3] de Rinel sà en ariers, faisons conosant à toz ceus qui ces letres [4] verront et orrunt, que nos avons eschangié à l'abé et à covent de [5] la Creste quanque nos aviens et avoir poiens et deviens à Cireis [6] et en finaige de cele vile, en toz preus et en toz us, à ce que li [7] abbes et li covens de la Creste avoient et pooient avoir et devoient [8] à Betoncort et en finaige de cele vile, en toz preus et en toz us, [9] en tel menière que nos et nostre hoir, signor de Rinel, tanrons [10] permenaiblement à toz jors quanque il avoient et avoir pooient et [11] devoient à Betoncort et en finaige; et li abbes et li covens davant [12] dit tanront ausi permenablement quanque nos aviens ou avoir [13] poiens et deviens à Cireis et en finaige. Et de cest eschange devons [14] nos porter à l'abbé et à covent davant dis loial garantie envers toz [15] ceus qui à droit vorrient venir. Et je Alix devant dite, de cui [16] heritaige la chose movoit et muet, quanque nos aviens et avoir [17] poiens et deviens en la davant dite vile et en finaige de Cireis, ai [18] promis et couvent, par ma foi

donée corporément, que je ne vanrai [19] par moi ne par atrui, ne ne soffrera (sic) à venir à mon pooir [20] encontre l'eschenge davant dit, ne mi hoir
ausi. Et se il avenoit [21] que je ne mi hoir ou acuns de mes hoirs alessiens
encontre ces [22] couvenances, nos nos obligons à ce que li officiaus de Lengres, [23] qui qui onques il soit, ait pooir de nos escomenier et faire denun-
[24] cier por esquemeniés en quéque leu que nos soiéns, et matre [25] nostre
terre en entredit, à la requeste l'abbé et lo covent davant [26] dis, toutes celes
fois que il li presenteront ces latres. Et por ce [27] que ces choses soient
fermes et estables, et que li abbes et li [28] covens davant dit en joient en
pais permenablement, je Jehans, [29] sires de Joinvile davant dis, par la volunté et par la requeste [30] Aalix, ma famme, davant dite, ai mis mon saiel
en ces presentes [31] latres, et en sui tenus à porter loial garantie envers toz
ceus [32] que (sic) vorrient à droit venir, par ma foi donée corporément. [33] Et
je Aalix davant dite, por plus grant surté et confermement [34] permenable,
i ai ausi mis lo mien saiel, por ce que la chose, ausi [35] con il est davant
devisé, movoit et estoit de mon heritaige; et en [36] sui ausi tenue à porter
loial garantie par ma foi corporément [37] donée, si con il est davant dit. Ce
fu fait en l'an de l'incarnation [38] Nostre Signor mil et dous cens et saxante
dous, ou moix de jen- [39] vier.

(Bibliothèque imp. coll. de Champagne, vol. 152, pièce 47.)

E ter. 1262, janvier.

[1] Nos frères Jaques, par la pacience de Dieu abbes de la Creste, [2] et
touz li couvanz de ce meimes leu, et je Jehanz, sires de Join- [3] vile, senechaux de Champaigne, faissons savoir à touz ceux qui [4] verront et ouront
ces letres, que nos somes ausin acordé entre [5] nous que je Jehanz davant
diz ai vandu à l'abbé et au couvant de [6] la Creste davant diz, à tenir à touz
jourz perpetuelmant, quanque [7] je avoie et avoir pouoie en la vile de Cyreis et ou finaige, en touz [8] preuz et en touz us, sans fiez, parmi deux cenz
libres de prove- [9] nissiens forz, des quex je me tein apaieiz, en tel menière
que [10] mes sires Miles de Saint Amant et l'abbes d'Escuiré, ou dui autre
[11] se nos ne poueins cex avoir, prisseroient la chose devant dite, et, [12] s'ele
valoit plus, il me souroient à leur dit lou plus qu'ele vau- [13] roit dedanz les
quarente jourz que je leur auroie requis après ce [14] que je lour auroie requis quant il l'auroient prissie; et s'ele [15] valoit moins, je lour randroie ce
que il auroient dit qu'ele vauroit [16] moins dedanz les quarente jourz que

La langue de Joinville.19

il le m'auroient requis après [17] ce que li pris seroit faiz. Et ce que li davant diz abbes et li cou- [18] vanz de la Creste tenoient anciennemant à Cyryés et ou finaige, [19] je lour lou et otroi par lou dit que li dui preudome diront. Et [20] ai promis que je ne soufferrai à mon pouoir ne ne louerai que [21] nuns antroit en mes fiez à Cyryés, et s'il venoient en ma main [22] en aucune menière, je lour ai promis que je lour lairaie avoir par [23] lou dit de deux prodomes, don je nomeroie l'un, et l'abbes et li [24] couvanz davant diz, l'autre. Et de toutes ces choses lour ai je pro- [25] mis et doi porter bone garentie loial vers touz ceux qui à droit [26] en vourroient venir. Et nos frères Jaques, abbes davant diz et [27] touz li couvanz de la Creste avons vandu au davant dit Jehan [28] Jehan (*sic*), signour de Joinvile, quant que nos aveeins et avoir [29] poueieins à Betoncourt et ou finaige, en touz preuz et en touz [30] us, à tenir parmaignablemant à lui et à ses hoirs, signours de [31] Rinel, par lou dit ausin de deux preudomes premiers nomez, en [32] tel menière que, après ce que li dui proudome averont la chose [33] de Betoncourt prissie, li sires de Joinvile nos randera lou dit pris [34] dedanz les quarente jourz que nos li requerreeins. Et tuit li pris [35] de ces choses davant nomées doient estre terminé dedanz Pasques [36] par ces deux prudomes davant nomez, ou par deux autres se on [37] ne pouoit ceux avoir, dou (*sic*) nos nomereeins l'un, et li sires [38] de Joinvile l'autre, ausin com il est davant devissé. Et de ces [39] covenances à tenir li devons nos bailllier les letres l'abbé d'Es- [40] cuiré en tesmoignaige avec les nostres. Et je Jehanz, sires de [41] Joinvile, leur en doi baillier les letres lou roi de Navarre et les [42] letres la dame de Maisson, de touz jourz tenir ces choses perpe- [43] tué-mant par sa foi donée corporelmant. Et pour ce que [ce] soit [44] ferme chose et estable à touz jourz, nos avons saallées ces letres [45] de nostre seel, par lou loux et par l'otroi de tout lou covant de la [46] Creste. Et je Jehanz, sires de Joinvile, i ai mis lou mien seel, [47] pour ce que ces coses soient fermes choses et estables à touz [48] jourz. Faites à Mostier sur Sout, en l'an de l'incarnacion Nostre [49] Signour mil et deux cenz et sixante deux anz, ou mois de jain- [50] vier. — Nota Hugonis.

(Bibliothèque imp. coll. de Champagne, vol. 152, pièce 48.)

E quater. 1262, mars.

[1] Je Jehanz, sires de Jeinville, seneschauz de Champenne, et je [2] Aalis, fanme au davant dit Jeham, file au noble baron Gautier, [3] sinor de Rinel

çai em ariers, fasons quenossant à toiz cés qui ces [4] letres varont et oront,
que nos avons achangié à l'abbé et au co- [5] vant de la Creste quamque nos
avons et avor (*sic*) poons à Cyreis [6] et ou finage de celle ville, am toiz
preus et an toiz us, sans nos [7] fieiz, à ce que li abbes et li covanz de la
Creste ont ou poent avor [8] à Betoncort et ou finage de celle ville, am toiz
preus et am toiz [9] us, am tel mennière que nos et nostre hoir, sinor de
Rinel, tanrons [10] permenaublement à toiz jors quanqu'il avoent et avoir
pooent à [11] Betoncort et ou finage; et li abbes et li covanz davant dit tanront [12] ausi permenaublemant quanque nos aviens ou poiens avor à [13] Cireis et ou finage. Et de cest achange devons nos porteir à [14] l'abbé et au
covant davant diz leal garantie anvers toiz ces qui à [15] droit vorient venir.
Et je Aelis davant dite, de cui heritage la [16] chose movoit et muet, quanque nos aviens am la davant dite [17] ville et ou finage de Cireis, ai promis et
covant par ma foi donée [18] corporémant am la mein Jacot de Corcelles,
clerc de la cort de [19] Lengres jurié, et anvoé de par l'official de Lengres
especialmant [20] por iceste chose, que je ne vanra par moi ne par autrui
ancontre [21] l'eschange davant dit, ne mi hoir ausi. Et se il avenoit que je
ou [22] mi hoir ou auquons de mes hoirs alesens ancontre ces cove- [23] nances,
nos nos obligons à ce que li officiaus de Lengres, qui [24] que onques il soit,
ait pooir de nos escumenier et faire denuncier [25] por escumenieiz an quéque lou que nos soens, à la requeste l'abbé [26] et lou covant davant diz. Et
por ce que ces choses soent fermes [27] et estaubles, et que li abbes et li covanz davant dit am joent am [28] pais permennaublement, je Jehanz, sires
de Joenville davant diz, [29] par la requeste et par la volonté Aelis, ma fanme,
davant dite, ai [30] mis mon seel am ces presantes letres; et am son tenuz à
porteir [31] leal garantie anvers toz ces qui voirient à droit venir, par ma foi
[32] donée corporémant am la mein Jacot, clerc jurié de la cort de [33] Lengres
davant dit. Et je Aelis davant dite, por ce que je n'ai [34] pont (*sic*) de
seel, ai ausi requis, am la presance au davant dit [35] Jacot, que li seés de
la cort de Lengres soit mis am ces presantes [36] letres; et il i est mis par
ma requeste. Ce fu fait am l'am de [37] l'encarnacion Nostre Sinor mil et
dus cenz et sexante et dus, ou [38] mois de marz, de la mein lou davant dit
Jacot.

(Bibliothèque imp. coll. de Champagne, vol. 152, pièce 50.)

F. 1262, mars [a].

[1] Je Jehans, sires de Jainville et seneschaux de Champaigne, fais [2] à savoir à touz cex qui ces presentes leittres verront et ouront, [3] que mes sire Aubers, chevaliers de Ragecort, a recogneu par devant [4] moi que il doit, chaucun an à touz jors, pour lou[deim]é de son [5] charuage, liquex li remaint de son père et de sa mère, qui siet ou [6] finage de Raigecort, à l'iglise de Sain Père de Mouter en Derf, [7] demi mui de blef à la mesure dou petit boissé de Waissi, moutié [8] fromant, moutié [b] avoine, à panre chaucun an en sa grange de Rage- [9] cort, ou tans de la Saint Remi qui est en chief d'otanbre; et se il n'a- [10] voit......en la grange tant [de] blef, li commandemans l'abei de Mou- [11] ter en Der panroit lou dit blef en la misson après sour les terres [12] doudit charuage, qui qui onques les gannast. Et ceste chose a faite [13] li diz Aubers, chevaliers, par lou lous et par l'otroi de Jahanneit, [14] son fil. Et pour ce que ceste chose soit ferme et [estab]le, ay je seellé [15] ces leittres de mon seel, à la requeste dou dit Aubert et de Jehan- [16] neit, son fil (que li fiez mouet de moi), en l'an de grace mil, et [17] dous cenz et sixante et douz, ou mois de mars.

(Archives de la Haute-Marne, abbaye de Montierender, liasse 3₇.)

G. 1263, décembre.

[1] Je Jehanz, sires de Joinvile, senechaux de Champaigne, faz sa- [2] voir à touz ceux qui verront et ouront ces lettres, que nostre [3] amez frères Joiffroiz, par la pacience de Dieu abbes de Saint [4] Orbain, chapelains de nostre père l'Apostole, m'ai otreei à faire [5] une capèle de novel en la maison-Dieu de Joinvile, par teil [6] condicion que li droiz de l'iglisse de Saint Ourbain et li droiz de [7] ses priorez et de l'iglisse pharochial de Joinvile i soit saus. Et de [8] quelque ovre que on i establisse prevoire pour chanter en cele [9] chapèle, ansois que il i soit establiz, il est tenuz à faire sairemant [10] à l'abbé davant dit et à l'iglisse de Saint Ourbain que il toutes les [11] offrandes, de quelque onques cause q'eles vainnet à sa main en la dite [12] chapèle, toutes san diminucion est tenuz à randre et à restablir [13] enterinemant au priolez et à l'iglisse de Joinvile pharochal, ne [14] li devant diz abbez ne re-

---

[a] Cet original est mal conservé en plusieurs points. Il est transcrit dans le cartulaire de Montierender, t. II, p. 74 v° et 75 r°. — [b] L'original porte deux fois *moutié*.

tient riens en ce que on donra pour au- [15] mogne à l'euvre de la maison-Dieu ne de la chapèle davant dite. · [16] La davant dite chapèle sera touz jourz mais sanz cloche et sain de [17] metal, fors que une petite clochète à main que on sone en l'ele- [18] vacion dou cors Nostre Signour; et si n'i pourra on faire ci- [19] mitière. Et à savoir est que li dons ou la presentacions de ladite [20] chapelerie demoure à touz jourz à moi et à mes successours si [21] gnours de Joinvile, saus les droiz en toutes choses et par toutes [22] choses qui de lonc tans ce en arriers apparteinent à l'iglisse de [23] Saint Ourbain et à ses priorez et à l'iglisse pharochal de Joinvile. [24] Ce fu fait à Joinvile, en l'an de grace M. deux cenz et sixante trois [25] anz, ou mois de decenbre.

(Archives de la Haute-Marne, chap. Joinville.)

H. 1264, juillet.

[1] En non dou Père et dou Fil et dou Saint Esperit, amen. Je [2] Jehans, sires de Jainvile et senechauz de Champaigne, et je Aalis, [3] dame de Jainvile, faisons savoir à touz ke, cum descorde fust en- [4] tre l'abbey et lou convent de Saint Ourbain, d'une part, et nous, [5] d'autre, sus plusours entre-presures que nous requereiens enver [6] aus, et il enver nous, à la parfin, par lou conseil de bounes genz, [7] fu acordey entre nous en teil manière que nous oitroiereiens et [8] consentireiens, et asseurames que nous gardereiens et tenreiens [9] fermemant à touz jours mais ce que mes sires Guerris, cuireiz de [10] Saint Disier, et mes sires Thieris d'Amele, chevaliers, arbitre esleu [11] et nommey pour l'une partie et pour l'autre, diroient et ordene- [12] roient sus touz les descors que nouz aveins ou poueiens avoir [13] çà en arriers jusqu'au jour que ces lettres furent faites, li un [14] enver les autres. Et li dui arbitre desus dit, en non de Deu et par [15] le conseil de bounes gens, ont ordeney en teil manière. Nous Guer- [16] ris, cureis de Saint Desier, et Thieris d'Amele, chevaliers, faisons [17] savoir à touz que, cum descorde fust entre l'abbei et lou convent [18] de Saint Ourbain, d'une part, et Jehan, seignour de Jainvile et [19] seneschau de Champaigne, d'autre, sus pluisours entrepre-suires [20] que l'une partie requeroit enver l'autre, à la parfin, par le con- [21] seil de bounes gens, fu ordenei entre les dues parties en teil me- [22] nière que les deus parties s'oitroièrent et se consentirent, einsi qu'i [23] fu asseurei de l'une partie et de l'autre, qu'i tanroient et garde- [24] roient fermemant à touz jours mais ce que nous dui arbitre, esleu [25] par lou consentement des parties, diriens et ordeneriens sus touz [26] les descors que les devant dites

parties avoient l'une enver l'au- [27] tre ou pouoient avoir çà en arrier jus-qu'au jour que ces presentes [28] lettres furent faites. Et nous, en non de Deu, dou conseil de [29] bounes gens, avons ordonei et ordenons en teil menière, que mes [30] sires de Jainvile otroie, conferme et apprueve et de ce fait ses lettres [31] que li sires de Jainvile ne sui oir ne puent ne ne doient reclamer, ne [32] par droit ne par coustume, nul charroi enver l'iglise, ne en la terre, [33] ne enz houmes Saint Ourbain; ne li sires de Jainvile ne sui hoir [34] ne puent ne ne doient panre homme ne fame de la terre Saint [35] Ourbain se par l'abbei non, se pris n'estoit à present fourfait. Et [36] encor est ordeney que li sires de Jainvile ne sui hoir ne sui [37] sergent ne puent ne ne doient panre en la terre Saint Ourbain, ne [38] en l'iglise ne en houmes de la terre Saint Ourbain, ne en lour [39] choses, tailles ne rueves ne demandes ne exactions, ne par force, [40] ne par droit, ne par coustume. Et est à savoir que l'abbes de [41] Saint Ourbain doit à prevost de Jainvile pour lou seignour de [42] Jainvile, à chascune des deus foires Saint Ourbain, cinc souz, [43] et de Parfonde Fontaine, le jour de Noeil, douze deniers, et de Mai- [44] sières, douze deniers ce jour meismes. Après, li chien ne li veneour [45] lou seignour de Jainvile ne à ses hoirs, qui ont lou giste une foye [46] l'an en aucunes viles où li dis abbes et li convens ont part, li honme [47] Saint Ourbain nen doient paier mais que ce qu'à aus en afferra, se- [48] lonc ce qu'il sont en la vile; et lou doient lever raignablement li [49] veneour et sens outrage; et se il fasoient point d'outrage, li sires de [50] Jainvile lou paieroit; ne n'ont point de disneie en la vile [51] l'endemain. Après, est ordenei que li honme de la terre Saint [52] Ourbain ne doient aler ne par droit ne par coustume faire lou [53] hourdement à Jainvile, ne ne les en doit on constraindre ne ne [54] puet. Ne li sires de Jainvile ne sui hoir ne puent ne ne doient [55] retenir nus des houmes de l'iglise Saint Ourbain, et si ne puent [56] ne ne doient panre nule chose de l'iglise ne de la terre ne des [57] houmes Saint Ourbain, se par la volantey de l'abbei Saint Ourbain [58] non. Après, li houme de la terre saint Ourbain qui sont en la [59] garde lou seignour de Jainvile ne doient point de paiage en la [60] terre lou seignour devant dit. Et l'abbes et li couvens de Saint [61] Ourbain doient et puent panre, pour la teulerie de Sonbru refaire, [62] marrenier et maintenir, ce que mestier sera en grant bois de [63] Maaston de là la voie Nuisant, fors que ou deffois de la Nueve Vile [64] et ou deffois darriers lou chastel. Et li deffois de la Nueve Vile [65] desus dis dure dès la voie qui vat dès lou val de' a Roche jusqu'à

[66] la Nueve Vile ; et dès la voie qui va de la Nueve Vile jusqu'à [67] la voie Saugnaire, laquez voie Saugnaire va dès les Barbarans jusqu'à [68] Chermes la Grant, et duire li dis deffois dès lou val de la Roche [69] par la voie qui va à Brachei jusqu'à la voie Saugnaire; et de- [70] dans ces voies est li deffois de la Nueve Vile. Et li deffois derriers [71] lou chastel duire de darriers lou chastel de Jainvile, ensi con il se [72] pourseut entre lou vau Raou et lou vau de Wassey jusqu'à [73] lou vau Joffroi, et entre ces trois valeies et lou chastel est li def- [74] fois darriers lou chastel. Et doient et puent panre lou vanteis et [75] les remasons en ce meesmes bois pour afouer la teulerie devant [76] dite, et lou bois bateis tout à taille là où cil de la vile de Saint [77] Ourbain ont lour ysouaire. Après, se li abbes de Saint Ourbain [78] et li couvens prangnent les desmes ès essars qui seront fait [79] en Maaston, li sires de Jainvile ne sui hoir ne lour en puent aler [80] à l'encontre ne ne doient. Et volons ancor et ordenons que li [81] dis abbes et li convens de Saint Ourbain aient pour lou cors [82] de l'abbeye, pour les edefices et pour toutes les officines qui sont [83] et seront ou clos de la dite abbeye, et pour les fours et pour les [84] pressours de la vile, pour les molins et pour les escluses de Watri- [85] gnévile, pour l'aisemant des molins et des ventaus des dis molins, [86] et pour lou pont tant con li molin et li véntaul pourpraignent, [87] et pour la chapèle, et pour ses edefices, et pour lou pont qui est sus [88] Marne davent la chapèle, pour la maison de Bleecourt; pour la [89] maison de Nommecourt, pour la bergerie asonc la vile de Saint [90] Ourbain, et pour toutes lour aaisances de touz lour edefices que [91] il ont ou porroient avoir en l'abeye et en la vile de Saint Ourbain [92] et en davent dis leus, aient lour ysuaires par toute Maaston, fors [93] que en deffois de la Nueve Vile et en deffois darriers lou chastel [94] qui sont desus devisei. Et volons ancor et ordenons que li honme [95] de la vile saint Ourbain aient lour usages à toutez lour aaisances [96] ou bois batteis de Maaston par devers Sonbru jusqu'à la voie [97] Nuisant; et li four de la vile Saint Ourbain qui sont fors dou clos [98] de l'abbeye ne puent user pour affouer, fors que en bois batteis, [99] là où li honme de la vile usent. Et est à savoir que li sergent lou [100] seignour de Jainvile et li forestier puent panre et gagier les gens [101] de l'iglise Saint Ourbain s'i les truevent ès deus deffois devant [102] dis; et en seroient creu à us et à coustumes dou païs. Et se aucuns [103] de sergenz jureis voloit dire contre les gens de l'iglise [104] Saint Ourbain que il eussent menei ou fait mener buche ne marrien dou [105] bois

de Maaston en autre leu que en leus qui y ont lour ysouaires, [106] ainsi con il est devant dit, il n'en seroit mie creu se il n'avoit [107] tesmoignage avec lui qui l'eust veu deschargier. Ancor est [108] à savoir que l'iglise de Saint Ourbain ne les apartenances ne doient [109] panre en la forest de Maaston point de chaine ne de perier ne [110] de poumier pour airdoir, se remason ne sont, et se il vuelent fou [111] pour airdoir, il convient que il lou prangnent tout à taille et à [112] aire, gros et graille, einsi con il vient, se ne sont li remason des [113] marriens que mestier lour averont; et pour faire toutes lour [114] autres usines et aaisances ès leus devant dis, il puent panre toutes [115] menières de bois en Maaston et remasons ausi, fors que ès deus [116] deffois desus dis. Et volons encor et ordenons que li prioleis de [117] Saint Amé ait son ysouaire en toute Maaston, fors que ès deus [118] deffois devant dis, pour ces molins de Saint Amé, pour ces folons, [119] pour ces escluses et pour les pons qui i sont, et ou waut de [120] Moutier sus Saut, qui est mon seignour de Jainvile, ausi pour les [121] molins, pour les folons, pour les escluses et pour les pons de Saint [122] Amé. Et se li cors de l'abaye Saint Ourbain usoient au plus près [123] d'aus en une partie dou bois ou il laissassent à user partout, ne [124] perderoient il mie pour ce lour ysouaires devant dis. Et se on [125] pregnoit à tort les charètes de l'abbaye de Saint Ourbain ou bois de [126] Maaston, li sires de Jainvile seroit tenus à lour desdamagier. Et [127] ordenons encor que les chartres de Saint Ourbain demorent en au- [128] teil pooir con eles estoient au jour que nous preimes la mise sor [129] nous, fors les articles qui sont nommei en ceste lettre. Et toute ceste [130] orde- nance davent dite li sires de Jainvile conferme par sa lettre, [131] et la promet par son sairement à garder, et en oblige lui et ses [132] hoirs, ses biens et les biens de ses hoirs, et la fera otroier à sacler, à [133] jurer et à garder à sa femme et à ses anfans; et pour ceste chose [134] mcimes se doit il sousmetre especiaument en la juridiction de [135] l'esvèke de Chaalons et de l'esvèke de Toul, que il, s'i defailloit [136] en aucunes de ces choses ou en toutes, que il lou puissent escou- [137] menier et sa terre mettre en entredit, et agrever après, selonc ce [138] que drois aporteroit. Et volons ancor et ordenons que li devant [139] dis sires de Jainvile s'oblige à ce lui et ses hoirs, par son sairement, [140] que qui qui onques sera dor en avant sires de Jainvile doie [141] renouveler et confermer, dedans lou premier an, ceste ordenance. Et [142] ordenons encor que li abbes ne ses commandemans ne puient ne [143] ne doient mener ne faire mener lou bois de Maaston ne dou waut, [144] fors que ªleus desus dis qui i ont lour ysouaires. Et toutes ces [145] convenances doient li abbes qui or est, et cil qui après lui venront, [146] jurer et faire jurer aus prious de Saint Amé et à lour commande- [147] mans qui useront en la forest. Et li sires de Jainvile lour doit [148] jurer et faire jurer à son provost et à ses forestiers. En tesmoi- [149] gnage de la quel chose, nos avons saaleies ces lettres de nos saés. [150] Ce fu fait à Saint Desier en l'an de grace mil dou cens et sexante [151] quatre ans, ou mois de juillet. Et nous Jehans et Aalis devant dit [152] loons et ottroions, confermons et aprovons toutes ces choses [153] desus dites et diviseies, et les avons promises et prometons à [154] tenir et à garder fermemant et leiamant, et ce avons nous jurei [155] sour sains et fait jurer nostre prevost et à nos fourestiers [156] de Jainvile ; et li seignour qui tenront Jainvile et li prevost et li [157] forestier, ainsi con il venront li uns après les autres, feront cest [158] sairement aus abbeis dedans l'an, einsi con il venront li uns après [159] l'autre, à Saint Ourbain. Et je Joffrois et je Jehans, fil au seignour [160] de Jainvile, avons jureies ces choses à tenir et à garder ferme- [161] mant. Et pour ce que nous n'aviens nus seaus, je Joffrois i ai fait [162] mettre lou seel l'abbey d'Escurei, et je Jehans i ai fait mettre lou [163] seel lou deyen de Saint Lorent de Jainvile. Et je Jehans, sires de [164] Jainvile et seneschaus de Champaigne, et je Aalis, dame de Jain- [165] vile, et nous Joffrois et Jehans desus nommei, por ceste chose [156] miaus garder et tenir, nous sonmes nous sousmis, pour nous et [167] por nos hoirs, en la juridition de l'esvesque de Chaalons et de [168] l'esvesque de Toul, que, ce nous defailliens ou aleyens encontre [169] de ces choses devant dites, de partie ou de tout, que il nous [170] puissent escoumenier et nostre terre mettre en entredit, et agre- [171] ver après, selonc ce que drois aporteroit. Et je Jehans, sires de [172] Jainvile et seneschaus de Champaigne, et je Aalis, dame de Jain- [173] vile, avons mis nos saés en ces presentes lettres, avec les seaus des [174] dous arbritres, et avec les seaus de l'abbei d'Escurei et dou deyen [175] de Saint Lorant de Jainvile, que li dis Joffrois et Jehans y ont [176] fait mettre par nostre volentei. Ce fu fait en l'an de grace mil [177] dou cens et sexante quatre ans, ou mois de juillet devant dit.

(Archives de la Haute-Marne, abbaye de Saint-Urbain, liasse 16.)

ª Suppléez *en* ou *ès*.

I. 1264, novembre.

[1] Je Jehanz, sires de Joinvile, senechaux de Champaigne, et je [2] Aalis, sa fame, faisons savoir à touz ceux qui verront et ouront [3] ces presentes letres, que nous avons vandu et quité à touz jourz à [4] religiex home et saige, Regnaut, par la grace de Dieu abbé de Mostier [5] en Derf, et au couvant de ce leu, pour sept cenz et trente et une [6] livres et neuf souz de provenisiens forz de Champaigne, desquex [7] nous avons eu nostre gré dou dit abbé en deniers contanz et nos [8] tenons bien apaiei, toutes les possessions et touz les heritaiges [9] qui furent André de Domartin* et ses anfanz, qui siéent en la [10] rivière de Bloisse, qui sont nomées et escrites ci-après. C'est à [11] savoir : § Deux jour de terre arable qui tornent sur la voie de [12] Joinvile, prissiez cent souz; § un journel qui fu Aubri, qui [13] tourne sur ladite voie, prissié cincquante souz; § jour et demi [14] qui tourne sur la coste lou Buteiz, prissié trente souz; § un jour [15] en Tournières, qui fu Crestien de Vile en Blesois, prissei cinc- [16] quante souz; § quatre jornés delez la terre Hanrion, prissiez sis [17] livres et dix souz; § un journel qui fu lou fil Benoroite, en deux [18] pièces l'une lez l'autre, prisié quarente souz; § cinc jourz en la [19] grant arbue, prissiez quatorze livres; § un jour et demi delez [20] l'arbue, prissié trente cinc souz; § quatre jourz ès Tournières [21] lez l'Espinète en Curmont, prissiez dix livres; § demi journel qui [22] tourne sus ces quatre, prissié vint et cinc souz; § un jour qui [23] tourne sur la val de Vile en Blesois, prissié vint et cinc souz; [24] § jour et demi à la Courée, prissié cent souz; § deux jourz en [25] Cheronval, prissiez sixante souz; § deux jourz ason Cheronval, [26] prissiez sixante souz; § deux jourz en Roncham, prissiez quatre [27] livres; § cinc jourz en Estèle Fosse, prissiez douze livres; § trois [28] jourz antre Vile en Blesois et Dolevanz, prissiez sixante souz; [29] § cinc jourz en la val de Sussainmont, prissiez dix et sept li- [30] vres; § deux jourz en Plainmont, qui furent Formerel, prissiez [31] wint souz; § un jour à la Colemière mon signor Issambart, prissié [32] wint souz; § deux jours en Derf, prissieiz vint et deux souz; § un [33] jour à la Fossète, prissié quarante souz; § cinc jours en l'arbue [34] en Curmont en la longe roie et en la courte, prissiez seze livres; [35] § cinc jourz en Marquemont lez la forest de Courcèles, prissiez [36] trente cinc souz; § un jour leiz la Doiz ou Vuignet, prissié vint

---

* Dans l'acte, *Domantin*.

[37] et cinc souz; § quatre jourz à la terre la Bruslarde, prissiez [38] quatre livres et dix souz; § seze jourz en Plainmont, prisiez dix [39] et nuef livres; § deux journés à la Solière, à l'issue de Domartin [40] au lices Wandart, prissiez cincquante cinc souz; § deux jourz [41] darrier la maison lou fil Wandart, prissiez quatre livres; § un [42] journel à Conchie Bousson, prissié quarente cinc souz; § demi [43] jour desus le santier lez Berout, pris vint souz; § un jour ès [44] Frontés, pris sixante souz; § un jour en Gironval, pris trente [45] souz; § un jour à la Fosse en Trenbleu, pris quarente [46] souz; § deux jourz à la terre Agrave, pris quatre livres; § un [47] jour lez Wiart lou Seurre, pris trente souz; § un jour aus [48] Tournières lez Hourriet, pris trente souz; § quatre journés et [49] demi lez la Dure en Trembleu, pris cent souz; § un jour et [50] demi ès Trembloiz, qui fu Aubri, pris sixante souz; § demi [51] jour sur Bloise, pris douze souz; § quatre jourz ès Esseinges, [52] pris six livres; § un jour en la wal Dame Blainche, au champ [53] Aubri lou Saunierr (*sic*), pris quarente cinc souz; § un jour et [54] demi qui fu Haurion, à Betigne Fose, pris trente cinc souz; [55] § six journés au champ Sussanne, pris quatre livres; § deux [56] jourz en la Fose en Trembloi, pris sixante et dix souz; [57] § demi jour lez les Frontex, qui fu Aubri, pris quarente souz; [58] § les deux parz d'un journel lez la terre qui tourne sur la voie [59] de Joinvile, pris vint et cinc souz; § deux jourz ès Essainges, [60] pris cent souz; § trois journés en la voie de Courcèles en la [61] coste à la Doiz, pris sixante souz; § un jour ès Tournières [62] de Mal Levaz, priz trente cinc souz; § demi jour en la petite [63] varenne qui fu Girbout, pris quatorze souz; § un journel en [64] l'angle Vichart, pris dix souz; § deux jour enqui meimes, [65] prissiez cent et deux souz; § un jour en Landeinchamp, pris [66] sixante souz; § après, faucie et demie de pré au pasquiz de Rage- [67] court, prissies quatre livres et dix souz; § trois faucies avec [68] Droet lou Clerc, pris douze livres; § une faucie et demie à la [69] faucie Heinmonel, pris sept livres; § une fauchie lez lou Sauciz, [70] prissie quatre livres et dix souz; § troies faucies en l'aingle Bois- [71] sel, prissies quatorze livres et dix sous; § trois fauchies ès Fron- [72] tés leiz la Doiz, pris quinze livres; § demi faucie et lou sixte [73] de deux tierz en la braiche de Ragecourt, pris cincquante [74] souz; § desus lou Tressor demie fauchie, pris trente souz; [75] § quatre fauchies ou finaige de Waux an Hanri-pré, prissies dix [76] et neuf livres; § deux fauchies à la plainche de Dolevanz lou [77] Petit, pris sept livres; § deux fauchies et demie delez Tam- [78] pillon ou finaige de Ragecourt, prissies six livres et dix souz; [79] § la

quinte partie de faucie et demie au Pomeret, pris trente [80] souz; § deux fauchies à l'Espinète, prissies cent et douze souz; [81] § trois fauchies au pré de Mertru, pris neuf livres; § lou pré [82] au roiz de Ragecourt, pris six livres et dix souz; § une [83] faucie à la comunaille de Suseinmont lez les Convers, pris [84] cincquante souz; § lou quart d'une fauchie à Woieul de Dolé- [85] vant, pris trente cinc souz; § trois fauchies au Breuil lez [86] les Moines, pris treze livres et dix souz; § demi fauchie qui [87] fu achetée au Roveir et à Climançon, prissie cincquante souz; [88] § douze fauchies en Moieinpré, pris trente et six livres; § une [89] fauchie lez la maison la Bruslarde, pris quarente souz; § une [90] fauchie as quenaaz de Vile en Blesois, pris six livres; § lou [91] tier d'une faucie avec Aubri, darrier lou molin de Domartin, [92] pris vint souz; § après, la vigne davant la fourest de Courcèles, [93] prissie quarente livres; § après, l'estant lou molin la Doiz et la [94] coste de desus à tout lou pourpris qui siet à l'issue de Domartin [95] lou Franc, prisié sept vinz livres et quinze livres; après, la [95] grainge et la bergerie et lou colemier à tout lou pourpris qui [97] siet à l'antrer de Domartin lou Franc, prisiez cent livres; après, [98] la moitié dou jardin qui fu ce[a] cele Aude, qui est delez la maison [99] Hersant de Domartin, prissie cent souz; après, les maisons et lou [100] sourpoil des forjes qui siéent à l'issir de Domartin, par devers la [101] coste, prisié dix livres, sauf ce que li trefonz où les maisons [102] desdites forges siéent nous demeure touz quites; après, de l'an- [103] ceinte de la coumunaille, lou pré preste Issanbart, qui siet entre [104] la Weure et lou bois Franchié, prissié dix livres; § lou sixaime [105] dou pré de la petite Val, prissei vint souz; § les trois parz des [106] meises qui meuvent dou signour de la Nueve Vile en trois leux, [107] prissies sept livres; § lou jardin qui fu Thiebaut de la Nueve Vile, [108] prissié ouit livres; § la partie que Aude tenoit ou meis Perrin [109] lou Roveir, prissie douze souz. Et est à savoir que tuit cist heri- [110] taige desus nomé, ausin con il sont desus escrit et devissé en ces [111] presantes letres, meuvent de l'yglisse Saint Pierre de Mostier en [112] Derf, ausin com nous l'entendons; et si les quitons et avons [113] quitez à la davant dite iglisse de Mostier en Derf, sauf tel droit [114] con nous i devons avoir, et premetons en bone foi et loiaumant [115] que ancontre ceste wandue et ces heritaiges et ces possessions [116] davant nomées et escrites, nous ne vanrons ne procurerons que [117] autres i vainne dès or en avant, et prometons et

---

[a] *Ce paraît devoir être supprimé.*

some tenu à [118] tenir nous et nostre hoir à pourter bone et loial garentie à l'abbé [119] et au couvant davant dit de touz ces heritaiges et de ces posses- [120] sions davant dites, aus us et aus coustumes de Champaigne. Et la [121] vandue davant dite de toutes ces choses davant nomées et escrites, [122] ausin con il est contenu desus, ont loué et otreiei Joiffroiz et [123] Jehanz, mi fil Jehan signour de Joinvile. Et pour ce que ce soit [124] ferme chose et estable à touz jourz, nous avons seellées ces pre- [125] santés letres de nos seaux; et furent donées et saallées à Saint [126] Ourbain, en l'an de grace mil deux cenz et sixante quatre anz, ou [127] mois de novanbre.

(Archives de la Haute-Marne, abbaye de Saint-Urbain, liasse 37.)

J. 1264, mars.

[1] Je Jehans, sires de Jeinvile et seneschaus de Champagne, fas à [2] savoir à toz ciaus qui ces presentes lettres verront et orront, que [3] je ai otrié as homes Seint Orbein qui sunt et seront demorant à [4] Chermes la Chapèle en la rivière de Bliseron, lor affoage en une [5] partie de mon bois de Maton, c'est à savoir dès la voie Saunaire [6] jusque au vaul de Brachei, et dès Hendemarz jusque au chanp [7] de Chermes, ensi con la voie Saunaire giète, et, sauf lou chane, [8] et lou fou, et lou perier, et lou pomier, il poet panre tout l'autre [9] bois por lor ardoir et por lor closures, et les remasons ausi; et se [10] il estoiet pris au chane, ne au fou, ne au perier, ne au pomier, ou [11] leu desus nomei, je ne porroie panre d'amande que vint sous. Et [12] cest isuaire lor otroi je à toz jors sans vandre et sans dener, et lor [13] otroi lou pasturage ausi con il l'ont eu ancienement dedanz les [14] devant dites bonnes, dou quel pasturage il doiet lou gite à mes [15] chiens; et por lou dit isuaire me doiet il, chacun an, à toz jors [16], vint sestière d'aveinne, à la mesure de Jeinvile, à paier l'ande- [17] mein de la Seint Martin en yver, et, de chacun feu de ciaus qui i [18] useront, une geline audit termine. Et se tut li home Seint Orbein [19] desus nomé se voloeit acorder à ce que il nen usasset plus on[a] [20] bois desus dit, il me paieroiet l'aveinne et les gelines à l'issue, [21] et dès anqui en avant riens. Et por ce que ceste chose soint[b] ferme [22] et estable, ai je mis mon seel en ces presentes lettres, qui furet [23] faites l'an de grace mil dou cenz sessante quatre, ou mois de [24] marz.

(Archives de la Haute-Marne, abbaye de Saint-Urbain, liasse 16.)

[a] On trouve dans l'acte suivant *on* pour *ou*. — [b] Il y a *soit*, avec une abréviation.

K. 1266, 27 août.

[1] A touz cés qui ces presentes letres verront et orront, Jehanz, [2] sires de Jeinvile et senechaus de Champaigne, salut en Nostre [3] Signor. Sachent tuit que, cum descorde fust entre moi, d'une part, [4] et l'abbei et le convent de Saint Orbain, d'autre, sus plusors an- [5] trepresures que li une partie et li autre disoïent que il avoient [6] entrepris li une partie encontre l'autre, par le consoil de bones [7] genz, je, d'une part, et li abbes et li convenz davant dit, d'autre, [8] nos suns mis sus religieux home et sage, dant Hanrri, abbei de [9] Bolleincort, et maitre Andrieu, doien de la crestientei de Bar sur [10] Aube, an tel menière que nos volons et otroions que li davant [11] dit arbitre nos puissent acordeir par droit ou par pais de toutes [12] les antrepresures davant dites, ou à leur volantei de haut et de [13] bas, dedanz la quinzeine de la Saint Remei qui vient, qui iert on [14] chief d'octobre; et se li davant dit dui arbitre n'avoient ces an- [15] trepresures acordeies et termineies, ou se descordoient dedanz [16] ledit termine de ladite quinzeine, mes sires Guerris, cureiz de [17] Saint Disier, est esleuz meiens arbitres par la volantei des parties, [18] an tel menière que, se li davant dit dui arbitre n'a-voient la des- [19] corde davant dite termineie, ou estoient en aucune chose descor- [20] dant dedanz la quinzeine de la Saint Remi dessusdite, mes sires [21] Guerris, li davant diz meiens arbitres, auroit pouoir touz seux de [22] la chose acordeir ou termineir à sa volantei et de haut et de bas, [23] dedanz la Touz Sainz qui vient prochienement, qui iert on chief de [24] novembre; et vuelent les davant dites parties que li dui arbitre [25] ne li meiens ne puissent quenoitre de nule garde, ne de saisine, [26] ne de proprietei; et vuelent que toutes les letres et li privilège de [27] l'une partie et de l'autre soient sauves, et toutes raisons, et tuit [28] usage, et toutes saisines, et toutes droitures; et demorront ces [29] choses maintenant dites en tel point cum eles estoient davant [30] l'ore que li abbes et li convenz davant dit apelèrent au roi de [31] France. Et toutes ces choses davant dites prometent les parties [32] davant dites à tenir et à gardeir par leur sairemenz, et sus poine [33] de cinc cenz livres de Tornois; et de la poine davant dite sunt [34] ploige et randeor por moi mes sires de Vauquelor, de cent livres; [35] mes sires de Sailli, de cent livres; mes sire Aubers d'One[a], de cent [36] livres; li diens de Saint

---

[a] On ne lit plus dans l'acte que *don*, parce que l'*e* final a été détruit par un pli. *One* désigne sans doute *Osne-le-Val* (Haute-Marne).

Loranz de Jeinvile; de cent livres, et [37] Jehanz de Mailli, de cent livres. Et por l'abbei et le convent de [38] Saint Orbain davant diz sunt plege et randeor mes sires de Sailli, [39] de cent livres; li diens de Saint Loranz de Jeinvile, de cent [40] livres; mes sire Haybers, diens de la crestientei de Jeinvile, de [41] cent livres; mes sire Aubers de Pisson, chevaliers, de cent livres, [42] et Jehanz de Mailli, de cent livres. Et se sunt mis cist davant dit [43] plege et randeor an la main des diz arbitres por faire joïr la partie [44] qui tenrroit leur dit; et les paieroit la partie qui le dit ne vou- [45] droit tenir. Ce fu fait an tans de grace mil cc. et sixante six anz, [46] le vanrredi davant la feste de la Decollation saint Jehan Baptiste. [47] An tesmoignage de laqueil chose, je ai saaleies ces letres de mon [48] seel. Ce fu fait an l'an et an jor davant diz.

(Archives de la Haute-Marne, abbaye de Saint-Urbain, liasse 15.)

L. 1266, 19 octobre.

[1] Je Jehanz, sires de Jeinvile et seneschauz de Champaigne, fais [2] à savoir à touz ceus qui ces presantes lestres varont et oront, [3] que ge ai vandu à l'abé et au couvant d'Escurey, de l'ordre de [4] Citiaus, de l'aveschié de Tol, por le pris et por la some de deus [5] cenz livres de provenisiens forz, desquex je ai receu plein paie- [6] mant, ma grainge de Baali, qui siet ou ban de Chevilon, lou bois, [7] lou mès, lou jardrin, einsin con li fossez lou porceint, cent et cin- [8] quante jornés de terre arable antor la greinge et ailors an la [9] monteingne, et tel partiee con ge avoiee ou molin au retorne-sac [10] et avoir pooiee et devoiee au jor que ceste vanduee fu faite, et [11] trois fauciées de pré ou ban de Chevilon, et l'otroi d'aquester cinc [12] fauciées de pré ou ban de la desus dite vile, ainsin comme il [13] poront meus ou par achat ou par aumone. Et ai otroié au de- [14] vanz diz abbé et convent et à ceus qui demoront an la devan [15] dite grange por aus, qu'il peuent panre sanz nule oquison mar- [16] rien por maisonner et por marrener por toutes les aisances de [17] ladite grainge et des apartenances par touz les bois dou ban de [18] Chevilon, et por afoer ausin ladite grainge et les apartenances, [19] fors les iaues qui sont miein prope (sic). Ne ne veil pas que il lor [20] griet que, se il usoiet en une partiee des diz bois et il lasoiet à [21] user an autres parties, que il ne puiuset user partout sanz oquison [22] an leu et an tens quant il lor plaroit por la dite grainge et por [23] les apartenances. Et lor ai otroié les patoraiges et les aisances [24] par tout mon pooir, por toutes mannières de bestes, de la dite [25] grainge et des aparte-

nances, et por ceus [qui] anqui demoront; [26] et lor ai ancor otroié que li angnel de la dite grainge ailet, cha- [27] cun an, selonc la coutume dou païs, par les prez et par les blez [28] sans oquison, trèsque à tant que il soiet apaturé; et se les bestes [29] de la dite grainge faisoiet doumaige on ban de Chevilon, li de- [30] vant dit abbes et convenz ou lor coumandemanz randeroieent [31] lou damage quant il seroit provez, sans nule amande. Et, après [32] toutes ces choses, ge ai doné et otreié por Deu et an aumone à [33] l'abé et au couvant desus dit que à nul home je ne soufferrai, ne [34] je pour moi ne lou ferai ne ne vueil que mi or lou facet, que li [35] ruz de Chevilon soit tornez de son droit cors, où il est oran [36] droit, par coi on puisse faire molin à Sommevile ne ou finaige, [37] fors que li abbes et li couvenz desus diz d'Escuri ou leur cou- [38] mandemanz, auqués je ai otroié que il parmi mon fossé qui clot [39] mon pré puiuset torner le dit ru se il weulent faire molin à [40] Sommevile ne ou finaige, sau lou droit d'autrui. Et lor ai otroié [41] que toutes les foiz que il auront mestier d'iauee à Escuri, que [42] cil qui garderont mes folons à Moteir sur Saut laiseront venir [43] l'iauee toutes les foiz que li seignor d'Escuri lor requerront ou [44] leur coumendemanz; et un jor tout antier an chacune semeigne, [45] se il an ont mestier, leur lera li meuniers dou molin de l'estant [46] venir l'iaue dou dit estant par une apaumeure tout à plein. Et ai [47] rendu et asené au devanz dit abbé et convent am parmenable [48] aumone, por l'arme de moi et de mes ancesors, cent arpanz an [49] tresfons et en sourpoil ou bois don querelle a longemant esté [50] antre mes devantiers et les devanz diz abbé et convent d'Escury; [51] et cil cent arpant sont an la partie de celi mesimes bois qui est [52] plus prochiens au propes (sic) bois d'Escury devers la foret de [53] Monteir surs Saut; et li devant dit abbes et convent useront de [54] ces cent arpanz de bois à leur volanté comme de leur prope à [55] leur; ne je ne mi home de Moteir sus Saut ne d'ailors ne aurons [56] en ces cent arpans nul usuare nes que ès autres propres bois [57] d'Escuri; et je et mi or, chacuns à son tens, soumes tenu à des- [58] fandre ces cent arpans de bois por l'eglise d'Escury anvers [59] toutes genz franchemant; et la dite esglise a aquité l'arme de [60] mon père et la moie dou pechié de tant comme il an afiert à ma [61] partie. Et si ai loé et otroié an la devan dite esglise l'aumone de [62] demi mui de fromant, au pris de la corboile, à panre chacun an [63] ou dimé de Pancei qui muet de mon ariéfié, que messires Je- [64] hanz, chevaliers d'Ecurel, lor a faite, ausin comme il est contenu [65] an la lestre le chatelein de Bar le Duc.

Et si ont aquesté par mon [66] los et par mon otroi la maison qui fu Arnol
que an dit Borse [67] trouée, qui joint à la maison de Jeeinvile, par devers la
maison Ansel [68] le Prevot. Et si lor ai asis onze sos de fors por mon frère
Jofroi, de [69] Vaucolor signor, à panre chacun an am ma jurée de Mouteir
sus [70] Saut, des premiers deniers, lesqués onze sos li devanz dis Jofroiz,
[71] sires de Vaucolor, a douné an aumone à l'esglise d'Escury, les [72] qués
onze sos je li devoiee chacun an à toujorz; et se ma jurée [73] de Mouteir
sus Saut defailoit, li devant dit seignors d'Escury [74] panroieet les devans
diz onze sos an mes rantes de Mouteir sus [75] Saut; et les randra chacun an
ciz qui panra mes rantes de Mouteir [76] sus Saut. Et toutes ces choses desus
dites qui sont de ma garde [77] sont faites par lou los et par l'otroi d'Aliz,
ma fame, et par lou los [78] et par l'otroi de Jofroi et de Jehan, mes fiz; et
je et ma fame et mi [79] duiu fi devant nomé avons promis et créanté, [por
nous] et por nous [80] ors, à porter bone garantie loiaul an bonc foi à l'abé
et au convant [81] devant diz de toutes ces choses desus dites, sauf lou droit
d'au- [82] trui par tout. Et por ce que toutes ces choses soiet fermes et esta-
[83] bles à touz jors perpetuémant, je Jehanz, sires de Jeinvile et sene- [84] chauz
de Champaigne, et Aliz, ma fame, devant nomei, avons saalés [85] ces presentes lestres de nos seels, lesqués furent faites an l'an de [86] grace mil
deüs cenz et seigsante sis ans, ou mois d'otambre, l'an- [87] demein de la Sein
Luc evangeliste. — *Au dos.* La chartre de [88] Baailli, et de cent arpanz
de bois que mes sires noz a randuz ou [89] bestanz, et de l'aue de l'estant de
Mosteir por venir à Escurey, [90] et de xi soz que mes sires de Vaquelor nos
dena en la jurée [91] de Mosteir.

(Archives de la Meuse, abbaye d'Écurey.)

L *bis.* 1269, mars.

[1] Je Aelis, feme au noble baron Jehan, synor de Jonville, senes- [2] chauz
de Champenne, fille au noble baron ausi Gautier, synor de [3] Rinel çay em
ariers, fais savoir à toiz cés qui ces letres varont et [4] ouront, que je, par
ma foy donée corporaumant an la mein Jacot de [5] Corcelles, clarc de la
cort de Lengres juré, et anvoé especiaumant [6] por ceste chose de par l'o-
ficial de Leingres, ay promis par ma foy [7] donée corporaument, ansi cum
il est davant dit, que ge ne vanra [8] par moy ne par autrui, ne mi hoir ausi,
ne ne soferont à venir à [9] nos pouors ancontre l'eschange et les convenances que ge et mes [10] syres de Jonville, mes mariz davant diz, avons

fait, çay en ariers, [11] à l'abé et au couvant de la Creste, de tot ce que nos aviens et [12] avor pouiens à Cyrex et ou finage de cele ville, an toiz prouz et [13] an toz uus, qui mouvot de mon heritage, à ce que li abbes et li [14] covanz de la Creste avoent à Betoncort et ou finage de celle ville, [15] an touz pruz et an touz hus. Mas tanrons ge et mi hoir le dist es- [16] change et les covenances, ausi cum il est contenu plennemant am [17] letres faites de l'eschange et des couvenances, qui sunt saelées [18] dou seel mon synor moh mari davant dit et dou mien seel, et an [19] letres qu'il hont dou roy de Navarre dou lois de l'eschange davant [20] dit. Et se il avenot que ge ou mi hoir ou aucuns de mes hors [21] alesens ancontre l'eschange et les conve-nances davant dites, nos [22] nos oblijons à ce que li officiaus de Lengres, que qui onques il [23] soit, ait poor de nos eschuminier et faire denuncier por escumi- [24] niez, en quéque lou que nos soens, et metre nostre terre em [25] antredit tote celle foiz qu'il ou lor coumandemanz requarront et [26] presenteront au dit oifficial, ou à celu qui sera an lou de lu, ces [27] letres avoec celles letres que il hont de ces choses saelées dou [28] seel mon synor de Jonville, mon mari, davant dit, et dou mien [29] ausi. Et voil et outroy par ma foy davant dite que letres que ge [30] ne mi hoir, ne autres por nos ne de par nos aportest avant con- [31] trares à letres de l'eschange et des convenances davant diz et à [32] cestes letres, ne poissent riens grever as davant diz abbé et au [33] couvant de la Creste, de quéque seel que elles soent saelées. Je [34] Gehanz, syres de Jonville devant diz, m'acort et me consant à totes [35] ces choses davant dites, et ay mis mon seel an ces letres avoc le [36] seel ma feme davant dite, par sa volunté et par sa requeste. Et [37] ge Aelis davant dite i a ausi mis mon seel, por ce que la chose [38] mouvot de mon heritage. Et avons requis de nostre aponné gré, [39] par davant le dit Jacot, que li seés de la cort de Lengres soit mis [40] an ces presentes letres avoc les nostres seés; et il i est mis par [41] nostre requeste faite par davant le dit Jacot. Ce fut fait an l'an [42] de grace mil et II. c et sexante et nuf, ou mois de mairz.

(Bibliothèque imp. coll. de Champagne, vol. 152, pièce 51.)

M. 1270, juin.

[1] Je Jehans, sires de Joinville, seneschaux de Champaigne, faz [2] savoir à touz cex qui ces presenz lettres verront et orront, que, [3] an ma presence establi Guillaumes, diz de Hauteville, escuiers, et [4] Adeline, sa feme, ont

reconeu par devant moi qu'il ont eschangié [5] au covant de Saint Ourbain
seix setières de bleif, trois de fro- [6] mant et trois d'avoine, à la mesure de
Joinville, à panre et à avoir [7] à touz jourz an son alue de Rovroi, an terraiges, an la moitié dou [8] four que li diz covenz tenoit et avoit an la dite
ville de Rovroi, [9] à touz jourz à tenir et à avoir au dit Guillaume et Adeline, sa feme, [10] et à lor hoirs. Et veulent li diz Guillaumes et Adeline,
sa feme, que, [11] se li dit terraige ne valoient les seiz setières de bleif desus
dites, [12] li devant diz covanz panroit le deffaut en la grange les devant diz
[13] Guillaume et Adeline, sa feme, à Rovroï. Et s'obligent et sunt [14] obligié
li devant diz Guillaumes et Adeline, sa feme, por aus et [15] por lor hoirs,
qu'il feront seant le devant dit eschange, et an [16] porteront leal garantie
au dit covent anver touz cex qui à droit en [17] vouroient venir. Les quex
seix setières de bleif li diz Guillaumes [18] et Adeline, sa feme, ont eschangié
au devant dit covant par mon [19] lous et par mon ostroi, an teil manière
que li fours iert de mon [20] fié, et les seix setières de bleif de ma garde.
En tesmoignaige [21] de laquel chose, j'ai seellées ces lettres de mon seel, qui
furent [22] faites an l'an de grace mil deuz cenz et sexante et dis ans, ou
mois de [23] jouyen.

(Archives de la Haute-Marne, abbaye de Saint-Urbain, liasse 13.)

N. 1273, mai.

[1] Je Jehans, sires de Jeinville, seneschaus de Champeingne, faz [2] savoir à touz ciax qui ces lettres verront et orront, que, en ma pre- [3] sence
establi Aubers de Onne, chevaliers, et ma damme Aalix, sa [4] femme,
ont requeneu par devant moi que il ont vandu et en non de [5] vandue
otroié et aquitei à tous jours, à religious[a] hommes l'abbei [6] et le covent
de Saint Ourbain, dou diocèse de Chaalons, ce que il [7] avoient et avoir
pouoient et devoient à Pisson et en finages de [8] cel leu, c'est à savoir en
hommes, en femmes, en prez, en vignes, [9] en terres, en iaue, en lait, en
censes, en coustumes, en tailles, [10] en exactions, en prières, en croées, en
ban et en justice, et en [11] toutes autres choses, et especiaument tout l'eritage Emenjart, qui [12] fu fille Martin Becasse, de Pisson, en queilque leu
que il soit à [13] Pisson et en finages de Pisson, par le lous et par l'otroi de la
dite [14] Emenjart et de Thierri, son mari, pour trois cens livres de pre-

---

[a] Dans l'acte, *relious*.

[15] venisiens fors; des qués deniers li dit Aubers et Aalix, sa femme, [16] se tienent apaié en monoie nombrée et delivrée; et renoncent [17] et ont renuncié à ce que il ne puissent dire sà en avant que la [18] monoie devent dite ne lor ait estei contée, païe et delivrée en- [19] tièrement. Des qués dites choses, si com il est desus dit vendues, li [20] dit Aubers et Aalix, sa femme, se sont devestu par devant moi; et [21] le dit abbei de Saint Ourbain, en non de lui et de son covant, ont [22] envestu et mis en possession corporeil, sens rien retenir à lour [23] ne à lor hoirs, en dites choses, de possession ne de proprietei, ne [24] d'autres choses, ne d'autre droit que il peussent enans reclamer [25] par quelcunque raison que ce fust ou par quelque menière. Et ont [26] promis lidit Aubers et Aalix, sa femme, des devent dites choses, si [27] com il est desus dit vendues, laial garentie porter à tous jours à [28] diz abbei et covent contre tous jusque à droit, et que contre ceste [29] dite vendue ne cest present estrument, en jugement ne dehors, [30] taisivlement ne expressement, ne venront ne autrui venir ne fe- [31] ront ne ne soufferront sà en avant, par lor foiz donées en ma main [32] corporément. Et ont requeneu lidit Aubers et Aalix, sa femme, [33] par devent moi que les dites choses, si com il est desusdit vandues, [34] movoient dou fié l'abbei et l'eglise de Saint Ourbain devant dit. [35] Et ont renuncié li dit Aubers et Aalix, sa femme, à ce que il ne [36] puissent dire sà en avant que il aient estei deceu en cest dit [37] marchié et en ceste dite vandue outre la moitié dou droit pris, et [38] à toutes exceptions de droit et de fait, et à tous priviliéges empe- [39] trez et à empetreir, et especiaument à priviliéges de croiz, et à [40] toutes autres choses, et à toutes aydes de droit et de fait qués [41] qu'elles soient, qui puissent les diz abbei et covent en cest dit [42] fait nuire, et les diz Aubert et Aalix, sa femme, ou lour hoirs pro- [42] fitier et aidier. Et especiaument la dite Aalix a promis, par sa foi [44] en ma main corporément donée, que, pour cause de doaire ou [45] d'autre raison qués qu'elle soit, en ces dites choses vandues ne [46] reclamera rien, ne autre pour lui reclameir ne fera ne ne souf- [47] ferra. En tesmoingnage de laquel chose, je ai mis mon seel en [48] ces presentes lettres, à la requeste des diz Aubert, chevalier, et [49] Aalix, sa femme, sauf le droit d'autrui. Ce fu fait en tens de [50] grace mil dous cens sexante et treze ans, en mois de mai.

(Archives de la Haute-Marne, série H, abbaye de Saint-Urbain, liasse 11, Poisson.)

O. 1278, mai[a].

[1] Je Jehans, sires de Joinville[b] et seneschaus de Champaigne, fas [2] savoir à tous ceus qui verront et orront ces presentes lettres, que, [3] pour ce estaubli an ma presence mes sires Hues de Chatonru, [4] chevaliers, et ma dame Ysabiaus, sa feme, ont queneu que il ont [5] receu an anprunt de l'abbei et dou convant de Seint Urbain [6] treuze vins livres an deniers contans de provinisiens fors, bonne [7] monoie et leaul, contée et receue desdis abbei et convant, don[c] [8] li dis Hues, chevalier, et Ysabiaus, sa femme, se tienent apaiés à [9] plein et anterinemant. Et pour les dites treze vinz livres, li dit [10] Hues, chevaliers, et Ysabiaus, sa femme, ont mis an gaiges an la [11] main des dessus diz abbei et convant, tout quanqu'il avoient à [12] Fronville et on finage, an homes et an femmes, an prés, an ter- [13] res, an vignes, an fours, an moulins, an bois, an iaus[d], an jus- [14] tices et an toutes autres choses que li dis Hues, chevaliers, et sa[e] [15] dite femme puent et doient avoir en la dite ville de Fronville et an [16] tout lou finage, et an toutes autres manières de issues et de [17] rantes, et lour maison aussi qui siet à Fronville, an tous preus et [18] an tous usages. Et si li dit abbes et convans doient joïr paisi- [19] blement de toutes ces choses dessus dites, autant et aussi cum [20] lidit Hues, chevalier, et Ysabiaus, sa femme, faisoient au jour que [21] ceste lettre fu faite, jusques à tant que il aient randues les dites [22] treze vins livres antièremant, et fait plain paiement à l'abbei et [23] au convent dessus dis. Des queis choses desus dites li dis Hues, [24] chevalier, et Ysabiaus, sa femme, ont queneu et reconoissent qu'eles [25] sont dou fié l'abbei et lou couvent desusdis et de l'eglise de [26] Seint Urbein. Après, est à savoir que li dis abbes et convans[f] de [27] Seint Urbain doient maintenir bien et lealment la maison dessus [28] dite an autreteil point cum ele estoit au jour que ceste lettre fu [29] faite, se ansique n'estoit que feu l'ardit, ou ele fut destruite par [30] guerre ou par autre cas qui venit d'avanture, don l'abbes et li [31] convans ne fuissent an corpe. Et de toutes ces choses dessus

[a] Ce texte est publié d'après une copie contenue dans l'inventaire de Saint-Urbain ; il a été collationné sur une copie moins bonne, contenue dans le volume 202 de la collection Moreau.

[b] Inv. *Joiville.*

[c] Inv. et Mor. *dou.*

[d] Inv. *laus*; Mor. *eues.*

[e] Inv. *chevalier et li*; j'ai préféré la leçon de la collection Moreau.

[f] Inv. *abbei et couvant*; j'ai suivi l'autre copie.

de-[32] visées sunt tenu li dit Hues, chevaliers, et Ysabiaus, sa femme, et [33] sui
hoir à porter bonne garantie et leaul à l'abbei et au convent [34] dessus
dis envers tous ceus qui à droit an voudroient venir, ne [35] il ne lour hoir
ne autre pour aus ne poent ne ne doient panrre [36] ne faire panrre par aus
ne par autrui aus dites choses de Fron- [37] vile ne dou finage, ne riens reclamer ne faire reclamer à autrui [38] tant qu'il aient fait plain paiement et
anterin à l'abbei et au con- [39] vent dessus dis des dites treze vinz livres, aussi
cum il est dessus [40] devisé. Et toutes ces convenances dessus escrites ont
promises [41] li dit Hues, chevalier, et Ysabiaus, sa femme, par lour fois données [42] corporelment, à tenir et à garder fermement, et que il ne iront
[43] à nul jour à l'ancontre par lour ne par autrui. Et renoncent [44] an cest
fait à toutes exceptions et à toutes raisons de fait et de [45] droit, et à tous
priviléges ottroiés et à otroier à croisiés et à ceus [46] qui se croiseront, et
à toute autre aide de fait et de droit de cres- [47] tienté et de court laie qui
an cest fait lour pourroient aidier et [48] valoir, et à l'abbei et au convent
dessus dis nuir. An tesmoignage [49] de verité, et pour ce que ce soit ferme
chose et estable, j'ai mis [50] mon sael an ces presentes letres, à la requeste
des dessus dis [51] Huon, chevalier, et Ysabiau, sa femme. Ce fut fait en l'an
de grace [52] mil et dous cens et sixante et dis et ouit ans, ou mois de mai.

(Archives de la Haute-Marne, inventaire de Saint-Urbain de 1764, t. I, p. 318.)

P. 1278, novembre.

[1] Je Jehans, sires de Joinvile, senechaus de Champaigne, fas à [2] savoir à touz qui ces letres varront et orront, que en ma pre- [3] sance pour ce
an propre persone estaublis Ansés, c'on dit li [4] Prevos, bourjois de Joinvile, qui fu fiz Odoin, a requeneu par de- [5] vant moi, de sa propre voluntei, que il doit et est tenuz, il et si [6] hoir, à paier, randre et à delivrer au
prior et au convent de [7] Saint Urbain, à lour pitancier ou à lour autre
commandemant [8] perpetuelmant à touz jours, chascun an à la Saint
Remi ou chief [9] d'octambre, en sa grainge c'on dit la grainge Odon, qui siet
des- [10] sus la vile de Sombru, onze sestières de bleif, c'est à savoir six [11] sestières de fromant et cinc sestières d'avoienne, à la mesure et [12] au lous
dou minage de Joinvile; li qués blés fu donez et laissiez en [13] aumogne
audit convent dou père et de la mère audit Ansel, à [14] panre perpetuelmant à touz jours à la dite grainge et sus les pos- [15] sessions et les apartenances de la dite grainge. Et ces dons et ces [16] lais dessus diz li diz Ansés

loe et approve, et veut et otroie et [17] promet à tenir perpetuelmant et à touz jours, par sa foy donée [18] corporelmant en ma main, et en a obligié par devant moi la [19] devant dite grainge et toutes les possessions et les apartenan- [20] ces de la grainge desuz dite, et lui et ces hoirs, et queicunques [21] persones qui la grainge tanrront, à paier et à delivrer, chascun [22] an, au dis priour et convant, à lour pitancier ou à lour autre com- [23] mandemant, perpetuelmant et à touz jors, la rante de bleif [24] dessus dite et au terme desuz dit. Et a encor promis li diz Ansés [25], par sa foy, que il ne vanra ne fera venir par lui ne par autrui [26] jamais à nul jour contre ceste presante letre ne contre les con- [27] venances dessus dites, et a renoncié pour ce par devant moi li diz [28] Ansés à touz drois et à toutes exceptions de droit et de fait qui [29] li pourroient adier en cest presant fait, et aus diz priour et con- [30] vant nuire. Et veut encor et otroie li diz Ansés que, se il ou si [31] hoir de-failloient de paier la dessus dite rante de blef antièremant [32] as termines devant diz, je face joïr et delivrer as diz priour et con- [33] vant, à lour pitancier ou à lour autre commandemant, des biens et [34] des possessions de la dite grainge pour vandre et pour despandre [35] jusques à plain paiemant à dit convant de la rante dessus nomée. [36] En tesmoignage de laquel chose et pour ce que se soit ferme chose [37] et estable, ju ai fait metre mon sael en ses presantes letres, à la [38] requeste dou dit Ansel, sauf mon droit et sauf l'autrui. Ce fut fait [39] an tans de graice quant li miliaires corroit par mil douz cens [40] sexante et dix et wit, ou mois de novembre.

(Archives de la Haute-Marne, abbaye de Saint-Urbain, liasse 1.)

Q. 1278, janvier.

[1] Je Jehans, sires de Jainville, seneschaux de Chanpaingne, faiz [2] savoir à touz que Jehans de Ragecort sus Bloise, escuiers, qui fui [3] fiz feu mon seignour Aubert de Ragecort, chevalier, et damoisèle [4] Aalis, sa fame, en nostre presance por ceu estaubli, ont reconu [5] par davant moi que il vandent et ont vandu aus religiouz homes [6] frère Jaique, par la pacience de Deu abbei de Saint Ouirbain, et [7] au covent de cel méisme leu, tout en-tièremant quant qu'il ont et [8] puent et doient avoir à Fronville et on finaige de la dite ville, [9] c'est à savoir en homes, en fames, en rantes de bleis, en rantes [10] d'oies et de gelines, en censes, en costumes, en four et en cor- [11] vées, sus cui qu'il les aient en ladite ville de Fronville, meis- [12] memant celles qu'il ont à Waïtreneiville; et vandent encor et ont vandu aus desus [13] diz

abbei et convent quant qu'il ont et puent et doient avoir en [14] ladite ville
de Fronville et on finaige, en terres airables, en preiz, [15] en boix, et une
pièce de vigne qui fui Chobert, la quex siet en la [16] coste Thibey dès la
vigne Hawiate jusque à la vigne Osanne, [17] ausi com elle se comporte de
lonc et de lei, et douz oschés, des [18] quex li uns siet deleiz la maison Parisat, et l'autres deleiz lo four; [19] et quant qu'il ont et puent et doient avoir
en ban et en jostisse de [20] la dite ville de Fronville, tout quant que sires
puet et doit avoir [21] sus homes et sus lor heritaiges et sus totes ces choses
desus dites, [22] à tenir et à avoir et à recevoir aus diz abbei et convent à
touz [23] joirs totes ces choses ausi com elles sont ci dessus devisées, par
[24] lo pris de sis vins livres et cent souz de Tournoiz, des quez li dit [25] Jehans et Aalis, sa fame, se sont tenu et tiennent por bien paiez ai ᵃ [26] plain,
par davant moi, des diz abbei et convent, en boins deniers [27] contans; et
promeittent et ont promis par davant moi li dit Jehans [28] et Aalis, sa fame,
por lour et por lor hoirs, ai porter bone et leal ga- [29] rantie aus diz abbei
et convent et à lour successours, envers totes gens [30] et contre totes gens.
Et renoncent et ont renoncié li dit Jehans et [31] Aalis, sa fame, par davant
moi, por lour et por loir hoirs, à totes [32] exceptions de fait et de dit, et à
totes aides de droit canonel et de [33] droit civilien, à totes franchises, à
totes borgesies, à totes indul- [34] gences enpetrées et ai enpetrer et à touz
privileiges de crois et [35] d'autres chozes que lor pouroient aidier et valoir
à aler contre cest [36] dit vandaige, et aus diz abbei et convent nuire. Et ont
promis, [37] par lor foi corporémant donée en ma main, qu'il n'iront ne
ne [38] feront venir par aux ne par autrui, ne riens ne reclameront ne [39] feront reclamer en cest davant dit vandaige, maix lo garantiront [40] envers
touz et contre touz aus davant diz abbei et convent de [41] Saint Ouirbain.
Et totes ces chozes desus devisées sont de ma [42] garde. En tesmoingnaige
de laquel chose et por ceu qu'elle soit [43] ferme et estaubles, à la requeste
des diz Jehan, escuier, et Aalis, sa [44] fame, j'ai mis mon saiel en ces presentes lettres aussi com gar- [45] dains des chozes desus dites, que furent
faites en l'an de grace [46] mil douz cens sexante et dix et vuit ans, ou moix
de janvier.

(Archives de la Haute-Marne, série H, abbaye de Saint-Urbain, liasse 7, 9ᵉ partie.)

ᵃ *Ai* pour *à* se retrouve plus bas, lignes 28 et 34.

R. 1284, novembre.

[1] Je Jehans, sires de Joinville, seneschaus de Champegne, fais sa- [2] voir à tous que, com il ait eu descort pardevant moi à Joinville [3] et à Peisson, de l'abbei et dou couvent de Saint Urbain, d'une part, [4] et de Jehannet de Dongieuz, d'autre part, des finages de Peisson [5] et de Noncourt, et de plusours entrepresures dont l'abbes et li [6] couvens se plaignoient de Jehannet, et li dis Jehannés se replai- [7] gnoit ausi de l'abbei et dou couvent, à la parfin, par le conseil de [8] bones gens, pais est faite entre aus en teil menière que les parties [9] se sont ottroïes à ce que je acorderoie et orde- neroie de l'abonne- [10] ment des finages des dites villes et de touz lor autres descors des [11] dis leus de Peisson et de Noncourt, qu'il en tanront sus poinne de [12] trois cens livres perdre à la partie qui mon dit ne vourroit tenir, [13] dont la partie qui mon dit tanrroit averoit la moitié, et je l'autre. [14] Et de ces choses tenir et garder fermement est plèges, pour l'ab- [15] bei et pour le couvent, en ma main, mes sires Miles dou Breuil, [16] chevaliers, de cent et cinquante livres, et Gautiers de Roche, de [17] cent et cinquante livres; et pour Jehannet de Dongex est plèges [18] mes sires Guillaumes de Join- villes, sires de Julley, de cent et cin- [19] quante livres, et Guios, ces freires, de cent et cinquante livres; et [20] doient tenir li dit plèges ostages à Join- ville à ma requeste, pour [21] celui qui le dit ne vourroit tenir que je ra- porteroie, tant qu'il [22] m'eussient fait mon grei dou fuer de quoi il sont plège en ma main. [23] Et je, en nom de Deu, rapors mon dit en teil menière que li paaquis [24] de Peisson qui est dou finage de Peisson dure jusques au fossei là [25] où je fis metre la bonne. Et rapors aincor que les terres qui sont [26] entre le dit paaquis et la voie qui va de Joinville à Salley, jusques au [27] rus de la fontainne qui sourt desous la dite voie, demourent en fi- [28] nage de Noncourt, ainsi com la voi de Hazoi dessant à la voie de [29] Joinville qui va à Salley. Et rapors aincor que ce qu'il a desus ladite [30] voie jusques au rus de la fontainne qui sort à l'ourme et jusques à [31] la voie qui va de Peisson à Aingoulaincourt, que tout demoure [32] dou finage de Noncourt pardevers Noncourt, sauf ce que la justice [33] des vignes qui sont dès les bonnes que je ai mises dès l'ourme de [34] la fontainne jusques à la voie de Hazoi en amont demouret en la [35] justice les seignors de Peisson, pour ce que Jehannés de Dongex [36] ne prova pas en ma main la garde ne la justice des vignes, fors que [37] jusques as bonnes qui encommencent à l'orme de la

fontainne et [38] que lignent au chemin de Hazoi. Et di aincor que ce que demoure [39] pardevers Peisson dès les bonnes que je mis, qui ancommencent [40] au chemin d'Angoulaincourt et en vont par Moiemont et par le [41] bois c'om appelle Laison, et ce estendent jusques au chief dou vaul [42] c'om apelle Bernartvaul, que tout demeure dou finage de Peisson [43] ce qui est pardevers Peisson. Et di aincor ainsi que Jehannés [44] ne puet riens reclamer on bois qui est pardevers Joinville, ainsi [45] come la voie le despart dou bois dou Laison, qui va dès le [46] champ Ancel jusques à Mouteruel, et ainsi come les bonnes le [47] devisent, que muevent de ladite voie et vont au chief de Bernart- [48] vaul. Et dit aincor que Jehannés ne puet riens reclamer en bois [49] dou Laison, ainsi com les bonnes le devisent pardevers Peisson [50] dès le champ Ancel jusques au champ de Moiemont. Et doit de- [51] morer la moitiés dou paaquis que je ai abonnei pardevers Non- [52] court à l'usage de dous villes, et li autre moitiés qui demourra [53] par devers Peisson iert as seignors de la ville pour faire lor vo- [54] lentei, en teil menière que, quant cil de Peisson i patureront, cil de [55] Noncourt i pourront ausi paturer sans debat. Et est à savoir que [56] cest abonnement ai je fait sauf mon droit et sauf l'autrui. Et tout [57] ce qui est d'autre part les bonnes pardevers Mouteruel et le [58] finage, et par devers Pancei et le finage, demoure Jehannet de [55] Dongex. Et di aincor que de toutes les terres, les vignes et les [60] preis et maisons, et de toutes autres choses qui doient debites, [61] censes et coustumes à l'abbei et au couvent de Saint Urbain, qui [62] sont dedans les bonnes par devers Noncourt, en la ville et on finage [63] de Noncourt, li plais et la justice en demoure à l'abbei et au [64] couvent, et toute l'autre justice à Jehennet, et autretel de celes que [65] doient à Jehennet nules debites, que la justice de la roie de la [66] terre demoure à Jehannet et à ces hoirs, et toute l'autre justice [67] demoure à l'abbei et as autres seignors de Peisson. En tesmognage [68] de veritei de ceste chose, je Jehans, sires de Joinville, seneschaus [69] de Champegne desus nomeis, ai seelées ces lettres de mon seel, à [70] la requeste des devant dites parties, et ce sont obligié les dites [71] parties que je lor fasse faire et tenir comme sires, sus la poinne [72] desus devisée. Ce fut fait en l'an de grace mil deus cens quatre [93] vins et quatre ans, en mois de novembre.

S. 1286, juillet.

[1] A tous ciaus qui ces presentes lettres verront et orront, je Jehans, [2] chevaliers, sires de Genvile et de Rinel et seneschaus de Champaigne, [3] et je Aelis, feme dou dit monsigneur Jehan, salut en Nostre Signeur. [4] Nous faisons savoir à touz que, comme pluseur descort fussent entre [5] nous, d'une part, et hommes religieus l'abbé et le couvent de Saint [6] Jehan de Loon, d'autre part, liquel descort estoient tel, c'est à savoir [7] que li dit religieus disoient que chascuns hom et chascune feme [8] de Bouni, chiés d'ostel, leur devoient quatre deniers chascun an [9] pour lor chiévaige; et nous disiemes encontre, c'est à savoir que [10] le dit chiévaige n'avoient onques paiet ne point n'en devoient ne [11] lour devancier. Et disoient encore li dit religieus que no serjant [12] avoient pris en la maison de Rigecourt chatés et meubles à la [13] valeur de cent livres et plus; et nous disiemes le contraire. Et [14] disoientencore li dit religieus que li habitant en la maison [15] de Rigecourt avoient pris à lor volenté des bois que on appèle les [16] bois Sainte Marie; et nous et cil de Bouni disiemes encontre, [17] c'est à savoir que, quant li dit habitant i avoient esté pris en [18] usant ès bois devant diz contre la volenté les hommes de Bouni, [19] nous et nostre devancier en aviesmes levé pluseurs amendes. A la [20] parcefin, par conseil de bonnes gens des descors desseurdis nous [21] sommes acordé en la manière qui ensiut : c'est à savoir : dou [22] descort premiers nommé des chiévaiges, en tele menière que li [23] dit religieus ne peuent ne doivent avoir dore en avant nul chié- [24] vaige ne nule justice ne autre chose, de cestui jour en avant, seur [25] les hommes et les femes demourans à Bouni, sauve as diz reli- [26] gieus la justice de la roie de la terre qui muet d'iaus, et les cor- [27] vées que on doit à la maison de Rigecourt, c'est à savoir trois [28] fois les charrues et une fois les faucilles l'an, et sauf encore as [29] diz religieus terraiges et rentes que cil de Bouni doivent à iaus. [30] Après, nous sommes acordé que nous et nostre gent demourrons en [31] pais des cent livres et des damaiges que li dit religieus deman- [32] doient à nous, et de touz autres chatés qu'il nous pooient deman- [33] der et à nos serjans, et sommes acordé parmi ces choses que [34] nous, pour les chiévaiges et les autres choses devant dites, leur [35] renderons chascun an trente sous de Tournois as octaves de Pas- [36] ques, lesqués trente sous nous leur avons assenés à penre à nostre [37] paiage de Mandles et à nos autres rentes que on nous doit en la [38] dite ville, se

li paiages ne souffisoit. Après, dou descort de l'usaige [39] des bois nous
sommes acordé en tele manière que li habitant en [40] la dite maison de
Rigecourt useront ès bois que on appèle les bois [41] Sainte Marie, c'est à
savoir : ou bois de Ruières, qui siet entre [42] Rigecourt, d'une part, et le bois
de Torrailles, d'autre part; ou bois [43] que on appèle les Costes Sainte
Marie, dalès le bois le conte de [44] Bar dusques à Cheverival; ou bois de la
Sichière, qui tient as [45] bois le conte de Bar, et dure dusques as prés dou
val d'Ormen- [46] çon; ou bois de Falaimmart et de Gironwés, qui tient,
d'une part, [47] as bois de Mandles et dure dusques au chemin levet, et,
d'autre [48] part, commence à la communaille et dure dusques as prés; ou
[49] bois de Maurrainsart, ensi comme il se porte, ou bois de Gui- [50] rainsart;
ou bois de Warenchien, ensi comme il se porte, et siéent [51] entre les terres
de Bouni et durent dusques au costé Mourète; ou [52] bois de Chanées,
qui siet entre Houdelaincourt et Bouni, là où cil [53] de Bouni useront pour
lour affouer, pour clorre, pour ardoir, [54] pour toutes aaisances ensi comme
cil de Bouni feront à champ et [55] à vile. Et sommes encore acordé que,
quant il faurra mairrien en [56] la dite maison de Rigecourt ou ès appartenances, ou pour ede- [57] fier, ou pour retenir, ou pour charruaige, ou pour
sanlable [58] chose, li habitant en la dite maison, ou li dit religieus, ou leurs
[59] mesaiges, le diront au maieur Sainte Marie, et dès enqui en avant [60] il
en porront prendre sans occoison de meffaire ès bois devant [61] diz. Et est
encore acordé, dou bois de Ruières, qui siet ensi comme [62] il est deseur dit,
que li habitant en la maison de Rigecourt useront [63] ou dit bois de penre
verges, fagos, fuilles pour lour four et pour [64] ardoir en la dite maison,
closure pour clorre terres, prés et pos- [65] sessions appartenans à la dite maison de Rigecourt, et de penre [66] toutes autres choses que on puet penre
en tel bois, fors le pom- [67] mier et le perier. Et cest usaige i averont il à
perpetuité, soit que [68] cil de Bouni i usent ou non. Et de touz ces bois
desseur nommés [69] li dit habitant ne li dit religieus ne peuent ne doivent
vendre ne [70] donner ne mener for que à Rigecourt et ès appartenances.
Après, [71] comme li dit religieus deissent que nous leur empeechiemes lour
[72] droiture et lour signourie de Mandles et dou terroir de la justice [73] desseur la roie de la terre (car celi de la roie de la terre maintenoient [74] il
paisiblement), nous sommes acordé en tele manière : c'est à [75] savoir que li
maires de Mandles qui sera de par l'eglise connois- [76] tera de meubles, de
chatés et de toutes obligations personneles et [77] reeles, de sanc, de plaie,

et de toutes autres enfraitures. Et li diz [78] maires de Mandles, quant il sera fais de nouvel, doit faire saire- [79] ment, au prieus de Rigecourt ou à son commandement, de garder [80] loiaument les droitures à nous et à nos hoirs et à nos successeurs [81] qui tenront l'avouerie de Mandles, et les droitures aussinc les [82] diz religieus; et doit conter li diz maires bien et loiaument par [83] devant les diz religieus, ou par devant le prieus, ou par devant [84] son commandement, des amendes qui appartenront à iaus et à [85] nous. Et se il avenoit que, pour aucun fourfait ou pour autre [86] raison, quele que ele soit, aucune amende fust levée, en iceli [87] amende nous averiemes les trois parties, et li dit religieus la [88] quarte, sauves as diz religieus les amendes qui seront levées [89] pour raison de la roie de la terre qui mouveroit d'iaus. Et sommes [90] encore acordé que le paiage que nous soliens penre fors de la vile [91] de Mandles nous le penrons en la dite vile, ou ou banc d'iceli, [92] de cestui jour en avant, sauf ce que ce ne face prejudice as diz [93] religieus en leur autre droiture de la dite vile. Et sommes encore [94] acordé que li maires de Mandles connoistera à Limervile de la [95] roie de la terre qui muet de Sainte Marie. Et pour toutes ces [96] choses fermement tenir et warder, nous obligons et avons obligiet [97] nous, nos hoirs et nos biens; et proumetons et avons proumis as [98] diz religieus toutes les choses desseur dites, et chascune par li, à [99] garandir envers toutes gens. Et renonçons et avons renonciet à [100] toutes exceptions, à touz priviléges donnés et à donner de par le [101] Roy ou de par l'Apostoile, et à toutes aides de droit et de fait [102] qui à nous porroient aidier et as diz religieus nuire. En tesmoi- [103] gnage des qués choses, je Jehans et Aelis, ma feme, avons ces pre- [104] sentes lettres seelées de nos propres seaus. Et je Jehans ai donné [105] auctorité à Aelis, ma feme, de consentir à toutes les choses ci [106] deseure escrites. Et je Aelis, feme dou dit mon signeur Jehan, [107] de l'auctorité et de la volenté mon signeur mon baron, ai faites [108] les choses desseur dites et ces presentes lettres seelées de mon [109] propre seel, qui furent faites en l'an de grace mil deus cens quatre [110] vins et sis, ou mois de juillet.

(Archives de la Meuse, prieuré de Richecourt.)

T. 1292, avril.

[1] Je Jehanz, sires de Joinville et senechauz de Champaigne, fais [2] savoir à touz celz qui verront et ourront ces presentes lettres, [3] que frères Gile-

berz, maistres de Biauveoir aus Alemenz, de l'Ospi- [4] taul Nostre Dame de Jerusalem, m'apourta unes lettres à Joinville, [5] saalées dou seel mon père (cui Diex absoile!), et me pria que je li [6] feisse renoveler en mon seel. Et pour ce que je vis que li seaus [7] mon père n'estoit pas touz antiers, je fis venir plusours autres [8] lettres davant moi saalées dou seel de mon père, et vis davant [9] mon consoil les unes contre les autres. Et pour ce que mes con- [10] soz regarda que li seaus estoit bien ancor teix que on le devoit [11] recevoir en toutes courz, je lour ai saalée la tenour de lour let- [12] tre, la quex tenours est teix : Ego Symon, dominus Joniville, no- [13] tum facio universis presentam (sic) cartam inspecturis, quod ego [14] laudo et concedo elemosinam quam Hugo, dominus Fiche [a], [15] dedit Deo et fratribus Domus Hospitalis Sancte Marie Teutoni- [16] corum in Ierusalem, que est de feodo meo, in perpetuum possi- [17] dendam. Dedit etiam dictus Hugo predictis fratribus tres carru- [18] catas terre que inicium capiet versus Basoliam [b], procedendo inter [19] viam que dicitur Mausentier et Parfondeval, usque dum tres [20] carrucate jam dicte compleantur. Et infra terminos illos Maul- [21] sentier et Parfondevaul poterunt facere soaiz ad sustentamentum [22] suarum tam parvarum quam grandium bestiarum, et etiam [23] quantum illi domui necesse fuerit. Preterea dedit predictis fra- [24] tribus usuarium per totum nemus suum quod dicitur Doesme [25] pro omnibus domui pretaxate necessariis, tali vero conditione [26] quod fratres illi quicquam ex nemore illo non poterunt dare [28] neque vendere, et infra prefixos terminos poterunt lapides tra- [28] here et sumere, et facere chauz ad domos construendas infra sepe [29] predictos terminos. Dedit etiam et concessit eis pasturam per [30] totam Doesmam, ita quod, si dampnum a bestiis suis alicui in- [31] ferretur, fratres illi tenentur dampnum restituere absque emenda. [32] Et preterea dedit eisdem fratribus ad sufficienciam herbergii et [33] virgutorum (sic) infra prenominatos terminos triginta jugera [34] terre. Et hec omnia dedit et concessit sepe dictis fratribus in [35] perpetuum possidenda, et hoc tali conditione quod omnia ista [36] que dedit eisdem fratribus in elemosinam, ipsi nullatenus dare [37] vel vendere vel excambiare poterunt, nec quicquam ex eis, nec [38] eciam sub domino (sic) alicujus, nisi sub domino (sic) Dei et do- [40] mini de Ficha et heredum suorum, ponere poterunt. Et in cujus [40] rei testimonium presentem cartam sigilli mei munimine

---

[a] *La Fauche,* Haute-Marne. — [b] *Bazeilles,* Vosges, arr. et canton de Neufchâteau.

robo- [41] ravi. Actum anno Domini m°cc°xx°iiii, mense octobri. Datum [42] apud Fichan (*sic*) *.

[43] En tesmoignaige de la quelle chose, je ai saalées de mon seel [44] ces lettres, qui furent faites et donées à Joinville, l'an de grace [45] mil cc iiii** et douze, ou mois d'avril.

(Archives de l'Aube, fonds de Beauvoir, lequel fait partie du fonds Clairvaux.)

U. 1294, octobre.

[1] Je Jehans, sires de Joinville et senechaus de Champaigne, faiz [2] assavoir à touz cés qui verront et ouront ces presentes lettres, [3] qu'en l'an Nostre Seignour corant par mil dux cens quatre vins [4] et quatouze, ou mois de octobre, veiz, resgardai et luiz unes [5] lettres saelées de mon grant saeel et de mon contresaeel, non [6] cancelées, non violées, n'e[n] aucunne partie de li non mal menée, [7] des quelles la teners (*sic*) ancommance et est an celli menierre :

[8] Je Jehans, sires de Joinville et senechaus de Champaigne, fais [9] savoir à touz qui verront ces lettres, que je conferme et lou et [10] outroie à touz jours tel fondation et tex dons com mes sires [11] Hues, de buenne memoire, sire de la Feiche, li quex gist à Rober- [12] cort, fist et dona à Remonval et au frères de cel meigme leu, li [13] quex sunt de l'ordre de Val des Chouz. Et lou ausi et conferme [14] et outroie les dons que mes sires Hues de la Faiche, qui fut [15] mors in Egipte, quant li rois de France fuist outre mer, fist au dis [16] frères de Rommeval (*sic*), li quex Hues fut fiz au davant dit [17] Huon, qui fondit (*sic*) le leu, à tenir à tous jours. Et doing et [18] outroie, pour le remède de m'arme et de mes ancessors, au diz [19] frères en armone perpetué dimi mui de vin, à la mesure de [20] Joinville, à panre, chascun an, à touz jors, an vernanges, en mon [21] selier à Joinville, pour chanter les messes léans; et il sint (*sic*) tenu [22] à chanter chascun an une messe de Saint Esperit, por moi et pour [23] les miens tant com je vivrai; et, après mon decest, il sunt tenu à [24] faire mon anniversaire chascun an léans à touz jors. Et por ce [25] que ceste chouse soist ferme et estauble, je hai saelées ces lettres [26] de mon saeel. Ce fut fait en l'an de grace mil dux cent cimquante [27] et six ans, ou mois de janvier.

[28] Et je Jehans, desus diz hai saelée cest transcrist de mon saeel, [29] l'an desus dit mil dux cens quatre vins et quatouze, ou mois de [30] octobre.

* Lisez *Ficham*, la Fauche.

[31] Et comman à touz mes serjanz que il les paiet adès san delai. [32] Ce fu escrit de ma mein.

(Archives de l'Allier.)

V. 1295, 12 avril.

[1] Je Jehans, sires de Joinville, seneschaus de Champaigne, faz à [2] savoir à touz cex qui verront et orront ces presentes lettres, que [3] cum descors fuist entre moi, signour de Joinville, d'une part, et [4] l'abbey et le couvent de Escurey, qui est de ma garde, de autre [5] part, sor ce que je, sires de Joinville, trahoie en cause et en ocqui- [6] son les dis abbey et couvent sor plusours griés que il m'avoient [7] fait, si com je disoie, et sor plusours esmendes que je lour de- [8] mandoie ansi de fourfais de bois com de abonnemens de chemins [9] et de autres chozes, et sor ce que vouloie et les avoie amonetés [10] que il abatissient les loges que il avoient faites en leur maison de [11] Joinville, par devers la rivière et par devers la maison Brancion [12] qui fu, et feissent fermetei en lour maison devant dité de Joinville [13] pour esmandeir la force de la ville pour raison de la guerre ap- [14] parent au païs; et sor ce que li dit abbes et couvens me pour- [15] suoient en mon hostel et requiroient que je feisse osteir et abba- [16] tre deus pillers de pierre les quelz Jaques de Florence, demorans à [17] Joinville, avoit fait faire, par mon ostroi et par ma volunté, devant [18] la dite maison les diz abbey et couvent à Join- ville, entre le chemin [19] de la porte devant lour maison et la dite maison, les quels [20] pillers il disoient que je ne autres ne pouiens ne ne deviens faire [21] en ce lieu ne autre chose que lour fuist ou peust estre en gre- [22] vance ou en enpeschement de la dite maison ou des aisances; je, [23] par le consoil de Dieu et de bonnes gens, me suis apaisiés au diz [24] abbey et couvent en telle manière que toutes emquisons et toutes [25] greuses que je pouoie greusier ou requerre envers les dis abbey [26] et couvent, ou il envers moi, jusques au jour que ces lettres furent [27] faites, quitées et anéanties de une part et de autre, saus les heri- [28] tages, des quelz il ne sera parlei en ces lettres, je lour ai otroié et [29] lour ottroi que li dit abbes et couvens teingnent et aient pasi- [30] blement et entièrement lour dite maison de Joinville et les apar- [31] tenances en toutes les aisances et les bons usaiges que il ont eues [32] et tenus pour la dite maison et les apartenances. Et lour ai pro- [33] mis que je ferai osteir les pillers desus dis qui estoient devant [34] la dite maison; ne je ne mi hoir ne poons ne ne devons en aucun [35] temps, pour

aucune emquison ou de guerre ou de autre choze, [36] faire ou souffrir à
faire amcombrement ni empeschement ni autre [37] choze queilz qu'elle soit
devant la dite maison en nul lieu qui à [38] la dite maison puisse grever ni
aus aisances; ains lour remanra [39] frans et descombrés à lour aisances li
lieus tout ausi com la charrière [40] le porte, droit parmi l'antrée de la porte
asonc le pont par devant [41] leur maison jusques autour de lour maison,
toute la charrière, par [42] devers la maison Raulet c'om dit la Cabre; et
tout en tour par [43] desus et par darriers lour demouront lor issues et lour
usines [44] de toutes parties ansi com il les ont eues et tenues jusques à cest
[45] jour, sans empeschemant et sans emcombrement de moi et de [46] mes
hoirs ne de autrui. Et est ancor à savoir que je ne mi hoir après [47] moi ne
poons ne ne devons contreindre les diz abbey et couvent ne [48] lour successours, ne, ores ne autres fois, pour aucune raison, ou par [49] emquison
de guerre ou de autre choze queilz qu'elle soit, à bouchier [50] l'issue de
lour celier par devers l'iaue, ne à abatre lor dites loges [51] ou à amanrir,
ne à faire fermetey en lour maison desus dite pour [52] la ville enforcier,
ne en la place qui est entre la rivière et la dite [53] maison dès la porte asonc
le pont jusques à la tournelle que on [54] dit en chatemite. Ne je ne mi hoir
ne pourrons edifier fermetei [55] ne autre chose en la dite place par devers
l'iaue si com elle est [56] ci dessus devisée; ains remanra au diz abbey et
couvent franche [57] et delivre à touz jours à faire toutes aisances et touz
edifices en [58] la dite place que il vouront, sans empeschier le cours de
la ri- [59] vière plus que il estoit quant ces lettres furent faites, et sans plus
[60] ampoirier la force de la fermetei de la ville. Et en toutes ces [61] chozes
desus dites et chaucunes de celles, je vuieul que usa- [62] ges de païs, ne status
de roi ne de autrui, ne nulle autre chose [63] lour puisse greveir en aucun
temps encontre ce qu'il est contenu [64] en ces lettres. Et pour ce que ces
choses devant dites soient fer- [65] mes et estables à touz jours perpetuémant,
et que je ne mi hoir [66] puissiens aleir an l'ancontre, j'a seelées ces presentes lettres de mon [67] seel, qui furent faites en l'an de grace Nostre Signour mil deus [68] cens quatre vins et quinze, le mardi après les octawes
de Paques.

(Archives de la Meuse, abbaye d'Écurey.)

W. 1298, septembre.

[1] Nous Gautiers de Joinville, sires de Vauquelour, et nous Ysa- [2] biaus

de Cereix, dame de Vauquelour, sa feme, fasons savoir à toulz [3] presens
et à venir, que par l'acort de nostre signour et père mon [4] signour Joffroy
de Joinville, premier signour de Vauquelour, et [5] par la requeste de toute
nostre gent de Vauquelour, et pour le [6] profist de l'utilitei et l'acroissance
de la ville et dou chastel de Vau- [7] quelour, avons quitei et quitons, franchi
et afranchissons nostre [8] gent de Vauquelour à tous jours et lor hoirs, et
toulz celz qui van- [9] ront demorer en la ville de Vauquelour, de toutes
tailles, de toutes [10] prises et de toutes servitutes, forsmis noz homes de
cors defors la [11] ville de Vauquelour. — Ne nous ne nostre hoir ne poons
retenir en [12] la ville de Vauquelour ne Juix ne prestours à montes. — Et
pour [13] ceste franchise sont tenu les gens de Vauquelour à rendre, chaucun [14] an, à nous et à noz hoirs, chaucuns d'aux pour chaucune livre [15] vaillant de lour heritaiges, deus tornois petiz, et chaucuns con- [16] duiz chaucun an deus soulz de tornois petiz, c'est à savoir doze de- [17] niers le jour
de la Saint Remey en chief d'octembre, et doze de- [18] niers l'andemain de
Pasques ansigant, de la monoie desus dite. [19] — Et li prodome de la ville
de Vauquelour esliront quatre pro- [20] domes à la Saint Remey pour estre
eschevins jurez et un clerc [21] jurey, et paieront le clerc jurey, et le remueront chauqu'an ansi [22] comme l'un des eschevins jurez ; li quel quatre
prodome et li [23] clers devant dit jureront qu'il garderont nostre droiture
et la [24] droiture de la ville de Vauquelour en bone foy ; ne cil qui se-
[25] ront esleu ne porront contredire qu'il ne fussent ou mestier ; et [26] se il
ne les avoient esleuz dedans la quinzeine de la Saint Remey [27] toulz ou partie, nous ou nostre hoir ou nostre commendemens i [28] porriens mettre
celz qui defauroient ; et se nous ou nostre com- [29] mendemens et li prodome de la ville de Vauquelour veissiens que [30] li quatre eschevin jurey ou
li clers ou aucun d'aux fussent pro- [31] fitable à demorer ou mestier, il les
i remeteroient, et renoveleroient [32] lour sairemens ; et cil quatre ou li dui
d'aux au moins, se tuit n'i [33] pooient estre, seront avec nostre commendement à tenir plaiz ; et [34] se tuit ou partie estoient en doute d'aucun jugement, il le quer- [35] roient au gentishomes et au prodomes de la ville de
Vauquelour ; [36] et s'il ne le poioient là trover, il l'envieroient querre à Joinville ; et [37] s'il ne le pooient là trover, il l'envieroient enquerre à Vitrey. —
[38] Et le jour de la Saint Martin, nous ou nostre commendemens, c'est [39] à
savoir uns pour nous, et nostre prevos, et li clers jurez, et li [40] quatre eschevin jurei devant dit demanderont à chaucun de celz [41] de la franchise

de la ville de Vauquelour la valour de, lour heri- [42] taiges; et cil seront
tenu à venir devant aux à lour requeste et [43] dire voir; et s'il estoient en
doute dou pris de l'eritaige, il seroit [44] tanciez par les sept desus diz. Et
renderont de chaucune livre de [45] l'eritaige si comme desus est dit, et seront tenu à paier dedans la [46] quinzeine après ce que li pris serat faiz; et
s'il ne paioient de- [47] dans la quinzeine, nostre commendemens et li eschevin jurey [48] venderoient tant des biens muebles et nommuebles à chans et
à [49] ville, à deniers contans, que nous en seriens paié dedans les huyt.
[50] jours après. Et s'il avenoit chose que l'an vendist heritaige, cil à [51] cui
li heritaiges averoit estei ne sui hoir qui en pays seroint n'i [52] porroient revenir s'il ne le rachetoient dedans les huyt jours après [53] ce qu'il scroit
venduz; et cil qui seroient fors dou païs i por- [54] roient revenir dedans les
quarante jors après ce qu'il seroient. [55] revenu; et s'il ne l'avoient rachetei
dedans les quarante jours, [56] il n'i porroient puis revenir, et nous seriens
tenu à garantir [57] à celui qui l'averoit achetei en la menière desus dite; et
s'il [58] nel pooient trover à cui vendre, li heritaiges seroit nostres [59] par le
pris des eschevins jurez devant diz. — Et cil qui seront [60] en nostre leu,
et nostre prevoz, et li clers jurez, seront tenu à [61] faire sairement de sauver nostre droiture et la droiture de [62] la ville, chaucun an, en bone foy.
— Et li home de Vauque- [63] lour, et cil de la franchise, et cil de la terre
puent acheter li [64] uns aux autres si comme devant, sauves noz coustumes
et noz [65] droitures. — Et se nous voliens amander nostre ville ou nostre
[66] forteresse ou faire aucune aisance en la ville ou en finaige, et il [67] eust
aucun heritaige, nous l'averiens par achat ou par eschange [68] au dit des
sept desus diz; et est à savoir que, se li sept desus dit se [69] descordoient,
c'est à savoir nous ou nostre commendemens, et li [70] prevos, et li clers
jurez, et li quatre eschevin jurey de la ville, en [71] cest pris ou en autre
pris nul de la franchise ou d'autre chose, la [72] plus grans partie an seroit
creue. Et est à savoir que il nous doient [73] nostre raignable aide pour marier noz filles et pour aler outre [74] mer, en telle menière qu'il paieront à
l'aide, chaucuns conduiz, [75] quatre soulz de la monoie desus dite, et, pour
chaucune livre [76] vaillant de l'eritaige, quatre deniers de la monoie devant
dite. — [77] Ne nuns de celz de la franchise que nous ou nostre commende-
[78] mens voississiens faire prevost ou doien ou celerier ou fouretier, [79] si
comme nous fasiens avant, ne puet refuser qu'il ne le soit à [80] la requeste
de nous ou de nostre commendement, an si que li [81] prevos, li doiens et

li celeriers seront quite de ce qu'il doient [82] pour la franchise tant comme il seront en nostre mestiẻr. — Les [83] gens de la franchise doient user en noz üsines, et se nous en fa- [84] siens ou aquestiens nulles en Vauquelour ou en finaige, il i use- [85] roient ansi. — Et se nous aviens mestier de charroi de la ville, [86] nous l'averiens par raignable pris; et cil pris seroit faiz par les [87] desus diz en la menière desus dite, et seroient li denier paié des [88] leveures de la première franchise ansigant. — Et chaucuns hom [89] qui averat vint livre de mueble averat une arbelestre et cin- [90] quante quarriaux; et averont armes et seront armei soufisam- [91] ment tuit cil de la franchise si comme il est desus dit, dedans la [92] Saint Martin, et monstreront lour armes à nous ět à nostre com- [93] mendement quant il an seront requis, de la Saint Martin en avant; [94] et cil qui n'averont armes si comme desus est dit seront tenu [95] en cinc soulz de petitz tornois d'amende; et converroit qu'il [96] eussent lour armes dedans quarante jours après, et tante foiz [97] comme il en defauroient, seroient tenu en l'amende si comme [98] desus est dit. Et cil qui panra armeure en gaige paierat doze [99] deniers et perdera sa dète. — Et se nous ou nostre hoir voliens [100] faire ovrer au murs de la vile de Vauquelour pour la fermetei, [101] il nous soigneroient une charrète à dous chevaux et le charreton [102] à tout lour coulz, tant comme il nous plaira, à l'evre avant dite, [103] ne nous ne les porriens mettre en autre evre. — Et s'aucuns hom [104] de la franchise estoit pris ou arrestez ou les seues choses pour [105] nous, nous le delivreriens au nostre et les seues choses; et se [106] nous en defaliens, li prodome de la ville le delivreroient des de- [107] niers de la franchise ansigant; et se il estoit pris pour le meffait [108] de l'un de celz de la franchise, nous l'en aideriens à delivrer en [109] bone foy comme sires, à lour coulz; et cil pour cui meffait il se- [110] roit pris li seroit tenuz à rendre ses despens à l'esgart dou pre- [111] vost et des eschevins jurez. — Et poons mener ou faire mener celz [112] de Vauquelour en host ou en chevauchie quatre jours au lour; [113] et se nous les voliens plus tenir, nous lour donriens seix tornois [114] petiz le jour à chaucun de celz qui averont haubert et cheval, et [115] à chaucun des armez à pié deus tornois petiz le jour; et seroient [116] par tant tenu à servir à nous et à noz hoirs tant comme il nous [117] plairoit, et nous lour prometons en bone foy que nous ne les [118] manrons ne ferons mener en host ne en che-vauchie par fauce [119] enchoison; et se nous estiens hors dou païs, nostre commen- [120] demens les porroit mener en la menière desus dite pour

deffendre [121] noz terres et noz fiez et les terres et les fiez mon signour
de [122] Joinville; et cil qui averoient essoine leaul quant li os et la che-
[123] vauchie seroient semonues, ou li criz faiz, en seroient quite ne ne [124] pairoient point d'amende. — S'aucuns de la franchise at deus [125] cuissins et
deus dras tant seulement pour son lit, on ne les puet [126] panre pour dète
ne pour plegerie, ne ce qu'il vest à chaucun jour. [127] — Et se nous veniens
en la ville, li doiens porroit panre des cuis- [128] sins pour nous et pour noz
hostes, et rendre si tost comme nostre [129] hoste en seroient alei. — Li
menu pescheour de Vauquelour [130] pescheront à la menuse à pié, chaucuns
par lui, à la truvle et [131] au jonchiés ansi comme il ont fait avant. — Et
est acordei par [132] nous et par noz gentishomes et par celz de la franchise
que on [133] refera les vignes darriers le chastel que autre foiz ont estei avi-
[134] gnies, ansi comme li pourpris des vignes le donne, dedans trois [135] ans
à venir; et se elles n'estoient avignies dedans le terme, le de- [136] faut nous
ou nostre commendemens, s'il nous plaisoit, meteriens [137] en nostre demoine; et s'aucune beste i estoit prise à meffait ou [138] tans que li bans i
est, elle deveroit doze tornois petiz d'amende. [139] — Et s'aucuns de la
franchise estoit tenuz à nous ou ai (*sic*) au- [140] trui pour dète, on ne porroit mettre la main à lui tant comme on [141] trouveroit tant vaillant de la
seue chose en mueble et en heri- [142] taige comme la somme monteroit. —
Et est à savoir que tuit cil [143] de la franchise tiènent et tanront tout lour
heritaige qu'il ont et [144] averont en noz terres et en terres à noz hoirs,
signours de Vau- [145] quelour, qui ne muet d'autrui, chaucuns conduiz une
geline chau- [146] cun an. — Et est à savoir que nous averons un sael et
contresael [147] d'ottroy pour celz qui venderont heritage et pour celz qui l'a-
[148] cheteront, et panrons doze deniers de l'achetour et doze deniers [149] dou
vendour; et de celui qui obligera heritaige, ou engaigera en [150] quelque
menière que ce soit, doze deniers, et de celui qui le panra, [151] doze deniers;
et ces saelz garderont nostre commendemens l'un, [152] et li eschevin, ou li
uns d'aux qu'il esliront, l'autre. — Et se nous [153] ou nostre commendemens
avons mestier d'aler à jour ou à par- [154] lement, nous porrons mener celz
qui nous plairont de la franchise [155] à nostre raignable despens jusques à
quatre, et ne le porront [156] refuser. — Et se nous volons anvoier messaige à cheval ou à pié, [157] nous i porrons anvoier messaige souffisant en
bone foy quel qu'il [158] nous plairoit de la franchise de la ville, à nostre
raignable des- [159] pens, par l'esgart des eschevins jurez. — Se li prevos ou

nostre [160] commendemens les vuet mener tous ou partie pour faire aucune [161] pannie, il seront à lour couz se il reviènent le soir à lour osteix,
[162] et se il ne reviènent le soir à lour osteix, il seront dès anqui en [163] avant
à nostre coust tant comme nous les tanrons hors. — Et est [164] acordei par
nous et par nostre gent et par noz gentishomes que [165] on ne donra point
de pain à nul menovrier, et que nuns ne [166] panra an un jour plus de vint
faucillours fors que nous; et qui [107] trespassera dou pain, il paiera cinc
soulz d'amende de la monoie [168] desus dite, et de chaucun foucillour qu'il
panra plus de vint, doze [169] deniers d'amende. — Et s'aucuns hom de la
franchise et de la [170] terre de Vauquelour estoit ploiges ou randerres pour
autre de [171] la dite ville de Vauquelour ou de la terre, et il en perdoit gaiges, [172] cil pour cui li gaige seroient perdu ne seroient tenu à rendre
[173] que le double. — Ne cil de la franchise de la ville de Vauque- [174] lour
n'averont reclain ne resort, tant comme il seront desous [175] nous, fors qu'à
nous et à nostre commendement, se ce n'estoit [176] par defaut de droit ou
par faus jugement. — Et tanrons le [177] chastel et la ville de Vauquelour à
tel droit et à tel us comme [178] on at usei, sauve la franchise desus dite. —
Et cil de la franchise [179] de Vauquelour tiènent et tanront lour muebles
et lour heri- [180] taiges, quelque part qu'il soient demorant, parmi dous
deniers [181] paians à nous de la livre de l'eritaige si comme avant est dit; et
[182] des heritaiges qu'il tanront desous nous ou desous uoz hoirs, [183] en
quelque leu que ce soit l'où nous avons et averons ban et [184] justice, il ne
puent avoir resort ne reclain mais que à nous ou à [185] noz hoirs, fors que
au signours de Joinville, aux queix il iroient [186] et porroient aler comme
à souverains pour defaut de droit ou [187] par mauvais jugement. — Et est
à savoir que touzjours se tient [188] et tanrat ceste chartre an sa vertu, non
contrestant usaige con- [189] traire que nous ou nostre hoir peussiens dire ne
monstrer contre [190] celz de la franchise de Vauquelour, ne que il ou lour
hoir peus- [191] sent dire ne monstrer contre nous et noz hoirs. — Toutes
ces [192] convenances desus dites avons nous jurées à tenir et à garder [193] en
bone foy, sauves noz rentes et noz autres droitures que ci ne [194] sont nommées avec celles que ci sont nommées. Et Ysabiaus de [195] Cereix, nostre
compaigne avant dite, et nostre hoir qui tanront [196] la chastelerie de Vauquelour sont tenu à faire le sairement; et [107] volons que quiconques taigne
Vauquelour par bail, ou par douaire, [198] ou en autre menière, soient tenu
à faire le sairement et à garder, [199] à la requeste des bourjois de la fran-

chise. — Et volons et ottrions [200] que, se nous ou nostre hoir defaloient
à tenir et à garder ces [201] convenances desus dites, fust en tout, fust en
partie, que mes sires [202] de Joinville, que qui onques an soit sires, il et
sui hoir, les feis- [203] sent tenir et garder à nous et à noz hoirs; et lour
ottrions que il [204] puissent partout panre de la nostre chose, se nous ou
nostre hoir [205] anfraigniens ses (*sic*) avant dites convenances, jusques à tant
que [206] ce que an seroit anfraint fust amendei. — Et pour ce que ce soit
[207] ferme chose et estable à touz jours, nous Gautiers de Joinville, [208] sires
de Vauquelour, et Ysabiaus de Cereix, dame de Vauquelour, [209] sa feme,
desus dit, avons mis noz saelz en ceste presente chartre. [210] Et à plus grant
seurtei, pour ces convenances desus dites miex [211] tenir, je Jehans, sires
de Joinville et senechaux de Champaigne, [212] par l'acort de mon chier frère
Joffroy de Joinville, premier si- [213] gnour de Vauquelour, et par la proière
et par la requeste de [214] mon amei neuvou Gautier de Joinville, signour de
Vauquelour, et [215] de Ysabiaul de Cereix, sa feme, et par la requeste et la
volentei [216] de la communautei de la ville de Vauquelour, li quel m'ont
proié [217] et requis que je ces choses face tenir fermement se nuns d'aux
[218] en aloit encontre, ai mis mon sael en ceste presente chartre, [219] sauve
toutes mes droitures comme sires souverains dou fiel (*sic*); [220] et ai promis
à faire tenir en bone foy ces convenances desus dites, [221] et vueil que qui
onques soit sires de Joinville soit tenus à faire [222] tenir ces convenances
ansi comme elles sont desus escriptes. — [223] Ceste chartre fut faite et
donnée l'an de grace que li miliaires de [224] li encarnation Nostre Signour
courroit par mil dous cens quatre [225] vinz deix et huyt ans, en mois de
septembre. — *Au dos :* Ce fu [226] fait par moy[a].

(Archives de l'Empire, K, 1155.)

X. 1302, mai.

[1] Je Jehans, sires de Jeinville et seneschauz de Champaingne, [2] faiz
connoissant à touz celz qui verront et orront ces presentes [3] lettres, que
cum je eusse fait un pressour en la ville d'Onne tout [4] bannaul de tous me
hommes d'Onne, et l'eusse jà tenu bannaul [5] par le termine de trois ans, et
l'abbes et li convens d'Escurey me [6] greusessent, et deissient que le dit

<hr>

[a] M. Boutaric a découvert cette note,
et reconnu qu'elle est de la main de Joinville; l'écriture est en effet parfaitement
semblable à celle de l'addition autographe
qui termine la charte d'octobre 1294.
(Voyez plus haut, cote U.)

pressour avoie je fait en lour [7] prejudice et en amenrissemant des pressours qu'il avoient entien- [8] nemant euz et tenuz en la dite ville d'Onne dou temps mon père [9] et dou mien, et deissient que nuns n'avoit oinques eu pressour [10] en la ville d'Onne fors que il et cil dont il lour estoient donnei et [11] aumonsnei enciennemant, je, pour le remeide de m'arme et de mes [12] ancessours, ai donnei et doing au diz abbei et convent d'Escurey [13] le dit pressour que j'avoie fait et fait faire à Onne, et toute la place [14] dès la maison Bignot jusques au meix Bertrant le Foretier, et tout [15] le droit que j'avoie ou avoir pooie et devoie en dit* pressour et en [16] la dite place, et tout le droit que j'avoie et avoir pooie de faire le [17] dit pressour; et vueil et ottroi que le dit abbes et convens d'Es- [18] curey teingnent et aient le dit pressour tout bannaul à tous jours, [19] sans aucun reclain et sanz empeschemant de moi et de mes hoirs. [20] Et connois par ces presentes lettres que, dès cest jour en avant, [21] je ne mi hoir ne poons et ne devons faire ne soffrir à faire pres- [22] sour en la ville d'Onne ne en finaige pour nous, pour raison de [23] haute justice ne por autre raison ou droit que nos aiens ou peus- [24] siens aquerre en la dite ville et en finaige; et oblige moi et mes [25] hoirs qui seront signor d'Onne aprez moi à contraindre tous nos [26] hommes que nos avons ou averons en la dite ville d'Onne à [27] tous jours, à aler presser tous lour geins de lour vignes au pres- [28] sour desus dit, se li dit abbes et convens le vuellent maintenir en [29] leu où il est, ou à telz pressours que li dit abbes et convens ave- [30] roient et maintenroient en la dite ville; et l'abbes et ses comman- [31] demans les doient faire presser à tel fuer et à tel raison cum il [32] est acostumei au dit pressour bonnemant et en bonne foi. Et je et [33] mi hoir aprez moi devons deffendre chascun an par nos sergens [34] en l'eglise d'Onne, à la requeste l'abbei d'Escurey ou son com- [35] mandemant, que nuns de nos hommes d'Onne ne face presser [36] chouse qu'il ait à presser à autre pressour fors que au pressours [37] l'abbei et le convent d'Escurey, sus la poinne de perdre cinc [38] soulz et le vin pressei. Et se li commandemans l'abbei et le con- [39] vent d'Escurey trovoient aucun de nos hommes d'Onne menant [40] ou portant geins à presser à autres pressours ou ramenant ou ra- [41] portant vin pressei à autre pressour que aus lour, il porroient [42] penre le geins ou le vin forsmenei cum le lour propre et sans [43] encoison; et se on lour ostoit à force, je ou mi hoir et nostre sergent [44] seriens tenu à faire rendre

---

* On trouve ci-après (Z 56) *en dit bois.*

le vin ou le geins qui lour seroit res- [45] couz, et je ou mi hoir en averiens
l'amende dou meffaisant, et dou [46] forsmener, et dou rescourre. Et vueil
et outrei que li dit abbes [47] et convens d'Escurey puissient faire un pressour en la place desus [48] dite, s'il lor plait, avec celui que je lor ai donnei
et toutes autres [49] aisances qu'il vorront faire, ou maison, ou meix, ou
autre chose, [50] por faire lour profit. Et vueil encor que, se li dit abbes et
con- [51] vens vouloient en aucun temps le dit pressour à oster d'où il
est, [52] et maintenir pressours en leu où il les ont euz et maintenuz en-
[53] ciennemant, qu'il le puissient faire, et que li pressour qu'il main- [53] tenront
et averont à Onne soient bannaul en la menière, en la [54] forme et en
l'usaige et franchise qu'il est desus contenu dou pres- [55] sour que je lour ai
donnei. Et je et mi hoir qui seront signour [57] d'Onne après moi sons (*sic*)
et serons tenu à contraindre tous [58] nos hommes d'Onne qu'il bannalment
aillient presser au pres- [59] sours que li dit abbes et convens averont ou ont
en la dite ville, [60] et à garder de force encontre les meffaisans de presser
autre [61] part, ensi cum il est desus escrit. Et avec ces choses desus dites
[62] je lour ai amortiz et outroiez à tenir à tous jours quatre setière [63] de
blef, moitié fromant, moitié avoinne, à la mesure de Jeinville, [64] c'est
à savoir dous setière que Aubers Mahons lour donna en ses [65] terraiges
ou dismes de Gondrecourt la Ville, dont il sont en [66] possession jusques à
ceste presente année, si cum il dient, et dous [67] setière de blef qu'il puent
avoir et tenir en ma grange de Mou- [68] ter sus Sout, que Audete de Jeinville lour aumosna, se je lour [69] voloie soffrir; et doient estre cist dui
setier de tel blef cum la [70] lettre que la dite Audete, qui fu feme Brancion, avoit seellée de [71] mon seel le devise. Et se li hoir dou dit Aubert
Mahon ou li hoir [72] la dite Audete voloient faire aucun eschange au diz
abbei et [73] convent, ce qui en seroit eschangié revenroit en mon servaige
[74] teil cum il estoit davant, et li dit abbes et convens tenroient tout
[75] amorti ce qui lor seroit donnei par eschange [de] la valour. Et [76] en
toutes les chouses desus escrites reteing je la garde, et mon [77] banc, et ma
justice haute et basse, por moi et por mes hoirs. En [78] tesmoingnaige de
veritei [de] ces choses desus dites, et pour ce [79] qu'elles soient fermes et
estaubles à tous jours, j'ai seellées ces [80] presentes lettres de mon seel,
sauf mon droit et l'autrui, qui [81] [furent faites] en l'an mil trois cens et dous
ans, en mois de mai. [82] *Au dos :* Carta de duobus pressoriis apud Onam.

(Archives de la Meuse, abbaye d'Écurey.)

La langue de Joinville. 24

X *bis.* 1302, 28 juillet.

[1] Je Jehans, sires de Joinville, senechaus de Champaingne, fais [2] savoir à tous que, comme descors fust entre moi, d'une part, et [3] religiouses persones l'abbei et le convent de Saint Mansuy de [4] Toul, d'autre, de ce que il prenoient et avoient pris par lonc temps [5] douze sestiers de blef ens arages de Germay en ma partie outre [6] la Summe, de la quel li[a] grans chartre de la compaignie fait [7] mention et de mout autres articles, je, par le consail de bonnes [8] gens, me sui appaisiés aus dis religious en la manière qui s'ensuit. [9] C'est à savoir que li dit religious averont et tenront paisiblement [10] les dis douze sestiers de blef en nostre dite partie des arages de [11] Germay, ensi comme il les ont tenus et eus paisiblement, tant [12] comme madame Aude, dame de Brotières, viverat; et après le [13] decet la dite madame Aude, c'est à savoir quant ses douaires [14] acherra et sera revenus à nostre compaignie, li dit douze sestier [15] de blef que il prenoient en ma dite partie des dis arages revenront [16] arriers en nostre dite compaingnie; ne je ne puis ne ne doi riens [17] demander aus dis religious des arrierages, ne li dit religious à [18] moi. Et ai ostroié et ostroi aus dis religious, por[b] cause de resti- [19] tution, que il puissent aquester en ma terre, en mes fiés et en mes [20] arrier fiés jusques à la summe de sexante soudées de terre, en [21] prés, en terres, en vignes, en rentes et en autres chozes quex [22] qu'elles soient, là où il les pouront meus aquester; et de ce lor [23] doing je plain pouoir et plaine auctoritei, et lor amortis et lor [24] conferme tout ensi comme eles soient jai aquestées. Et ostroi [25] encor et ai ostroié aus dis religious par concession faite entre les [26] vis, sans jamais à rapeler, que il por aus et por lor maisnies [27] louées et autres, quex qu'elles soient, demorans et servans en lor [28] maison de Germay c'on dit la Chièze, puessent moure et mou- [29] lossent, dès la Saint Luc qui vient en enlai, tous jours mais, toutes [30] celes fois qu'il lor plaira, au molin de l'estanc de Germay, et [31] quant il lor plaira au molin de Summe Tenance, en la manière [32] qu'il est contenu en la grant chartre de la compaignie. Et comme [33] li dit religious eussent aquestei au prevost de Ribaut Court une [34] grange et toutes les appendises d'icele, séant en la ville de Bures, [35] prez de la

[a] *Sic;* on retrouve ci-après (1. 35) *li quele* au sujet féminin.

[b] Ce mot ne se présente dans l'acte qu'avec une abréviation qui pourrait s'interpréter *pour* aussi bien que *por.*

l'ontaine et tenue par lonc temps, li quele estoit de mon [36] fié, je la dite grange et les appendises d'icele amortis et ai amorti [37] aus dis religious, et les en ai remis en possession et en saisine, et [38] vuel qu'il la taingnent paisiblement à tous jours mais, sans debat [39] de moi ne d'autrui. Et toutes ces chozes desur dites, ensi comme [40] elles sont desur divisées, ai je promis à tenir et à garder por moi [41] et por mes hoirs, et en oblige mes hoirs à garder et à faire garder, [42] sans venir jamais encontre. En tesmoingnage de veritei, et por ce [43] que ce soit ferme choze et estable à tous jours, ai je seelées ces [44] presentes leitres de mon grant seel, les quex furent faites et [45] données l'an de grace mil trois cens et dous, le samedi après la [46] Saint Jaque et la Saint Christofle, en mois de julet.

(Bibliothèque imp. coll. de Lorraine, vol. 397, pièce 15.)

Y. 1303, décembre.

[1] Je Jehans, sires de Joinvile, seneschauls de Champaingne, [2] fas savoir à tous que, com descors fust meus entre la prieuse et [3] le convent de l'eglise dou Val de One, d'une part, et Philippe de [4] One, escuier, et Heluy, sa femme, de autre part, seur ce que la [5] dite prieuse et li convenz desus diz requeroient havoir trante et [6] deus sextières de bleif, c'est à savoir quatre sextières de froment [7] et douze sextières de soigle et seze sextières de avoinne à la me- [8] sure de Joinvile, à penre, chaucun an à tous jours, en la partie [9] que mes sires Guiz de One, chevaliers, qui fu pères au dit Philippe, [10] havoit ou dismé de One; et seur ce que les dites dames reque- [11] roient havoir la partie que li diz mes sires Guiz havoit ou ter- [12] raige de One qui partoit à mon seingneur Aubert de One qui fu; [13] les queles chozes desus dites il empeschoit aus dites dames; acordé [14] fu par devant moy, seingneur de Joinvile desus dit, entre les par- [15] ties desus dites, en tele manière que li diz Philippes et Heluyz, sa [16] femme, mirent, par devant moi, les dites dames en paisible saisine [17] et possession des chozes desus dites, et recognurent que les dites [18] dames y havoient droit com en leur propre heritaige de l'église, [19] et quitèrent par devant moi li dit Philippes et Heluys, sa femme, [20] aus dites dames tout le droit et toute l'action que il havoient, [21] pooient et devoient havoir ès chozes dessus dites, tant en pro- [22] priété com en saisine. Ces convenences desus dites ont promis [23] lidit Philippes et Heluys, sa femme, pour eauls et pour leur [24] hoirs, sans aler de rien encontre, par leur foiz données corpo- [25] relment en ma

24.

main, et soub l'obligation de tous leur biens [26] moebles et non moebles, presens et à venir, où qu'il soient et puis- [27] sent estre trouvé, especialment de tout le fié que il tiennent de [28] moy, sauf ce que li diz Philippes et Heluys, sa femme, retiennent, [29] pour cauls et pour leur hoirs, ès chozes dessus dites, leur justice [30] grant et petite. Et m'ont requis lidit Philippes et Heluys, sa [31] femme, que se il aloient de rien encontre les chozes desus dites [32] en tout ne en partie, que je ou mi hoir leur faciens tenir, come [33] seingneur souverain. Et je, comme sires souverains, lo, con- [34] ferme et otroi les chozes desus dites pour moi et pour mes hoirs. [35] En tesmoinguaige de verité et pour ce que ces chozes soient [36] fermes et estables, je, à la requeste des desus diz Philippe et sa [37] femme, ai seellées ces lettres de mon seel, sauf mon droit et l'au- [38] trui. Ce fu fait en l'an de grace mil trois cenz et trois, ou mois [39] de decembre.

(Archives de l'Empire, S, 4607, n° 9.)

Z. 1306, 23 avril.

[1] Je Jehans, sires de Jeinville et seneschaus de Champaigne, fais [2] connoissent à tous que, com descors fust entre moi, seignor de [3] Jeinville, desus dit, d'une part, et l'abbey et le convent de l'eglise [4] d'Escurey, de l'ordre de Cystelz, d'autre part, sur plusors griez [5] dont li une partie se doloit de l'autre, especialment sor ce que [6] je, sires de Jeinville, desus diz, me tenoie agrevez des dis abbey [7] et convent de ce que il avoient achatez pors et mis en passon en [8] la forest de Moster aviec les pors de lour norrison, en temps de [9] passonnage, laquel chose je disoie que il ne pooient ne devoient [10] faire, et disoie que il ne devoient mettre en la dite passon fors [11] que les pors de lour norrison de l'abbaïe ; et li dit abbes et couvens [12] maintenoient au contraire ; et sor ce que li dit abbes et [13] convens me poursuioient de lonc temps d'une partie d'un mo- [14] lin seiant desouz la ville de Chevillon, que je lour avoie vendue, [15] lequel il disoient qu'il estoit decheuz et anientis par ce que, puis [16] la dite vendue, je avoie fait un molin à Chevillon, et i faisoie aler [17] mes hommes qui davant aloient molre à celui molin quant je lour [18] vendi ; et me requeroient que je lour garentisse le dit molin en [19] la valour que je lour avoie vendu ; et disoient eincore li dit abbes [20] et convens qu'à tort lour avoie ostéez et mises en mon demoinne [21] deus pièces de vignes séans en finaige de Chevillon, que ma dame [22] Amongars de Chevillon lour avoit aumonnées ; à la parfin, par [23] le

consoil de Dieu et de bonnes gens, pais et acorde est faite entre [24] nous des
descors desus dis en teil menière com il est ci après [25] contenu : que je, sires
de Jeinville, desus nommeiz, vueil et otroi [26] que li dit abbes et convens et
lour successor mettent et annoitent, [27] par lour commandemant, par toute la
forest de Moster sur Saut, [28] paisiblemant et franchemant, chascun an, à tous
jours, en la pais- [29] son de la dite forest cent pors dès la Saint Remi en avant,
à lour [30] volentei et telz com il lour plaira, soit de lour norrison soit d'a-
[31] chat, des quelz cent pors il pourront faire lour volentei sens en- [32] coison et
tous lour profiz ; et plus n'en porront mettre en la [33] dite passon de la dite
forest que les dis cent pors. Et est eincor [34] à savoir que, pour raison et pour
cause de puir eschange et de re- [35] compensacion des dites vignes et de la partie
dou molin desus [36] dite, les quelles li dit abbes et convens m'ont quittées,
et pour [37] cause d'un molin qu'il tenoient heritaublement en nom de lour
[38] eglise, seiant en la ville de Chevillon, prez de la maison qui fu [39] Clarin, le
quel molin et tout le droit que il i avoient li dit abbes [40] et convens m'ont
quittei et baillié à tenir à tous jours à moi [41] et à mes hoirs en heritaige,
je ai promis et promet pour moi et [42] pour mes hoirs à rendre et à paier ou
à faire paier aus dis [43] abbey et convent ou à lour commandemant, chascun
an, à tous [44] jours, en mes terraiges de Gourson et dou finaige, dix setière
[45] de bleif, moitié fromant, moitié aveinne, à la mesure de Jein- [46] ville, les
quelz je et mi hoir lour devons faire delivrer chascun [47] an à Gourson en
la grange où li terraige seront mis, dedans la [48] Chandelour au plus tart. Et
ai eincor ascenei, baillié et delivrei [49] au dis abbey et convent tout ce de
bois qui estoit dou finaige [50] de Mouster sor Saut, joingnant au propre bois
de la dite eglise [51] que on dit Gonsemars, ensi com il se pourestant jusques
an [52] bonnes que je i ai fait mettre par devers le plain, à tenir à tous [53] jours
des dis abbey et convent et de la dite eglise en heritaige [54] franchemant et
quittemant, en autel possession et en autel droit [55] com il tiennent et ont
tenu lour dit propre bois de Gonsemars, sens [56] riens retenir et sens tous
usaiges ou servaiges avoir en dit bois, [57] de moi ou de mes hoirs ou de mes
hommes, fors que la vainne [58] pasture à mes hommes, et fors la garde à moi
et à mes hoirs, ensi [59] com je et mi homme l'avons en bois de Gonsemars.
Et les dix [60] setière de bleif desus nomméez et le dit bois, les quelz je ai bail-
[61] liez au dis abbey et convent et à lour eglise pour cause et en nom [62] dou
dit eschange, ai je promis et obligiez moi et mes hoirs à [63] delivrer et à garentir à tous jours au dis abbey et convent et à [64] lour eglise. franchemant

et quittemant, ensi com il est desus con- [65] tenu, envers tous et contre tous qui empeschemant ou force lour [66] feroient ou pourroient faire en choses desus dites, pour quel cause [67] ou en quel menière que ce fust. Et pour ce que ce soit ferme [68] chose et estable à tous jours, sens jamais aler encontre de moi ou de [69] mes hoirs, je Jehans, sires de Jeinville, desus nommez, ai saellées [70] ces presentes lettres de mon seel, en tesmoingnaige de veritei des [71] choses desus dites, qui furent faites en l'an de grace mil trois cens [72] et six, en mois d'awril, le jour de la feste Saint Jorge.

(Archives de la Meuse, abbaye d'Écurey.)

AA. 1315, 8 juin.

[1] A son bon signour Loys, par la grace de Deu roy de France [2] et de Navarre, Jehans, sires de Joinville, ses senechaix de Cham- [3] paigne, salut et son servise apparilié.

[4] Chiers sire, il est bien voirs, ainsis commes mandey le m'avez, [5] que on disoit que vous estiés appaisiés as Flammans; et par ce, [6] sire, que nous cuidiens que voirs fust, nous n'aviens fait point [7] d'aparoyl pour aleir à vostre mandemant. Et de ce, sire, que vous [8] m'avez mandey que vous serez à Arras pour vous adrecier des [9] tors que li Flammainc vous font, il moy samble, sire, que [10] vous faites bien; et Dex vous en soit en aiide. Et de ce que vous [11] m'avez mandey que je et ma gent fussiens à Ochie à la moien- [12] netey dou moys de joing, sire, savoir vous faz ce que ce ne puet [13] estre bonnemant; quar vos lestres me vinrent le secont dim- [14] mange de joing, et vinrent huit jours devant la recepte de vos [15] lestres. Et plus tost que je pourray, ma gent seront apparilié[a] [16] pour aleir où il vous plaira.

[17] Sire, ne vous desplaise de ce que je, au premier parleir, ne [18] vous ai apelley que *bon signoar*, quar autremant ne l'ai je fait [19] à mes signours les autres roys qui ont estey devant vous, cuy [20] Dex absoyle! Nostre Sires soit garde de vous !

[21] Donney le secont dimmange dou moys de joing, que vostre [22] lestre me fu apourtée, l'an mil trois cens et quinze. — *Au dos,* [23] *pour adresse :* A son bien ammey signeur le roy de France et de [24] Navarre.

(Bibliothèque imp. ms. français 12764, p. 82.)

[a] Après *pourray*, on lit les mots *je et,* qui ont été rayés ; de même après *appa-* rilié, on avait écrit les mots *et nous apari- lons,* qui ont été aussi rayés.

VOCABULAIRE.

SUJET SINGULIER MASCULIN.

1. ARTICLE.

L', B 13, E *ter* 10, H 40, O 30, Q 18, R 5,
w 50, x 5.

Li, A 10, B 13, C 10, D 11, E 9, E *bis* 6,
E *ter* 2, E *quater* 7, F 10, G 6, H 31,
I 101, K 7, L 34, L *bis* 13, M 8, O 14,
P 16, Q 18, R 5, S 38, T 6, U 15, V 39,
W 22, X 5, Y 5.

* Li, P 3, *sujet employé, par erreur, au lieu
du régime.*

2. SUBSTANTIFS.

Abbes, C 14, E *bis* 7, E *ter* 1, E *quater* 7,
G 3, H 40, K 7, L 30, O 18, R 5, V 14,
X 5, Z 11.

Abbez, G 14.

Abes, B 13.

Arbitres, K 17.

Bans, w 138.

Blés, C 10, P 12.

Bourjois, P 4.

Celeriers, w 81.

Chapelains, G 4.

* Chevalier, O 8, 20, 24, 41, *fautes dans
une copie moderne.*

Chevaliers, B 9, C 3, D 3, E 5, F 3, H 10,
K 41, L 64, N 3, O 4, R 16, S 2, Y 9.

Chiés, S 8.

Clers, w 23.

Comandemens, C 14.

Commandemans, F 10, H 142, X 30.

Commandemenz, C 28.

Commendemens, w 27.

Conduiz, w 15.

Consoz, T 10.

Convans, O 18.

Convens, H 46, X 59, Z 26.

* Convent, L 53, *faute.*

Convenz, K 7, L 30, Y 5.

Coumandemanz, L 30, L 38, L *bis* 25.

Coumendemanz, L 44.

Couvanz, E *ter* 2.

Couvens, R 13, H 60, R 6, V 14, X 5,
Z 11.

Couvenz, L 37.

Covanz, E *quater* 7, L *bis* 14, M 12.

Covens, E *bis* 7.

Covenz, M 8.

Criz, w 123.

Cuireiz, H 9.

Cureis, H 16.

Cureiz, K 16.

Deffois, H 64.

Descors, E 2, V 3, X *bis* 2, Y 2, Z 2.

Dex, AA 10.

Diens, K 36.

Diex, T 5.

Doiens, w 81.

Dons, G 19.

Douaires, X *bis* 13.

Drois, H 138.

Droiz, G 6.

Escuiers, m 3, q 2.
˝ Feu, o 29, *faute dans une copie moderne.*
Fiez, f 16.
Fiz, p 4, q 3, u 16.
Fossez, l 7.
Fours, m 19.
Freires, r 19.
Frères, e *ter* 1, g 3, t 3.
Gardains, q 45.
Heritaiges, w 51.
Hom, s 7, w 88.
Lieus, v 39.
Maires, s 75.
Maistres, t 3.
Mariz, l *bis* 10.
Mesaiges, s 59.
Meuniers, l 45.
Miliaires, d 11, e 16, p 39, w 223.
Officiaus, e *bis* 22, e *quater* 23, l *bis* 22.
Os, w 122.
Paaquis, r 23.
Paiages, s 38.
Pères, e 5, y 9.
Plais, r 63.
Pleges, r 14.
Ploiges, w 170.
Pourpris, w 134.
Prevos, w 39.
˝ Prevos, p 4, *sujet employé, par erreur, au lieu du régime.*
Prevoz, w 60.
Prioleis, h 116.
Pris, e *ter* 17, w 46.
Randerres, w 170.
Rois, a 11, u 15.
Ruz, l 35.
Seaus, t 6.
Seés, e *quater* 35, l *bis* 39.
Senechaix, aa 2.
Senechas, e *bis* 1.
Senechaus, c 1, k 2, p 1, u 1, x *bis* 1.
Senechaux, e *ter* 3, g 1, i 1, w 211.

Senechauz, h 2, l 83, t 1.
Seneschauls, y 1.
Seneschaus, a 1, b 1, d 1, e 1, h 164, j 1, n 1, o 1, r 1, s 2, v 1, z 1.
Seneschaux, f 1, m 1, q 1.
Seneschauz, e *quater* 1, l 1, l *bis* 1, x 1.
Sire, b 2, f 2, k 35, u 11, aa 4.
Sires, a 1, b 1, c 1, d 1, e 1, e *bis* 1, e *ter* 2, e *quater* 1, f 1, g 1, h 2, i 1, j 1, k 2, l 1, m 1, n 1, o 1, p 1, q 1, r 1, s 2, t 1, u 1, v 1, w 1, x 1, x *bis* 1, y 1, z 1, aa 2.
Status, v 62.
Syres, l *bis* 10.
Trefonz, i 101.
Usages, v 61.
Vins, c 10.

3. NOMS D'HOMMES.

Ansés, p 3.
Aubers, b 2, f 3, k 35, n 3, x 64.
Gautiers, d 2, r 16, w 1.
Gehanz, l *bis* 34.
Gileberz, t 3.
Guerris, h 9, k 16.
Guillaumes, e 10, m 3, r 18.
Guios, r 19.
Guiz, y 9.
Hanris, e 4.
Haybers, k 40.
Hues, o 3, u 11.
Jaques, e *ter* 1, v 16.
Jehannés, r 6.
Jehans, a 1, b 1, c 1, d 1, e 1, e *bis* 1, f 1, h 2, j 1, m 1, n 1, o 1, p 1, q 1, r 1, s 1, u 1, v 1, w 211, x 1, x *bis* 1, y 1, z 1, aa 2.
Jehanz, e *ter* 2, e *quater* 1, g 1, i 1, k 1, l 1, t 1.
Joffrois, h 159.
Jofroiz, l 70.

Joiffroiz, G 3, I 122.
Maheus, C 2.
Mahons, X 64.
Miles, E *ter* 10, R 15.
Philippes, Y 15.
Rates, C 12.
Rogiers, B 3.
Thiebaus, C 11.
Thieris, H 10.

4. ADJECTIFS.

Antiers, T 7.
Chiers, AA 4.
Frans, V 39.
Meiens, K 17.
Quites, I 102.
Saus, G 7.
Seux, K 21.
Souverains, W 219, Y 33.

5. PRONOMS.

Acuns, E *bis* 21.
An (*pour on*), W 50.
Aucuns, H 102, L *bis* 20, W 103.
Auquons, E *quater* 22.
Autres, I 117, L *bis* 30, Q 18, V 9.
Ces (*pour ses*), R 19.
Chacuns, L 57.
Chascuns, S 7.
Chaucuns, W 14.
Cil, W 50.
Ciz, L 75.
Ge, C 1, L 3.
I, H 135.
Il, B 11, C 4, D 6. E *bis* 23, E *quater* 24,
   F 4, G 9, H 71, L 31, L *bis* 22, N 12,
   P 5, S 49, V 59, W 43, X 29, Y 13, Z 15.
J', A 2, B 16, M 21, O 49, Q 44, V 66,
   X 13.
Je, A 1, B 1, C 33, D 1, E 1, E *bis* 1, E *ter* 2,

E *quater* 1, F 1, G 1, H 1, I 1, J 1, K 7,
   L 1, L *bis* 33, M 1, N 1, O 1, P 1, Q 1,
   R 1, S 1, T 1, U 1, V 1, W 211, X 1,
   X *bis* 1, Y 1, Z 1, AA 1.
Ju, P 37.
Leur, L 37.
*Leurs, S 58, *faute contre l'orthographe*
   invariable de ce mot.
Liqués, P 12.
Liquex, F 5, U 11.
Lor, L 30, L *bis* 25.
Mes, B 2, C 2, D 2, E 4, E *ter* 10, F 3,
   H 9, K 16, L 53, L *bis* 9, O 3, R 15,
   T 9, U 10, W 201, Y 9.
Mis, A 10.
Nostre, G 2, W 27, AA 20.
Nostres, W 58.
Nuns, E *ter* 21, W 77, X 9.
Om, C 8, R 41, V 42.
On, E *ter* 36, G 8, H 53, L 36, P 3, S 15,
   T 10, V 53, W 125, X 43, Z 51, AA 5.
Que qui onques, L *bis* 22.
Qui, B 12, C 24, E 12, F 5, H 107, I 12,
   L 38, L *bis* 26, O 30, P 4, Q 2, R 21,
   S 41, U 14, V 4, W 94, X 44, Y 9.
Quiconques, W 197.
Qui que onques, E *quater* 23, 24.
Qui qui onques, E *bis* 23, F 12, H 140.
Ses, C 14, E 11, X 30, X *bis* 13, AA 2.
Teix, T 10.
Touz, E *ter* 2, I 102, K 21, T 7.
Uns, Q 18, W 39.

6. PARTICIPES PRÉSENTS.

Aidanz, A 9.
Demorans, V 16.

7. PARTICIPES PASSÉS.

Agrevez, Z 6.
Amez, G 3.

Anientis, z 15.

Apaieiz, E *ter* 9.

Apaisiés, v 23.

Appaisiés, x *bis* 8, AA 5.

Arrestez, w 104.

˙Creu, H 106, *faute.*

Decheuz, z 15.

Descombrés, v 39.

Dis, C 14, E 9, E *bis* 29, H 65, L 70, R 6.

˙Dis, H 46, 81, 175; o 8, 14, 23, 26; *sujet singulier, qu'il eût été plus régulier de mettre au pluriel.*

Diz, A 11, B 10, E *ter* 5, E *quater* 28, F 13, G 14, K 21, L *bis* 10, M 3, P 16, S 77, U 28, z 6.

˙Diz, E *ter* 17, 23, L 37, M 10, 14, 17, Y 28; *sujet singulier, qu'il eût été plus régulier de mettre au pluriel.*

Donez, P 12.

Esleuz, K 17.

Establiz, G 9.

Estaublis, C 3, P 3.

Fais, s 78.

Faiz, E *ter* 17, w 46.

Jurez, w 39.

Laissiez, P 12.

Meus, Y 2.

Meuz, E 2.

Mis, E *quater* 35, L *bis* 39.

Mors, U 15.

Nomeis, R 69.

Nommeiz, z 25.

Nommez, z 69.

Pris, H 35, w 104.

Provez, I 31.

Rescouz, x 44.

Revenus, x *bis* 14.

Tanciez, w 44.

Tenus, E *bis* 31, H 126.

Tenuz, E *quater* 30, G 9, P 5, w 110.

Tornez, L 35.

Venduz, w 53.

RÉGIME SINGULIER MASCULIN.

8. ARTICLE.

Au, A 5, E *ter* 5, E *quater* 3, H 13; I 5, J 6, K 45, L 3, L *bis* 1, M 5, O 20, P 6, Q 7, R 24, s 47, U 15, v 14, w 68, x 14, Y 9, z 12, AA 17.

Dor, E 5, 12, 14.

Dou, C 6, F 7, G 18, H 1, I 7, L 17, L *bis* 18, M 7, N 6, O 5, P 12, R 3, s 3, T 6, w 6, x 8, Y 3, z 44, AA 12.

Eu, E 7.

L', A 8, B 17, C 30, D 5, E 15, E *bis* 4, E *ter* 5, E *quater* 4, F 10, G 4, H 4, I 64, J 8, K 4, L 3, L *bis* 6, M 22, N 5, O 5, P 38, Q 45, R 3, s 28, T 3, U 3, v 4, w 3, x 34, x *bis* 3, Y 37, z 3, AA 22.

Le, B 11, C 8, D 6, H 15, I 43, K 4, L 4, L *bis* 15, M 12, N 6, R 7, s 5, T 10.

U 17, v 4, w 5, x 5, x *bis* 3, Y 3, z 3, AA 13.

Lo, A 11, E *bis* 25, Q 18.

Lou, A 7, E 6, E *ter* 19, E *quater* 26, F 11, H 4, I 14, J 7, L 6, O 16.

Nel, w 58.

On, J 19, K 13, O 12, Q 8, R 44.

Ou, C 8, E *bis* 38, E *ter* 7, E *quater* 6, F 5, G 25, H 63, I 36, J 10, L 6, L *bis* 12, M 22, P 40, s 41, T 45, U 4, w 25, Y 10.

9. SUBSTANTIFS.

Abbé, E *bis* 14, E *ter* 5, E *quater* 4, G 10, I 4, L 14, L *bis* 32, s 5.

Abbei, C 4, K 4, N 5, O 5, Q 6, R 3, x 12, x *bis* 3.

Abbey, H 4, v 4, z 3.
Abé, E *bis* 4, L 3, 33, L *bis* 11.
Abei, F 10.
Abonnement, R 9.
Achange, E *quater* 13.
Achat, L 13, w 67, z 30.
Achetour, w 148.
Acort, w 3.
Affoage, J 4.
Affouer, s 53.
Aingle, I 70.
Aisemant, H 85.
Alue, M 7.
Am, E *quater* 36.
Amcombrement, v 36.
Amenrissemant, x 7.
An, B 17, C 10, D 11, E 7, E *bis* 37, E *ter* 48,
    F 4, G 24, H 46, I 126, J 15, K 48,
    L 27, L *bis* 41, M 22, O 51, P 8, Q 45,
    R 72, s 8, T 44, U 3, v 67, w 14, x 33,
    x *bis* 45, Y 8, z 28, AA 22.
Andemain (L'), w 18.
Andemein (L'), J 16, L 86.
Anniversaire, U 24.
Anprunt, o 5.
Antredit, L *bis* 25.
Antrer, I 97.
Aparoyl, AA 7.
Apostoile, s 101.
Apostole, G 4.
Ardoir, J 9.
Ariéfié, L 63.
Aveschié, L 4.
Avril, T 45.
Awril, z 72.
Bail, w 197.
Ban, L 6, N 10, Q 19, w 183.
Banc, s 91, x 77.
Baron, E *bis* 2, E *quater* 2, L *bis* 1, s 107.
Bas, K 13.
Blef, C 9, E 6, F 7, P 31, x 63, x *bis* 5.
Bleif, M 5, P 10, Y 6, z 45.

Bois, H 62, I 104, J 5, L 6, R 41, z 49.
Boissé, F 7.
Boissel, I 70.
Cas, o 30.
Celerier, w 78.
Celier, v 50.
Chaine, H 109.
Champ, I 52, R 46, s 54.
Chane, J 7.
Chanp, J 6.
Charreton, w 101.
Charroi, H 32, w 85.
Charruaige, C 21, s 57.
Charuage, F 5.
Chastel, H 64, w 6.
Chatelein, L 65.
Chemin, R 40, s 47, v 18.
Cheval, w 114.
Chevalier, N 48, o 51, Q 3.
Chief, F 9, K 14, P 8, R 41, w 17.
Chiévaige, s 9.
Cimitière, G 18.
Clarc, L *bis* 5.
Clerc, E *quater* 18, I 68, w 21.
Clos, H 83.
Colemier, I 96.
Commandemant, P 22, x 34, z 43.
Commandement, s 79, z 27.
Commendement, w 33.
Confermement, E *bis* 33.
Consail, x *bis* 7.
Conseil, H 6, R 7, s 20.
Consentement, H 25.
Consoil, K 6, T 9, v 23, z 23.
Conte, A 4, s 45.
Contraire, L 13, z 12.
Contresaeel, U 5.
Contresael, w 146.
Convant, L 80, P 22.
Convent, H 4, K 4, L 42, o 23, P 6, Q 13,
    R 3, v 18, x 12, x *bis* 3, Y 3, z 3.
Cors, G 18, H 81, w 10.

Fromant, F 8, L 62, M 5, P 11, X 63, z 45.

Froment, Y 6.

Fronment, C 19.

Froument, E 6.

Fuer, R 22, X 31.

Gaige, C 4, w 98.

Geins, X 40, 42.

Giste, H 45.

Gite, J 14.

Gré, I 7, L bis 38.

Grei, R 22.

Haubert, w 114.

Haut, K 12.

Heritage, E quater 15, L bis 13.

Heritaige, E bis 16, w 50, Y 18, z 41.

Home, E 4, I 4, K 8, L 33.

Homme, H 34.

Honmage, B 5.

Host, w 112.

Hostel, v 15.

Hourdement, H 53.

Issir, I 100.

Isuaire, J 12.

Jainvier, E ter 49.

Janvier, Q 46, U 27.

Jardin, I 98.

Jardrin, L 7.

Jenvier, E bis 38.

Joing, AA 12.

Jor, A 15, K 48, L 10.

Journel, I 12.

Jour, H 13, o 20, P 26, s 24, v 26, w 17, X 20, z 72.

Jouyen, M 23.

Jugement, N 29, w 34.

Juing, E 16.

Julet, X bis 46.

Jullet, H 151, s 110.

Lais, C 8.

Lait, N 9.

Lei, Q 17.

Leu, E bis 24, E ter 2, H 105, I 5, J 11, L 22, N 8, Q 7, U 12, w 60, X 29.

Lieu, v 21.

Lit, w 125.

Lois, L bis 19.

Lonc, Q 17.

Los, B 12, L 66.

Lou, E quater 25, L bis 24.

Lous, D 7, F 13, M 19, N 13, P 12.

Loux, E ter 45.

Mai, A 16, N 50, o 52, X 81.

Maieur, s 59.

Mairrien, s 55.

Mairz, L bis 42.

Maitre, K 9.

Mandemant, AA 7.

Marchié, N 37.

Mardi, v 68.

Mari, L bis 18, N 14.

Mariage, A 6.

Marrenier, H 62.

Marrien, H 104, L 15.

Mars, B 18, F 17.

Marz, E quater 38, J 24.

Meffait, w 107.

Meis, I 108.

Meix, X 14.

Menovrier, w 165.

Mès, L 7.

Mesfait, A 13.

Messaige, w 156.

Mestier, H 113, L 41, w 25.

Metal, G 17.

Minage, P 12.

Mois, B 18, C 35, E 16, E ter 49, E quater 38, F 17, G 25, H 151, I 127, J 23, L 86, L bis 42, M 22, N 50, o 52, P 40, R 73, s 110, T 45, U 4, w 225, X 81, X bis 46, Y 38, z 72.

Moiz, E bis 38, Q 46.

Molin, D 6, I 91, L 9, X bis 31, z 13.

Moulin, C 8.

10. NOMS D'HOMMES.

André, 1 9.
Andrieu, k 9.
Ansel, l 67, p 13.
Arnol, l 66.
Aubert, f 15, n 31, q 3, x 71, y 12.
Aubri, i 12.
Baptiste, k 46.
Becasse, n 12.
Berout, i 43.
Bertrant, x 14.
Bignot, x 14.
Boissel, i 70.
Bouchu, b 12.
Brancion, v 11, x 70.
Chobert, q 15.
Christofle, x *bis* 46.
Clarin, z 39.
Crestien, i 15.
Crist, a 15.
Droet, i 68.
Formerel, i 30.
Gatier, e *bis* 2.
Gautier, e *quater* 2, l *bis* 2, w 214.
Girbout, i 63.
Guillaume, e 3, m 9.
Hanri, i 75.
Hanrion, i 16.
Hanrri, k 8.
Heinmonel, i 69.
Hourriet, i 48.
Huon, o 51, u 17.
Issambart, i 31.
Jacot, e *quater* 18, l *bis* 4.
Jahanneit, f 13.
Jaique, q 6.
Jaque, x *bis* 46.
Jeham, e *quater* 2.
Jehan, b 11, e *bis* 2, e *ter* 27, h 18,
   i 123, k 46, l 78, l *bis* 1, q 43,
   s 3.
Jehanneit, f 15.
Jehannet, r 4.

Jehennet, r 65.
Jhesu, a 15.
Joffroi, h 73.
Joffroy, w 4.
Jofroi, l 68.
Jorge, z 72.
Lorant, h 175.
Loranz, k 36.
Lorent, h 163.
Loys, aa 1.
Luc, l 87, x *bis* 29.
Mabeu, c 12.
Mahon, x 71.
Martin, j 17, n 12, w 38.
Nicholais, d 12.
Odoin, p 4.
Odon, p 9.
Parisat, q 18.
Perrin, i 108.
Philippe, y 3.
Pierre, i 111.
Raou, h 72.
Raulet, v 42.
Regnaut, i 4.
Remei, k 13.
Remey, w 17.
Remi, f 9, k 20, p 8, z 29.
Thebaut, a 3.
Thiebaut, i 107.
Thierri, n 14.
Vichart, i 64.
Wandart, i 40.
Wiart, i 47.
Woieul, i 84.

11. ADJECTIFS.

Anterin, o 38.
Antier, l 44.
Aponné, l *bis* 38.
Bannaul, x 4.
Bateis, h 76.

Batteis, H 96.
Boen, D 3.
Bon, AA 1.
Canonel, Q 32.
Chier, A 3, W 212.
Civilien, Q 33.
Contraire, W 188.
Demei, C 19.
Demi, F 7, I 13, L 62.
Dimi, U 19.
Droit, L 35, N 37.
Faus, W 176.
Feu, Q 3.
Franc, I 95.
Graille, H 112.
Grant, H 62, U 5, X bis 44.
Gros, H 112.
Lige, A 5.
Lonc, G 22, X bis 4, Z 13.
Mauvais, W 187.
Mueble, W 89.
Noble, E quater 2, L bis 1.
Nouble, E bis 2.
Permenable, E bis 34.
Petit, F 7, I 77.
Plain, O 22, P 35, Q 26, X bis 23.
Plein, L 5, O 9.
Premier, A 15, H 141, W 4, AA 17
Presant, P 29.
Present, H 35, N 29.
Propre, S 109, Y 18, Z 50.
Puir, Z 34.
Raignable, W 86.
Religieux, K 8
Religiex, I 4.
Sage, K 8.
Saige, I 4.
Sain, F 6.
Saint, B 6, C 4, E ter 10, F 9, G 8, H 1,
   I 111, K 4, M 5, N 6, P 5, Q 6, R 3,
   S 5, U 22, W 17, X bis 3, Z 29.
Sau, L 40.

Sauf, J 7, L 81, N 49, P 38, X 80.
Secont, AA 13.
Sein, L 87.
Seint, D 12, E 3, J 3, O 5.
Tart, Z 48.

12. PRONOMS.

Atrui, E bis 19.
Aucun, S 85, V 34, W 34, X 19.
Auteil, H 127.
Autel, Z 53.
Autre, E ter 24, H 105, J 8, N 24, O 30,
   P 7, W 71, X 36.
Autreteil, O 28.
Autrui, A 6, E quater 20, L 40, L bis 8,
   N 30, O 36, P 25, Q 38, R 56, V 46,
   W 139, X 80, X bis 39, Y 37.
C' (pour qu'), P 3, R 41.
Ce, E ter 2, H 44, I 5, V 21.
Cel, N 8, Q 7, U 12.
Celi, L 51.
Celu, L bis 26.
Celui, C 24, R 21, W 57, 149, X 48, Z 17.
Cest, E bis 13, E quater 13, H 157, J 12,
   N 29, O 44, Q 35, R 56, S 67, U 28,
   V 44, W 71, X 20.
Cestui, S 24.
Chacun, J 17, L 26.
Chascun, C 10, P 8, S 8, U 20, X 33,
   Z 28.
Chaucun, F 4, W 13, Y 8.
Chauqu', W 21.
Chiescun, E 7.
Cui, T 5, W 51.
Douquel, J 14.
L', W 55, X 4.
Le, S 59, W 21.
Lequel, C 22, Z 15.
Leur, E ter 12, K 44, Y 18.
Li, A 5, C 17, E bis 24, E ter 34, F 5, L 70,
   P 29, T 5, W 110.

Lo, A 12.

Lor, J 4, s 9.

Lou, L 34.

Lour, H 77, I 99, P 7, s 63, v 50, w 102, x 6, z 8.

Lu, L *bis* 26.

Lui, A 6, E *ter* 30, H 107, N 21, P 20, w 130.

M', A 5, E *ter* 16, G 4, L *bis* 34, R 22, T 4, v 6, w 216, Y 30, z 40, AA 4.

Me, E *ter* 9, J 15, L *bis* 34, T 5, v 14, x 5, x *bis* 8, z 6, AA 13.

Meesmes, H 75.

Meigme, U 12.

Meimes, E *ter* 2.

Meisme, Q 7.

Meismes, H 44.

Mesimes, L 51.

Mien, E *bis* 34, E *ter* 46, L *bis* 18, x 9.

Moi, E 9, F 4, G 20, K 3, L 34, M 4, N 4, P 5, Q 5, R 2, T 8, U 22, v 3, x 19, x *bis* 2, z 2.

Mon, A 2, B 11, C 12, D 7, E 4, E *bis* 19, E *ter* 20, E *quater* 30, F 15, I 31, J 5, K 47, L 24, L *bis* 13, M 18, N 47, o 50, P 37, Q 3, R 12, s 3, T 5, U 5, v 15, w 3, x 8, x *bis* 35, Y 12, z 15.

Moy, L *bis* 8, w 226, Y 14, AA 9.

Nel (*pour ne le*), w 58.

Nostre, A 14, D 5, E *bis* 38, E *ter* 45, E *quater* 37, G 4, H 155, I 7, K 2, L *bis* 38, s 3, U 3, v 67, w 3.

Nul, H 32, L 33, o 43, P 26, s 23, v 37, w 165.

Qu', D 6, w 143, z 37.

Que, A 11, C 7, D 11, E *ter* 19, L 66, M 8, N 24, R 51, s 43, v 26, w 138, x 13, Y 27, z 37, AA 21.

Queilque, N 12.

Quel que, w 157.

Quéque, E *bis* 24, E *quater* 25, L *bis* 24.

S', H 139.

Se, H 72, R 6, s 49, z 51.

Soi, A 11.

Som, C 21.

Son, B 12, D 3, F 5, H 117, L 35, M 7, N 14, s 79, w 125, x 34, AA 1.

Tel, I 113, K 29, s 66, w 177, x 31.

Tot, A 11.

Tout, E *ter* 45, H 169, J 8, L 24, N 11, o 11, Q 7, w 43, x 14, Y 20.

Un, C 11, D 11, E *ter* 23, I 12, L 44, w 20, x 3, z 13.

Vostre, AA 7.

13. PARTICIPES PRÉSENTS.

Ansigant, w 18.

Contrestant, w 188.

Corant, U 3.

Joignant, z 50.

Meffaisant, x 45.

Menant, x 39.

Portant, x 40.

Ramenant, x 40.

Raportant, x 40.

Seant, M 15.

Seiant, z 38.

Souffisant, w 157.

Vaillant, w 141.

14. PARTICIPES PASSÉS.

Abonnei, R 51.

Achetei, w 57.

Amandé, A 12.

Amei, w 214.

Ammey, AA 23.

Anvoé, E *quater* 19, L *bis* 5.

Apelley, AA 18.

Apparilié, AA 3.

Baillié, z 40.

Dist, L *bis* 15.

Dit, A 8, C 6, E 5, E *bis* 2, E *ter* 27,

E *quater* 2, F 11, G 10, H 60, I 7, J 15,
K 16, L 39, L *bis* 39, M 15, N 21, P 13,
Q 36, R 26, S 3, U 16, Y 9, Z 3.

'Dit, L 33, 47, M 9, N 34; *régime singulier, qu'il eût été plus régulier de mettre au
pluriel.*

Doné, D 4.

Donnei, X 12.

Envestu, N 22.

Eu, I 7, J 13, X 9.

Fait, O 22, R 22, X 3, Z 16.

Forsmenei, X 42.

Juré, L *bis* 5.

Jurey, W 21.

Jurié, E *quater* 19.

Levet, S 47.

Mis, B 16, C 33, E 15, E *bis* 30, E *ter* 46,

E *quater* 30, J 22, L. *bis* 35, N 47, O 40,
Q 44, W 218.

Nomei, J 11.

Nommé, S 23.

Otrié, J 3.

Paiet, S 10.

Pressei, X 38.

Prisié, I 18.

Prissei, I 15.

Prissié, I 13.

Quittei, Z 40.

Rachetei, W 55.

Receu, L 5.

'Saelée, U 28, *faute, au lieu du masculin.*

Tenu, X 4, Z 55.

Veu, H 107.

SUJET PLURIEL MASCULIN.

15. ARTICLE.

Li, E *ter* 19, H 13, K 10, L 7, M 10, N 15,
O 8, Q 24, R 20, S 7, V 14, W 19, X 17,
X *bis* 9, Y 15, Z 11, AA 9.

16. SUBSTANTIFS.

Angnel, L 26.

Arbitre, H 10, K 11.

Arpant, L 51.

Chevalier, B 4.

Chien, H 44.

Cors, H 122.

Denier, W 87.

Descort, S 4.

Devancier, S 11.

Eschevin, W 30.

Fi, L 79.

Fil, H 159, I 123.

Flammainc, AA 9.

Forestier, H 100.

Four, H 97.

Gaige, W 172.

Habitant, S 14.

Heritaige, I 109.

Hoir, E *bis* 9 et 20, E *quater* 9 et 21, H 33,
I 118, L *bis* 8, O 33, P 6, V 84, W 11,
X 19, Y 34, Z 41.

Home, J 18, L 55, W 62.

Homme, Z 59.

Honme, H 46.

Hoste, W 129.

Houme, H 58.

'Jours, AA 14, *faute, ou peut-être féminin
pluriel.*

Molin, H 86.

Oir, H 31.

Or, L 34.

Pescheour, W 129.

Plege, K 38, R 22.

Ploige, K 34.

Pressour, X 53.

Preudome, E *ter* 19.

Prevost, **h** 156.
Pris, **e** *ter* 34.
Privilege, **k** 26.
Prodome, **w** 19.
Proudome, **e** *ter* 32.
Randeor, **k** 34.
Religieus, **s** 7.
Religious, **x** *bis* 9.
Remason, **h** 110, 112.
Seignor, **b** 4, **l** 43.
˙ Seignors, **l** 73, *faute.*
Seignour, **h** 156.
Seingneur, **y** 33.
Sergent, **h** 36, **x** 43.
Serjant, **s** 11.
Sestier, **x** *bis* 14.
Setier, **x** 69.
Signor, **e** *bis* 9, **x** 26.
Signour, **x** 56.
Sinor, **e** *quater* 9.
Successor, **z** 26.
Terraige, **m** 11, **z** 47.
Usage, **k** 28.
Vantaul, **h** 86.
Veneour, **h** 44.

17. ADJECTIFS.

Bannaul, **x** 54.
Menu, **w** 129.
Profitable, **w** 30.
Quite, **w** 81.
Souverain, **y** 33.

18. PRONOMS.

Aucun, **w** 30.
Autre, **e** *ter* 10, **o** 35.
Cil, **h** 76, **l** 42, **r** 54, **s** 16, **w** 24,
   x 10.
Cist, **i** 109, **k** 42, **x** 69.
J, **h** 101.

Il, **b** 6, **e** *bis* 10, **e** *ter* 12, **e** *quater* 10.
   h 6, **i** 110, **j** 8, **k** 5, **l** 12, **l** *bis* 25.
   m 4, **n** 4, **o** 4, **q** 5, **r** 11, **s** 32, **u** 21,
   v 6, **w** 23, **x** 7, **x** *bis* 4, **y** 20, **z** 7.
Liquel, **s** 6, **w** 22.
˙ Liquex, **u** 13, *faute.*
Lour, **o** 35, **s** 11, **w** 190, **z** 26.
Mi, **e** *bis* 20, **e** *quater* 21, **i** 123, **l** 34,
   l *bis* 8, **v** 24, **x** 21, **y** 32, **z** 46.
No, **s** 11.
Nos, **e** *bis* 4, **e** *ter* 1, **e** *quater* 4, **h** 149,
   k 10, **l** *bis* 11 et 21, **x** 23.
Nostre, **e** *bis* 9, **e** *quater* 9, **i** 118, **s** 19,
   w 11, **x** 43.
Nous, **h** 5, 7 et 8, **i** 3, **s** 4, **w** 1,
   aa 6.
Nouz, **h** 12.
Pluseur, **s** 4.
Que, **e** *bis* 32, **h** 113.
Qui, **a** 2, **b** 2, **c** 2, **d** 2, **e** *bis* 3, **e** *ter* 3,
   e *quater* 3, **f** 2, **g** 2, **h** 45, **i** 2, **j** 2,
   k 1, **l** 2, **l** *bis* 3, **m** 2, **n** 2, **o** 2, **p** 2,
   s 1, **t** 2, **u** 2, **v** 2, **w** 8, **x** 2, **z** 17,
   aa 19.
Si, **p** 5.
Sui, **h** 31 et 33, **o** 33, **w** 51.
Tel, **s** 6.
Tuit, **e** *ter* 34, **i** 109, **k** 3, **w** 32.
Tut, **j** 18.
Un, **h** 13.
˙ Uns, **h** 157, **w** 64, *fautes.*
Vous, **aa** 5.

19. PARTICIPES PRÉSENTS.

Demorant, **j** 3, **w** 180.
Descordant, **k** 19.

20. PARTICIPES PASSÉS.

Acordé, **e** *ter* 4, **s** 21.
Alei, **w** 129.

Apaié, N 16.
Apaiei, I 8.
* Apaiés, O 8, *faute.*
Apaturé, L 28.
Apparilié, AA 15.
Armei, W 90.
Aumonsnei, X 11.
Creu, H 102. .
Deceu, N 36.
Devestu, N 20.
Devisei, H 94.
Devissé, I 110.
Dit, E *bis* 12, E *quater* 11, H 14, K 11,
   L 30, M 11, N 15, O 9, Q 24, R 21,
   S 7, V 14, W 23, X 17, X *bis* 9, Y 19,
   Z 11.
Donnei, X 10.
Escrit, I 110.
Esleu, H 10, W 25.
Establi, B 4, M 3, N 3.

Estaubli, O 3, Q 4.
Fait, H 78.
Jurei, W 40.
Jurey, W 30.
Mis, Z 47.
Nomé, I 110, J 18, L 79.
Nomei, L 84.
Nommei, H 165.
Nommey, H 11.
Obligié, M 14, R 70.
Paié, W 49.
Perdu, W 172.
Pris, J 10, S 17.
Requis, W 93.
Revenu, W 55.
Tenu, I 117, L 57, O 32, Q 25, U 21,
   W 13, X 44.
Terminé, E *ter* 35.
Trouvé, Y 27.

RÉGIME PLURIEL MASCULIN.

21. ARTICLE.

As, I 90, J 3, L *bis* 32, P 32, R 53, S 25,
   AA 5.
* Au (*pour* aus), D 5, G 13, L 13 et 52,
   P 22, U 12, V 23, W 35, X 12, Z 49 et
   61, *fautes.*
·Aus, H 146, I 120, P 29, Q 5, T 3, X 41,
   X *bis* 8, Z 42.
Aux, W 64.
Des, C 17, H 55, K 43, L 20, N 48, O 11,
   Q 26, R 10, S 22, U 13, W 22, X 7,
   X *bis* 10, Y 36, Z 6, AA 8.
Ens, X *bis* 5.
Enz, H 33.
Es, H 78, I 20, L 56, S 18.
Les, E *ter* 13, G 21, H 12, I 8, L 17,
   L *bis* 40, M 12, N 41, U 23, V 6, W 44,
   X 60, X *bis* 10, Z 8, AA 19.

22. SUBSTANTIFS.

Abbeis, H 158.
Abonnemens, V 8.
Ancesors, L 48.
Ancessors, D 7, U 18.
Ancessours, X 12.
Anfans, H 133.
Anfanz, I 9.
Ans, B 18, C 35, E 16, H 151, L 86, M 22,
   N 50, O 52, Q 46, R 73, U 27, W 135,
   X 5.
Anz, E *ter* 49, G 25, I 126, K 45.
Arages, X *bis* 5.
Arbitres, K 43.
Arbritres, H 174.
Arpans, L 56.
Arpanz, L 48.
Arrierages, X *bis* 17.

Arrier-fiés, x *bis* 1.

Articles, H 129, x *bis* 7.

Biens, H 132, P 33, s 97, w 48, Y 25.

Bleis, Q 9.

Blez, L 27.

Bois, B 8, L 17, o 13, s 16, v 8.

Boix, Q 15.

Bourjois, w 199.

Chans, w 48.

Chatés, s 12.

Chemins, v 8.

Chevaux, w 101.

Chiens, J 15.

Chiévaiges, s 22.

Commandemans, H 146.

Coulz, w 102.

Couz, w 161.

Cuissins, w 125.

Damaiges, s 31.

Deffois, H 101.

Deniers, c 6, H 44, I 7, L 70, N 15, o 6, Q 26, s 8, w 16.

Descors, H 12, R 10, s 20, z 24.

Despens, w 110.

Devantiers, L 50.

Dons, P 15, U 10.

Dras, w 125.

Drois, P 28.

Droiz, G 21.

Edefices, H 82.

Edifices, v 57.

Eschevins, w 20.

Essars, H 78.

Fagos, s 63.

Faucillours, w 166.

Fieiz, E *quater* 7.

Fiés, x *bis* 19.

Fiez, E *ter* 8, w 121.

Finages, N 7, R 4.

Fiz, L 78.

Folons, H 118, L 42.

Forestiers, H 148.

Fourestiers, H 155.

Fourfais, v 8.

Fours, H 83, o 13.

Freres, D 5, U 12.

Frontés, I 44.

Frontex, I 57.

Gaiges, o 10, w 171.

Geins, x 27.

Griés, v 6.

Griez, z 4.

Heritages, v 27.

Heritaiges, I 8, Q 21, w 15.

Hoirs, B 6, E *bis* 21, E *ter* 30, E *quater* 22, H 45, M 10, N 23, P 20, Q 28, R 66, s 80, v 46, w 8, x 19, x *bis* 41, Y 24, z 41.

Homes, J 3, o 12, Q 5, w 10.

Hommes, B 8, c 17, N 5, s 18, x 4, z 17.

Hors, L *bis* 20.

Hostes, w 128.

Houmes, H 33.

Hus, L *bis* 15.

Joirs, Q 23.

Jornés, I 16, L 8.

Jors, E *bis* 10, E *quater* 10, F 4, J 12, L 83, P 23, U 20, w 54.

Jour, I 11, *faute.*

Journées, I 39.

Jours, H 9, N 5, P 8, U 10, v 57, w 8, x 18, x *bis* 43, Y 8, z 28.

Jourz, E *ter* 6, G 16, I 3, M 7.

Lais, P 16.

Leus, H 92, R 11.

Leux, I 106.

Marriens, H 113.

Meubles, s 12.

Moines, I 86.

Molins, H 84, o 13.

Muis, c 11.

Murs, w 100.

Ors, L 80.

23. NOMS DE PEUPLES.

24. ADJECTIFS.

Forz, E *ter* 9, I 6, L 5.
Gentis, w 35.
Moebles, Y 26.
Muebles, w 48.
Nommuebles, w 48.
Petiz, w 15.
Premiers, L 70.
Presens, w 3, Y 26.
Prevenisiens, N 14.
Propes, L 52.
Propres, L 56, s 104.
Provenisiens, I 6, L 5.
Provenissiens, E *ter* 9.
Provinisiens, o 6.
Pruvenisiens, c 5.
Religieus, s 5.
Religious, N 5.
Sains, H 155.
Sainz, K 23.
Saus, G 21, V 27.
Souverains, w 186.
Vis, x *bis* 26.

25. PRONOMS.

Alx, B 5.
Auqués, L 38.
Aus, H 47, L 15, M 14, o 35, R 8, x *bis* 26.
Autres, E *ter* 36, H 14, L 56, R 10, s 32, w 64, x 40, x *bis* 7, AA 19.
Aux, Q 38, w 14.
Auxqueix, w 185.
Celx, B 2, c 2.
Celz, T 2, w 8, x 2.
Ces, H 118, I 22, L 54, P 15, s 68, w 151.
Ces (*pour* ses), P 20.
Cés (*pour* cex), E *quater* 3, K 1, L *bis* 3, U 2.
Ceus, E *bis* 3, L 2, o 2.
Ceux, E *ter* 3, G 2, I 2.
Cex, A 2, E *ter* 11, F 2, M 2, V 2.

Ciaus, J 2, s 1.
Ciax, N 2.
Cui, Q 11, AA 19.
Desquelz, v 28, z 31.
Desqués, N 15.
Desquex, E *ter* 9, I 6, L 5, Q 17.
Eauls, Y 23.
Iaus, s 26.
Les, H 101, K 44, Q 11, s 15, U 31, V 9, w 26, x 30, x *bis* 11.
Lesqueis, c 5.
Lesquels, v 19.
Lesquelz, v 16, z 46.
Lesqués, L 70, s 36.
Leur (*pers.*), E *ter* 13, L 55, s 8, Y 32.
Leur (*poss.*), K 32, Y 23.
Loir (*poss.*), Q 31.
Lor (*pers.*), J 12, L 19, N 18, Q 35, R 71, x 48, x *bis* 22.
Lor (*poss.*), B 6, M 10, N 23, Q 21, R 10, w 8.
Lour (*pers.*), E *ter* 14, H 79, N 22, o 43, Q 28, T 11, V 7, w 113, X 10, z 14.
Lour (*poss.*), H 90, N 42, Q 29, v 48, w 15, x 27, z 32.
Mes, E *bis* 21, E *ter* 21, E *quater* 22, G 20, J 14, L 42, L *bis* 20, U 18, v 46, x 4, x *bis* 19, Y 34, z 17, AA 19.
Miens, U 23.
Nos (*pers.*), E *bis* 22, E *ter* 33, E *quater* 23, I 7, K 11, L *bis* 22.
Nos (*poss.*), E *quater* 6, H 149, I 125, L 85, L *bis* 9, s 33, x 25.
Nostres, L *bis* 40.
Nous (*pers.*), E *ter* 5, H 4, I 102, s 5, w 14, x 22, z 24.
Nous (*poss.*), L 79.
Noz (*poss.*), w 10.
Nus, H 55.
Plusors, z 4.
Plusours, v 6.
Qu', w 182, x 7.

Que, c 18, h 13, r 21, s 15, u 14, v 6,
x 23, x *bis* 15, y 19, aa 9.
S', h 22.
Saus (*pour* ciaus), d 2.
Se, h 22, j 19, k 15, m 13, n 16, o 8,
q 25, r 6, w 68.
Ses, d 7, e *ter* 30, g 7, h 45, i 9, w 110,
x 64.
Telz, x 29, z 30.
Tex, u 10.
Toiz, e *quater* 3, l *bis* 3.
Toulz, w 2.
Tous, e 2, o 7, r 2, s 1, w 18, x *bis* 2,
y 2, z 2.
Touz, b 2, c 2, e *ter* 3, f 2, g 2, h 3, i 2,
k 1, l 2, l *bis* 15, m 2, n 2, p 2, q 2,
t 2, u 2, v 2, x 2.
Toz, a 2, d 2, e *bis* 3, e *quater* 31, j 2,
l *bis* 13.
Vous, aa 8.

26. PARTICIPES PRÉSENTS.

Appartenans, s 65.
Demorans, x *bis* 27.
Demourans, s 25.
Meffaisans, x 60.
Servans, x *bis* 27.

27. PARTICIPES PASSÉS.

Achatez, z 7.
Amonetés, v 9.
Amortiz, x 62.
Armez, w 115.
Asis, l 68.
Assenés, s 36.
Bailliez, z 60.
Croisiés, o 45.
Dis, e *bis* 14, h 85, r 11, u 15, v 6,
x *bis* 8.
Diz, e *ter* 6, e *quater* 14, k 38, l 14,

l *bis* 32, m 12, n 28, o 11, p 16, q 13,
s 18, w 44, x 12, y 36, z 6.
Diz, l *bis* 31, *masculin rapproché d'un
féminin, mais se rapportant aussi à un
masculin.*
Donnés, s 100.
Empetrez, n 38.
Escumenieiz, e *quater* 25.
Escuminiez, l *bis* 23-24.
Esleuz, w 26.
Esquemeniés, e *bis* 24.
* Eues, v 31, *faute.*
Eus, x *bis* 11.
Euz, x 8.
Jureis, h 103.
Jurez, w 22.
Maintenuz, x 52.
Mis, h 173, k 8, w 209, z 7.
Només, d 10.
Nomez, e *ter* 31.
Nommés, s 68.
Obligiez, z 62.
Ottroiés, o 45.
Outroiez, x 62.
Paiez, q 25.
Pris, s 12, x *bis* 4.
Prisiez, i 29.
Prissieiz, i 32.
Prissiez, i 12.
Promis, z 62.
Quitez, i 113.
Remis, x *bis* 37.
Sousmis, h 166.
Tenus, v 32, x *bis* 11.
Tenuz, x 8.

28. PARTICIPES PASSIFS À SENS DE GÉRONDIF.

Contans, o 6, q 27, w 49.
Contanz, c 6, i 7.
Paians, w 181.

SUJET SINGULIER FÉMININ.

29. ARTICLE.

L', H 20, R 64.
La, E 13, E *bis* 16, E *quater* 15, G 16,
  J 7, K 46, L 59, L *bis* 37, N 17, R 13,
  U 7, V 42, W 71, X 70, Y 4.
Li, K 5, R 52, X *bis* 6, Z 5.

30. SUBSTANTIFS.

Acorde, z 23.
Amende, s 86.
Aumone, D 7.
Beste, w 137.
Chapèle, G 15.
Charrière, v 39.
Chartre, w 188, x *bis* 6.
Chevauchie, w 122.
Chose, B 12, C 33, E *bis* 16, E *ter* 44,
  E *quater* 16, F 14, I 124, L *bis* 37, O 49,
  v 62, w 50, z 68.
Chouse, E 14, U 25.
Choze, x *bis* 43.
Compaigne, w 195.
Dame, H 3, O 4, W 2, X *bis* 12, Z 21.
Damme*, N 3.
Damoisele, Q 3.
Deime, C 13.
Descorde, H 3, K 3.
Escorde, E 8.
Esglise, L 59.
Fame, E *bis* 2, I 2, L 78, Q 4.
Fanme, E *quater* 2.
Feme, L *bis* 1, M 4, O 4, S 3, W 2,
  X 70.
Femme, N 4, O 8, Y 16.
File, E *quater* 2.
Fille, L *bis* 2, N 12.
Garde, AA 20.

Gent, s 30, AA 11.
Iglise, H 108.
Jurée, L 72.
Justice, R 32.
Lestre, AA 22.
Lettre, O 21, X 70.
Moitiés, R 51.
Pais, E 8, R 8, Z 23.
Partie, H 20, K 5, R 13, w 34, z 5.
Presentacions, G 19.
Prieuse, Y 5.
Querelle, L 49.
Somme, w 142.
Teners, U 7.
Tenours, T 12.
Vanduee, L 10.
Voie, H 67, J 7, R 27, 28.

31. NOMS DE FEMMES.

Aalis, E *quater* 2.
Aalix, E *bis* 33, N 3.
Adeline, M 4.
Aelis, E *quater* 15, L *bis* 1, S 3.
Alix, E *bis* 2
Aliz, L 84.
Amongars, z 22.
Aude, I 108, X *bis* 12.
Audete, x 68, 70.
Heluys, Y 19.
Heluyz, Y 15.
Ysabiaus, O 4, w 1.

32. ADJECTIFS.

Delivre, v 57.
Estable, B 15, E *ter* 44, I 124, J 22, O 49,
  P 27, w 207, x *bis* 43, z 68.
Estauble, C 33, Q 43, U 25.

Fermé, B 15, C 33, E 14, E *ter* 44, F 14,
 I 124, J 21, O 49, P 36, Q 43, U 25,
 W 307, X *bis* 43, Z 67.
Franche, V 56.
Grans, W 72, X *bis* 6.
Prochiens, L 52.
Saugnaire, H 67.
Saunaire, J 7.

33. PRONOMS.

Aucune, S 86, W 137.
Autre, K 5, D 52, V 62.
Ceste, B 12, C 33, D 7, F 14, J 21, L 10,
 O 21, U 25, W 188.
Chascune, S 7.
Ele, E *ter* 12, O 28, S 86.
Elle, C 16, N 45, Q 17, V 37, W 128.
Ge, L *bis* 7.
Je, E *bis* 1, E *quater* 1, H 2, I 1, E *bis* 1,
 S 3.
Laquex, Q 15, T 12.
Laquez, H 67.
Liquele, X *bis* 35.
Ma, L 72, N 3, S 105, AA 11.
Nostre, S 30, W 195.
Nulle, V 62.
Que (*pour* qui), V 21.
Queilz, V 37.

Quele que ele soit, S 86.
Ques qu'elle soit, N 45.
Qui, F 9, H 65, I 57, K 13, L 6, N 11,
 O 17, P 9, Q 15, R 12, S 21, X 70,
 X *bis* 8, Z 38.
Sa, I 2, M 4, N 3, O 4, Q 4, W 2, Y 15.
Teix, T 12.
Toute, R 64, V 41.
Une, H 20, K 5, Z 5.
Vostre, AA 21.

34. PARTICIPES PASSÉS.

Achetée, I 87.
Apourtée, AA 22.
Contée, N 18.
Creue, W 72.
Delivrée, N 18.
Destruite, O 29.
Devisée, V 56.
Dite, E *bis* 15, E *quater* 15, G 16, L 59,
 L *bis* 37, N 18, O 15, W 195, X 70, Y 5.
Donnée, W 223.
Faite, B 12, D 7, E 9, L 10, O 21, R 8,
 W 223, Z 23.
Levée, S 86.
Païe, N 18.
Prise, W 137.
Tenue, E *bis* 36.

RÉGIME SINGULIER FÉMININ.

35. ARTICLE.

L', B 6, C 27, D 4, E 2, E *bis* 37, E *ter* 14,
 F 6, G 7, H 11, I 18, J 20, K 6, L 43,
 N 34, O 25, R 13, S 75, V 50, W 6,
 X 34, Y 3, Z 3.
La, A 3, B 13, C 5, D 12, E 5, E *bis* 5,
 E *ter* 1, E *quater* 5, F 7, G 3, H 6, I 4,
 J 4, K 9, L 4, L *bis* 4, M 6, N 13, O 10,

P 8, Q 6, R 7, S 12, T 11, U 11, V 11,
 W 5, X 3, X *bis* 6, Y 2, Z 8, AA 1.

36. SUBSTANTIFS.

Abaye, H 122.
Abbaïe, Z 11.
Abbaye, H 125.
Abbeye, H 82.

Surté, E *bis* 33.
Taille, H 76.
Tenour, T 11.
Terre, E *bis* 25, H 32, I 11, L 8, L *bis* 24,
  R 66, S 26, W 63, X *bis* 19.
Teulerie, H 61.
Tournelle, V 53.
Truvle, W 130.
Utilitei, W 6.
Val, I 23.
Valeur, S 13.
Valour, W 41, X 75, Z 19.
Vandue, I 121, N 37.
Varenne, I 63.
Vendue, Z 16.
Verité, O 49, Y 35.
Veritei, R 68, X 78, X *bis* 42, Z 70.
Vertu, W 188.
Vigne, I 92, Q 15.
Vile, B 7, E *bis* 6, E *ter* 7, H 48, I 15,
  L 12, P 10, S 38, W 100.
Ville, E *quater* 6, L *bis* 12, M 8, O 15, Q 8,
  R 53, V 13, W 6, X 3, X *bis* 34, Z 14.
Voie, H 63, I 11, J 5, R 26.
Volanté, L 54.
Volantei, K 12.
Volanley, H 57.
Volenté, S 15.
Volentei, H 176, R 53, W 215, Z 30.
Volonté, E *quater* 29.
Volunté, E *bis* 29, L *bis* 36, V 17.
Voluntei, P 5.
Wal, I 52.
Wandue, I 115.
Yglisse, I 111.

37. NOMS DE FEMMES.

Aalis, Q 43.
Aalix, E *bis* 30, N 42.
Aaliz, D 8.
Adeline, M 9.

Aelis, E *quater* 29, S 105.
Aliz, L 77.
Aude, I 98, X *bis* 13.
Audete, X 72.
Benoroite, I 17.
Bruslarde, I 89.
Emenjart, N 11.
Haviate, Q 16.
Heluy, Y 4.
Hersant, I 99.
Márie, S 16.
Osanne, Q 16.
Sussanne, I 55.
Ysabiau, O 51.
Ysabiaul, W 215.

38. ADJECTIFS.

'Apparent, V 13, *peut-être participe présent.*
Arable, I 11, L 8.
Basse, X 77.
Blainche, I 52.
Bone, D 3, E *ter* 25, I 114, L 80, Q 28,
  W 24.
Bonne, O 6, X 32.
Buenne, U 11.
Corporeil, N 22.
Courte, I 34.
Demi, I 72.
Demie, I 74.
Fauce, W 118.
Grant, H 68, I 19, W 210, X *bis* 32, Y 30.
Haute, X 23.
Laial, N 27.
Laie, O 47.
Leal, E *quater* 14, M 16, Q 28.
Leaul, O 7, W 122.
Loial, E *bis* 14, E *ter* 25, I 118.
Loiaul, L 80.
Longe, I 34.
Paisible, Y 16.
Parfonde, H 43.

Parmenable, L 47.
Perpetué, U 19.
Petite, G 17, I 62, Y 30.
Pharochal, G 13.
Pharochial, G 7.
Plaine, x *bis* 23.
Première, w 88.
Presante, P 26.
Presente, w 209, x 66.
Prope, P 3.
Quarte, s 88.
Quinte, I 79.
Quite, c 33.
Raignable, w 73.
Sainte, B 3, s 16.
Sanlable, s 57.
Saugnaire, n 67.
Saunaire, J 5.
Sauve, D 8, s 25, w 178.
Vainne, z 57.

39. PRONOMS.

Aucune, E *ter* 22, K 19, v 35, w 66.
Aucunne, U 6.
Autel, z 54.
Autre, A 6, E 4, H 5, I 18, K 4, N 45,
  o 46, R 4, s 6, v 4, w 71, x 23, x *bis* 4,
  Y 4, z 4.
C' (*pour* qu'), P 9, v 42, x *bis* 28.
Cele, E *bis* 6, G 8, I 98, L *bis* 12.
Celi, s 73.
Celle, E *quater* 6, L *bis* 14.
Celli, U 7.
Ceste, A 13, D 9, E 11, F 12, H 129,
  I 115, L *bis* 6, N 28, P 26, R 68, w 13
  et 209, x 66.
Chacune, L 44.
Chascune, H 42, s 98.
Chaucune, w 14.
Cui, E *bis* 15, E *quater* 15.
Icele, x *bis* 34.

Iceli, s 86.
Iceste, E *quater* 20.
L', E *ter* 14, z 59.
La, H 131, x *bis* 38.
Laqueil, K 47.
Laquel, H 149, M 21, N 47, P 36, Q 42,
  x *bis* 6, z 9.
Laquelle, T 43.
Leur, K 12, L 54, s 93, v 10, Y 29.
Li, s 98, U 6.
Lor, Q 37, R 53, s 15, x *bis* 27.
Lour, o 17, s 71, T 11, v 12, w 42,
  z 29.
Lui, N 46.
M' (*pour* ma), B 15, U 18, x 11.
Ma, B 5, c 3, D 8, E *bis* 18, E *ter* 21, E *qua-
  ter* 17, L 6, L *bis* 4, M 3, N 2, o 4,
  P 2, Q 37, R 15, s 103, U 32, v 4,
  x 67, x *bis* 5, Y 25.
Meismes, H 134.
Moi, E *bis* 19, E *quater* 20.
Moie, L 60.
Nostre, E *bis* 25, H 170, L *bis* 24, Q 4,
  T 4, w 5, x *bis* 10.
Nule, H 56, K 25, L 15, s 24.
Qu', x 36.
Que, A 5, E 4, G 17, I 108, L 63, v 53,
  w 77, x 68, Y 9, z 14.
Quel, z 67.
Quelcunque, N 25.
Quelque, G 8, N 25, w 150.
Quelque onques, G 11.
S' (*pour* sa), D 6.
S' (*pour* se), x *bis* 8.
Sa, A 13, c 6, E *ter* 43, F 5, G 11, H 130,
  K 22, L *bis* 36, M 9, N 42, o 51, P 5,
  Q 43, w 99, Y 4.
Se, Q 17, w 187, z 5.
Seue, w 141.
Tante, w 96.
Teil, G 5, H 7, M 19, R 8, z 24.
Tel, E 9, K 10, L 9, U 10, x 31.

Tele, s 22, y 15.
Telle, v 24, w 74.
Tote, l bis 25.
Toute, c 32, h 92, o 46, w 5, x 13,
  y 20, z 27.
Une, e 3, g 5, h 4, i 5, j 4, k 3, l 20,
  q 15, r 3, s 5, u 22, v 3, w 89, x bis 2,
  y 3, z 3.

40. PARTICIPES PRÉSENTS.

* Apparent, v 13, *peut-être adjectif.*
Séant, x bis 34.
Vaillant, w 15.

41. PARTICIPES PASSÉS.

Confermée, e 12.
Contée, o 7.
Delivrée, n 16.
Devisée, r 72.

Dite, b 10, c 32, e 5, e bis 17, e ter 11,
  e quater 16, g 11, h 76, i 13, k 16,
  l 12, l bis 29, m 8, n 13, o 15, p 14,
  q 8, r 27, s 38, v 12, w 18, x 8,
  x bis 10, z 10.
Donée, e bis 18, e ter 43, e quater 17,
  l bis 4, n 44, p 17, q 37.
Faite, e 11, f 12, l 64, l bis 41, x bis 25.
Loée, e 13.
Menée, u 6.
Nombrée, n 16.
Nomée, p 35.
Otroïe, e 13.
Prissie, e ter 14, i 70.
Receue, o 7.
Saalée, t 11.
Seellée, x 70.
Tenue, x bis 35.
Termineie, k 19.
Trouée, l 67.
Vendue, z 14.

SUJET PLURIEL FÉMININ.

42. ARTICLE.

Les, h 22, i 101, k 26, l 28, m 20, n 33,
  r 8, w 104, y 10.

43. SUBSTANTIFS.

Apartenances, h 108.
Bestes, l 28.
Bonnes, r 49.
Chartres, h 127.
Choses, c 26, e bis 27, e ter 47, e qua-
  ter 26, k 29, l 76, n 33, v 64, w 104.
Chozes, q 41, y 35.
Coses, e ter 47.
Dames, y 10.
Droitures, k 28.
Gens, w 13.

Issues, v 43.
Lestres, aa 13.
Letres, l bis 29, k 26.
Lettres, h 13, v 26.
Maisons, i 101.
Parties, c 10, h 22, k 31, r 8.
Raisons, k 27.
Saisines, k 28.
Setieres, m 20.
Terres, r 25.
Usines, v 43.

44. ADJECTIFS.

Estables, e bis 27, e ter 47, l 82, v 65, y 36.
Estaubles, e quater 27, x 79.
Fermes, e bis 27, e ter 47, e quater 26,
  l 82, v 64, x 79, y 36.

Presentes, H 27.

Sauves, K 27.

Toutes, C 26, K 26, L 76.

Vos, AA 13.

45. PRONOMS.

Ces, C 26, E *bis* 27, E *quater* 26, H 13,
    K 28, L 76, Q 41, V 26, Y 35.
Eles, G 11, H 128, K 29, O 24, X *bis*
    24.
Elles, L *bis* 33, Q 23, W 135, X 79,
    X *bis* 22.
Lesqueis, C 9.
Lesqués, L 85.
Lesquex, X *bis* 44.
Lor (*poss.*), V 43.
Lour (*poss.*), V 43.
Nous, W 1.
Que, Q 35 et 45, R 38, 47 et 64, W 133.
Ques qu'elles, N 40.
Quex qu'elles, X *bis* 21-22.
Qui, A 9, E 15, G 22, I 7, J 22, L 19,
    L *bis* 17, M 21, N 41, P 21, R 25, S 84,
    T 44, V 67, X 80, Z 71.
Seues, W 104.
Totes, Q 41.

46. PARTICIPES PASSÉS.

Aquestées, X *bis* 24.
Avignies, W 133.
Devisées, Q 23.
Dites, H 26, K 29, L 76, N 33, R 71, V 64,
    Y 10.
Divisées, X *bis* 40.
Donées, I 125, T 44.
Données, X *bis* 45.
Escriptes, W 222.
Escrites, I 10.
Faites, E 15, E *ter* 48, H 13, J 23, L 77, M 22,
    Q 45, S 109, T 44, V 27, X *bis* 44, Z 71.
Levées, S 88.
Nomées, I 10.
Nòmmées, W 194.
Ottroïes, R 9.
Prisies, C 10.
Saallées, I 125.
Saelées, L *bis* 17.
Semonues, W 123.

RÉGIME PLURIEL FÉMININ.

47. ARTICLE.

As, R 37, S 35.
Au (*pour* aus), I 40, W 131.
Aus, I 47, O 36, V 38, Y 13.
Des, B 16, C 15, E 7, H 42, I 100, K 17,
    L 17, L *bis* 17, N 26, O 39, Q 45, R 10,
    V 22, W 134, Y 17, Z 70.
Ens, G 16 et 25.
Es, S 56, Y 21.
Les, C 30, E 6, E *ter* 39, F 11, G 10, H 21,
    I 8, J 9, K 12, L 16, L *bis* 9, O 9, P 14,
    R 33, S 25, T 9, U 21, V 10, W 105,
    X 76, Y 14.

48. SUBSTANTIFS.

Aaisances, H 90, S 54.
Agues, B 8.
Aides, Q 32, S 101.
Aisances, L 16, V 22, X 49.
Amendes, S 19.
Antrepresures, K 4.
Apartenances, L 17, P 15, V 30.
Appartenances, S 56.
Appendises, X *bis* 34.
Armes, W 90.
Assensies, C 16 et 25.
Aydes, N 40.

Maisons, ı 99, ʀ 60.
Manières, o 16.
Mannières, ʟ 24.
Meises, ı 106.
Menières, ʜ 115
Messes, ᴜ 21.
Montes, ᴡ 12.
Obligations s 76.
Octaves, s 35.
Octawes, ᴠ 68.
Officines, ʜ 81.
Offrandes, ɢ 11.
Oies, Q 10.
Paques, ᴠ 68.
Pàrs, ᴇ 6.
Parties, ʙ 17, ᴄ 34, ᴇ 9, ʜ 21, ᴋ 17,
  ʟ 21, ʀ 70, s 87, ᴠ 44, ʏ 14.
Parz, ı 58.
Pasques, ᴇ ter 35, s 35, ᴡ 18.
Persones, ᴘ 21, x bis 3.
Pièces, ı 18, ʏ 21.
Possessions, ı 8, ᴘ 14, s 65.
Prières, ɴ 10.
Prises, ᴡ 10.
Raisons, o 44.
Rantes, ʟ 74, o 17, Q 9.
Rentes, s 29, ᴡ 193, x bis 21.
Rueves, ʜ 39.
Servitutes, ᴡ 10.
Sestières, ᴇ 6, ᴘ 10.
Setières, ᴍ 5.
Sextières, ʏ 6.
Soudées, x bis 20.
Tailles, ʜ 39, ɴ 9, ᴡ 9.
Terres, ʙ 8, ꜰ 11, ɴ 9, o 12, Q 14, ʀ 59,
  s 64, ᴡ 121, x bis 21.
Usines, ʜ 114, ᴡ 83.
Valeies, ʜ 73.
Verges, s 63.
Vernanges, ᴜ 20.
Vignes, ɴ 8, o 13, ʀ 33, ᴡ 133, x 27,
  x bis 21, ᴢ 21.

Viles, ʜ 46.
Villes, ʀ 10.
Vingnes, ᴄ 15.
Voies, ʜ 70.

49. ADJECTIFS.

Airables, Q 14.
Bones, ᴋ 6, ʀ 8.
Bonnes, s 20, ᴠ 23, x bis 7, ᴢ 23.
Bounes, ʜ 15.
Contrares, ʟ bis 30-31.
Personneles, s 76.
Presantes, ᴇ quater 30, ı 111, ʟ 2, ᴘ 37.
Presentes, ʙ 16, ᴇ bis 30, ꜰ 2, ʜ 173,
  ı 3, ᴊ 2, ᴋ 1, ʟ 85, ʟ bis 40, ɴ 48,
  o 2, Q 44, s 1, ᴛ 2, ᴜ 2, ᴠ 2, x 2;
  x bis 44, ᴢ 70.
Presenz, ᴍ 2.
Reeles, s 77.
Religiouses, x bis 3.
' Sauve, ᴡ 219, faute.
Sauves, s 88, ᴡ 64.

50. PRONOMS.

Aucunes, ʜ 46.
Autres, ʙ 9, ʜ 114, ʟ 21, ɴ 11, o 14, Q 35,
  ʀ 60, s 34, ᴛ 7, ᴠ 9, ᴡ 193, x 48,
  x bis 21.
Ce (pour se), ʀ 41.
Celes, ᴇ bis 26, ʀ 64, x bis 30.
Celles, ʟ bis 27, Q 12, ᴠ 61, ᴡ 194.
Ces, ʙ 14, ᴄ 2, ᴅ 2, ᴇ bis 3, ᴇ ter 4,
  ᴇ quater 3, ꜰ 2, ɢ 2, ʜ 30, ı 3, ᴊ 2,
  ᴋ 1, ʟ 2, ʟ bis 3, ᴍ 21, ɴ 2, o 2, ᴘ 2,
  Q 21, ʀ 14, s 1, ᴛ 2, ᴜ 2, ᴠ 2, ᴡ 191,
  x 2, x bis 39, ʏ 22, ᴢ 70.
Cestes, ʟ bis 32.
Cez, ᴀ 2.
Chaucunes, ᴠ 61.
Desqueis, o 23.

Desquelles, u 7.

Desqués, n 19, s 103.

Les, c 31, f 12, v 44, w 202, x *bis* 22.

Lesqueles, y 13.

Lesquelles, z 36.

Lesquex, m 17.

Leur, y 24.

Lor, j 9, n 31, v 50, x *bis* 26.

Lour, h 38, v 38, w 92, x 27.

Mes, l 74, w 219.

Nos, s 37.

Nostres, e *ter* 40.

Noz, w 64.

Nules, r 65.

Nulles, w 84.

Pluisours, h 19.

Pluseurs, s 19.

Plusors, k 4.

Plusours, h 5, r 5, t 17, v 6.

Qu', l *bis* 19, q 12, x 49.

Que, c 26, h 5, l *bis* 9, k 5, o 14, r 33, s 27, v 7, z 21.

Queicunques, p 20.

S', h 19.

Se, h 22, r 9.

Ses, h 30.

Ses (*pour* ces), w 205.

Seues, w 105.

Sez (*pour* ces), e 15.

Totes, a 9, b 8, l *bis* 34, q 21.

Toutes, e *bis* 26, e *ter* 24, g 10, h 82, i 121, k 11, l 16, n 11, o 14, p 19, r 60, s 54, t 11, v 24, w 9, x 48, x *bis* 29.

Toutez, h 95.

Unes, t 4, u 4.

Vos, aa 14.

51. PARTICIPE PRÉSENT.

Séans, z 21

52. PARTICIPES PASSÉS.

Acordeies, k 15.

Aneanties, v 27.

Aumonnées, z 22.

Cannelées, u 6.

Devisées, o 31.

Dites, a 10, b 14, c 29, i 102, j 14, k 12, l *bis* 35, m 11, n 19, o 9, p 27, q 21, r 10, s 34, v 50, w 192, x 61, x *bis* 39, y 13, z 66.

Dites, l *bis* 21, *féminin qu'on aurait pu mettre aussi au masculin.*

Diviseies, h 153.

Donées, d 9, n 31.

Données, o 41, y 24.

Enpetrées, q 34.

Escrites, i 116, o 40, s 106, x 76.

Faites, l *bis* 17, s 107, v 10.

Jurées, w 192.

Jureies, h 160.

Louées, x *bis* 27.

Mises, r 33, z 20.

Nomées, e *ter* 35, i 116.

Nomméez, z 60.

Ostéez, z 20.

Prissies, i 71.

Promises, h 153, o 40.

Quitées, v 27.

Quittées, z 36.

Randues, o 21.

Rendues, c 32.

Saalées, t 5.

Saaleies, h 149, k 47.

Saalés, l 84, *faute.*

Saallées, e *ter* 44.

Saelées, l *bis* 27. u 5.

Saellées, z 69.

Saielées, d 10.

Seelées, r 69, s 104, v 66, x *bis* 43.

Seellées, i 124, m 21, x 79, y 37.

Tenues, v 44.

Termineies, **k** 15.

Vandues, **n** 33.

Vendues, **n** 19.

Violées, **u** 6.

SUJET SINGULIER NEUTRE.

53. SUBSTANTIFS.

Meslier, **h** 62.

Prope, **l** 19.

54. ADJECTIF.

*Voirs, **aa** 4, *masculin se rapportant à un
neutre.*

55. PRONOMS.

C', **i** 10, **n** 8, **p** 10, **q** 9, **s** 6, **w** 16, **x** 64,
  x *bis* 9, **y** 6.

Ce, **b** 15, **c** 34, **d** 10, **e** *bis* 37, **e** *quater* 36, **g** 24, **h** 176, **i** 123, **j** 5, **k** 45,
l *bis* 41, **n** 25, **o** 49, **p** 36, **q** 9, **r** 29,
s 92, **u** 26, **w** 150, **x** *bis* 43, **y** 38,
z 67, **aa** 12.

I (*pour il*), **h** 22.

Il, **c** 13, **e** *bis* 20, **e** *ter* 38, **e** *quater* 21,
f 9, **h** 106, **l** 19, **l** *bis* 7, **n** 19, **o** 39,
r 2, **s** 55, **v** 28, **w** 50, **x** 31, **x** *bis* 30,
z 21, **aa** 4.

Le, **w** 79.

Miein, **l** 19.

Qu', **h** 47, **v** 63.

Que, **h** 62, **r** 38, **w** 206.

Qui, **l** *bis* 13, **r** 43, **x** 73, **z** 49.

S' (*pour c'ou ce*), **e** 5.

Se (*pour ce*), **e** 14.

Teil, **x** 74.

Tout, **r** 31.

56. PARTICIPES PASSÉS.

Acordé, **s** 61, **y** 13.

Acordei, **w** 131.

Acordey, **h** 7.

Acostumei, **x** 32.

Amendei, **w** 206.

Anfraint, **w** 206.

Asseurei, **h** 23.

Contenu, **i** 122, **l** 64, **l** *bis* 16, **v** 63,
  x 55, **x** *bis* 32, **z** 25.

Devisé, **e** *bis* 35, **o** 40.

Devissé, **e** *ter* 38.

Dit, **e** *bis* 37, **h** 106, **l** *bis* 7, **n** 19, **s** 62,
  w 45.

Donnei, **x** 75.

Donney, **aa** 21.

Eschangié, **x** 73.

Escrit, **u** 32, **x** 61.

Fait, **b** 17, **c** 34, **d** 11, **e** *bis* 37, **e** *quater* 36, **g** 24, **h** 150, **k** 45, **l** *bis* 41,
n 49, **o** 51, **p** 38, **r** 72, **u** 26, **w** 226,
y 38.

Ordenei, **h** 21.

Ordeney, **h** 36.

Parlei, **v** 28.

RÉGIME SINGULIER NEUTRE.

57. ARTICLE.

Lou, **e** 6, **e** *ter* 12, **i** 72, *neutre ou masculin.*

58. SUBSTANTIFS.

*Bas, **k** 22, *neutre ou masculin.*

*Contraire, **s** 13, *id.*

˙Double, w 173, *neutre ou masculin.*
˙Haut, k 22, *id.*
˙Lei, q 17, *id.*
˙Lonc, q 17, *id.*
˙Nouvel, s 78, *id.*
˙Novel, g 5, *id.*
˙Plain, q 26, *id.*
˙Plus, e *ter* 12, *id.*
˙Prope, l 54, *id.*
˙Propre, x 42, *id.*
˙Quart, i 84, *id.*
˙Sixaime, i 104, *id.*
˙Sixte, i 72, *id.*
˙Tier, i 91, *id.*
˙Tiers, e 7, *id.*

59. PRONOMS.

Ce, e *bis* 6, e *ter* 15, e *quater* 7, g 14,
    h 9, i 101, j 19, l *bis* 11, n 6, o 3,
    p 3, r 9, s 92, v 5, w 46, x 75,
    x *bis* 22, y 4, z 5, aa 5.
Ceu (*pour* ce), q 4.
Coi (*pour* quoi), l 36.
L', aa 18.
Le, e *ter* 16, s 59, w 134, x 33, aa 4.
Leur, l 54.
Lou, h 50, l 34.
Lour, w 112.
Nostre, w 105.
Qu', r 11, w 81.
Quamque, e *quater* 5.
Quanqu', b 6, e *quater* 10, o 11.
Quanque, e *bis* 5, e *ter* 6, e *quater* 12.
Quantqu', q 7.
Quantque, e *ter* 28, q 20.
Que, e *bis* 6, e *ter* 15, e *quater* 7, g 14,
    h 9, l *bis* 11, n 6, r 9, v 5, y 28,
    z 5, aa 7.
Quoi, r 22.
Tot, l *bis* 11.
Tout, o 11, q 20, w 201, y 32, z 49.

60. PARTICIPE PRÉSENT.

Vaillant, w 41.

61. PARTICIPES PASSÉS.

Achangié, e *quater* 4.
Amorti, x 75, x *bis* 36.
Aquesté, l 65.
Aquestei, x *bis* 33.
Aquité, l 59.
Aquitei, n 5.
Ascenei, z 48.
Asené, l 47.
Baillié, z 48.
Couvent, e *bis* 18.
Covent, e *quater* 17.
Créanté, a 4, l 79.
Delivrei, z 48.
Dit, e *ter* 15.
Doné, l 32.
Donné, s 104.
Douné, l 71.
Entrepris, k 6.
Eschangié, e *bis* 4, m 4.
Esté, b 12, l 49, s 17.
Estei, n 18 et 36, w 51 et 133.
Estey, aa 19.
Eu, r 2.
Fait, a 14, h 161, l *bis* 10, p 37, v 7,
    w 131, x 13, z 52, aa 6 et 18.
Franchi, w 7.
Juré, a 2.
Jurei, h 154.
Levé, s 19.
Loé, l 61.
Loué, i 122.
Mandey, aa 4 et 8.
Menei, h 103.
Mis, b 14, c 4, n 22, o 10.
Obligié, p 18, r 70.
Obligiet, s 96.

Ordenei, H 29.
Ordeney, H 15.
Ostroié, x *bis* 18.
Otreei, G 4.
Otreiei, I 122.
Otroié, L 13, N 5, V 28.
Pris, S 15.
Proié, w 216.
Promis, E *bis* 18, E *ter* 20, E *quater* 17,
 L 79, L *bis* 6, N 26, P 24, Q 27, V 32,
 w 220, x *bis* 40, Y 22, z 41.
Proumis, S 97.
Queneu, O 4.
Quité, I 3.
Quitei, w 7.
Randu, c 30.
Receu, c 6, O 5.
Recogneu, F 3.
Reconeu, M 4.
Reconu, Q 4.
Rendu, L 47.
Renoncié, P 27, Q 30.

Renonciet, S 99.
Renuncié, N 35.
Repris, B 10.
Requeneu, c 3, N 4, P 4.
Requis, E *ter* 13, E *quater* 34, L *bis* 38,
 w 217, Y 30.
Seellé, F 14.
Usei, w 178.
Vandu, E *ter* 5, I 3, L 3, N 4, Q 5.
Vendu, z 19.

62. PARTICIPES PASSIFS À SENS DE GÉRONDIF.

Connoissant, x 2.
Connoissent, z 2.
Conosant, E *bis* 3.
Quenossant, E *quater* 3.

63. GÉRONDIF.

Usant, S 18.

RÉGIME PLURIEL NEUTRE.

64. SUBSTANTIFS.

Sestière, c 10, J 16.
Setière, x 62, 64 et 67, z 44 et 60.

65. PRONOMS.

˙Lesquelz, z 46, *masculin se rapportant à
 un neutre.*
˙Lesquelz, z 60, *masculin se rapportant à
 un neutre pluriel et à un masculin singulier.*
Qu', x 67.
Que, x 64 et 68.

66. PARTICIPES PASSÉS.

˙Amortiz, x 62, *masculin se rapportant à
 un neutre.*
˙Bailliez, z 60, *masculin se rapportant à
 un neutre pluriel et à un masc. singulier.*
˙Nommeez, z 60, *féminin se rapportant à
 un neutre.*
˙Outroiez, x 62, *masc. se rapp. à un neutre.*

67. NOM DE NOMBRE.

˙Dous, x 64 et 66, *masculin se rapportant à
 un neutre.*

68. NOMS DE LIEUX.

Agrave, ɪ 46.

Aingoulaincourt, ʀ 31.

Amele, ʜ 10.

Angoulaincourt, ʀ 40.

Arras, ᴀᴀ 8.

Aube, ᴋ 10.

Baali, ʟ 6.

Bar, ᴀ 6, s 45.

Bar le Duc, ʟ 65.

Bar sur Aube, ᴋ 9.

Barbarans (Les), ʜ 67.

Bernartvaul, ʀ 42.

Betigne Fose, ɪ 54.

Betoncort, ᴇ *bis* 8, ᴇ *quater* 8, ʟ *bis* 14.

Betoncourt, ᴇ *ter* 29.

Biauveoir, ᴛ 3.

Bleecourt, ʜ 88.

Blesois, ɪ 15.

Bliseron (Rivière de), ᴊ 4.

Bloise (*rivière*), ɪ 51, ǫ 2.

Bloisse (Rivière de), ɪ 10.

Bolleincort, ᴋ 9.

Bouni, s 8.

Brachei, ʜ 69, ᴊ 6.

Breuil lez les Moines (Au), ɪ 85, ʀ 15.

Brie, ᴀ 4.

Brotières, x *bis* 12.

Bures (La ville de), x *bis* 34.

Buteiz (La coste lou), ɪ 14.

Cabre (La), ᴠ 42.

Cereix, ᴡ 2.

Chaalons, ʜ 135, ɴ 6.

Champagne, ᴀ 1, ᴊ 1.

Champaigne, ᴅ 1, ᴇ *bis* 1, ᴇ *ter* 3, ꜰ 1,
   ɢ 1, ʜ 2, ɪ 1, ᴋ 2, ʟ 1, ᴍ 1, ᴏ 1,
   ᴘ 1, s 2, ᴛ 1, ᴜ 1, ᴠ 1, ᴡ 211, ᴢ 1,
   ᴀᴀ 2.

Champaingne, ʙ 1, ᴄ 1, x 1, x *bis* 1,
   ʏ 1.

Champegne, ʀ 69.

Champeingne, ɴ 1.

Champenne, ᴇ *quater* 1, ʟ *bis* 2.

Chanées (Bois de), s 52.

Chanpaingne, ǫ 1.

Chanpeingne, ᴇ 1.

Chatonru, ʙ 3, ᴏ 3.

Chermes la Chapele, ᴊ 4.

Chermes la Grant, ʜ 68.

Cheronval, ɪ 25.

Cheverival, s 44.

Chevillon, ᴢ 16.

Chevilon, ʟ 6.

Chièze (La), x *bis* 28.

Chouz (Val des), ᴜ 13.

Cireis (*vile*), ᴇ *bis* 5, ᴇ *quater* 3.

Citiaus, ʟ 4.

Climançon, ɪ 87.

Colemière, ɪ 31.

Conchie Bousson, ɪ 42.

Convers (Les), ɪ 83.

Corcelles, ᴇ *quater* 18, ʟ *bis* 5.

Courcèles (La forest de), ɪ 35.

Courée (La), ɪ 24.

Creste (La), ᴇ *bis* 5, ᴇ *ter* 1, ᴇ *quater* 5,
   ʟ *bis* 11.

Curmont, ɪ 21.

Cyreis (La ville de), ᴇ *ter* 7, ᴇ *quater* 5.

Cyrex (*ville*), ʟ *bis* 12.

Cyryés, ᴇ *ter* 18.

Cystelz, ᴢ 4.

Cystés, ᴅ 5.

Der (Mouter en), ꜰ 11.

Derf (Mostier en), ꜰ 6, ɪ 5.

Doiz (La), ɪ 36.

Dolevant, ɪ 84.

Dolevanz, ɪ 28.

Domartin, ɪ 39.

Dongex, ʀ 35.

Mouteruel, ʀ 46.

Moutier sus Saut, ʜ 120.

Navarre, ᴀ 3, ᴇ *ter* 41, ʟ *bis* 19, ᴀᴀ 2.

Neuve Ville (La), ᴇ 8.

Nommecourt (La maison de), ʜ 89.

Noncourt, ʀ 5.

Nueve Vile (Deffois de la), ʜ 63.

Nuisant (La voie), ʜ 63.

Ochie, ᴀᴀ 5.

One, ʏ 4.

Onne, ɴ 3, x 3.

Ormenson (Val d'), s 45.

Ornoys (Vaus en), ᴅ 4.

Pancei, ʟ 63, ʀ 58.

Peisson, ʀ 3.

Pisson, ᴄ 9, ᴋ 41, ɴ 7.

Plainmont, ɪ 30.

Pomeret (Au), ɪ 79.

Ragecort, ʙ 4, ꜰ 3, ǫ 3.

Ragecort sus Bloise, ǫ 2.

Ragecourt, ɪ 66.

Raigecort, ꜰ 6.

Remonval (*couvent*), ᴜ 12.

Ribautcourt, x *bis* 33.

Rigecourt (*prieuré*), s 12.

Rinel, ᴅ 3, ᴇ *bis* 3, ᴇ *ter* 31, ᴇ *quater* 3, ʟ *bis* 3, s 2.

Robercort, ᴜ 11.

Rommeval (*sic pour* Remonval), ᴜ 16.

Roncham, ɪ 26.

Roveir (Au), ɪ 87.

Rovroi (Alue de), ᴍ 7.

Ruières (Bois de), s 41.

Sailli, ᴋ 35.

Sain Père, ꜰ 6.

Saint Amant, ᴄ 7, ᴇ *ter* 10.

Saint Amé, ʜ 117.

Saint Desier, ʜ 16.

Saint Disier, ʜ 10, ᴋ 17.

Saint Jehan de Loon (Couvent de), s 6.

Sainte Livière, ʙ 3.

Saint Mansué, ᴇ 3.

Saint Mansuy (Couvent de), x *bis* 3.

Saint Orbain (*abbaye*), ɢ 4, ᴋ 4.

Saint Ouirbain, ǫ 6.

Saint Ourbain, ʙ 6, ᴄ 4, ɢ 6, ʜ 4, ɪ 126, ᴍ 5, ɴ 6.

Saint Urbain, ᴄ 28, ᴘ 7, ʀ 3.

Saint Urbein, ᴏ 26.

Salley, ʀ 26.

Sauciz (Lou), ɪ 69.

Saugnaire (La voie), ʜ 67.

Saunaire, ᴊ 5 et 7.

Saut (Mosteir, Monteir, Mouster *ou* Moutier sur), ʜ 120, ʟ 53, ᴢ 27 et 50.

Seint Orbein, ᴊ 3.

Seint Urbain, ᴏ 5.

Sichière (Bois de la), s 44.

Solière (La), ɪ 39.

Sombru (Ville de), ᴘ 10.

Sommevile, ʟ 36.

Sonbru (La teulerie de), ʜ 61.

Sout (Mostier *ou* Mouter sur), ᴇ *ter* 48, x 68.

Summe, x *bis* 6.

Summe Tenance (Molin de), x *bis* 31.

Suseinmont (Comunaille de), ɪ 83.

Sussainmont (La val de), ɪ 29.

Tampillon, ɪ 77.

Tenance (Summe), x *bis* 31.

Thihey (La coste), ǫ 16.

Tol (Aveschié de), ʟ 4.

Torrailles (Bois de), s 42.

Toul, ᴇ 3, ʜ 135, x *bis* 4.

Tournières, ɪ 15.

Tremblecort, ᴄ 3.

Trembleu (La Dure en), ɪ 49.

Trembloi (La Fose en), ɪ 56.

Trembloiz (Ès), ɪ 50.

Trenbleu (La Fosse en), ɪ 45.

Vaucolor, ʟ 69.

Vauquelor, ᴋ 34.

Vauquelour, ᴡ 1.

Vaus en Ornoys (Église de), ᴅ 4.

Vitrey, ᴡ 37.

Vuignet (La Doiz ou), i 36.
Waissi, f 7.
Waitreneiville, q 12.
Warenchien (Bois de), s 5o.

Wassey (Vau de), h 72.
Watrignévile, h 84.
Waux , i 75.
Weure (La), i 104.

69. NOMS DE NOMBRE.

Cens, *multiplié par un autre nombre,* b 17,
 e *bis* 38, h 15o, n 14, o 52, p 39,
 q 46, r 12, s 109, u 3, v 68, w 224,
 x 81, x *bis* 45, z 71, aa 22.
Cent, *non multiplié par un autre nombre,*
 i 12, k 34, l 7, q 24, r 16, s 13, z 29.
Cenz, *multiplié par un autre nombre,* a 15,
 c 35, e *ter* 8, e *quater* 37, f 17, g 24,
 i 5, j 23, k 33, l 5, m 22, y 38.
Cimquante, u 26.
Cinc, b 18, c 10, h 42, i 53, k 33, l 11,
 p 11, w 95, x 37.
Cincquante, i 13.
Cinquante, b 18, c 35, l 17, r 16, w 89.
Deix (*dix*), w 225.
Deus, *rég. masc.* a 15, l 86, r 72, s 109,
 v 16, w 5.
Deus, *suj. fém.* h 22.
Deus, *rég. fém.* l 4, y 5, z 21.
Deux, *rég. m.* c 35, e *ter* 23, g 24, i 11.
Deux, *rég. fém.* e *ter* 8, i 17.
Deuz, *rég. masc.* m 22.
Deuz, *rég. fém.* e 6.
Dex, *rég. masc.* b 17.
Dis, m 22, o 52.
Dix, i 17, p 4o; q 46, z 44.
Dou, *rég. masc.* h 15o, j 23.
Dous, *rég. masc.* e *bis* 38, f 17, h 174,
 p 5o, o 52, w 101, x 81, x *bis* 45.
Dous, *rég. fém.* r 52.
Dous, *rég. masc. se rapportant à un neutre,*
 x 64, 66.
Douz, *rég. masc.* f 17, p 39, q 17.
Douze, h 43, i 27, t 45, x *bis* 5, y 7.
Doze, w 16.

Dues, *rég. fém.* h 21.
Dui, *suj. masc.* e *ter* 10, h 14, k 14,
 w 32, x 69.
Duiu, *suj. masc.* l 79.
Dus, *rég. masc.* e *quater* 37.
Dux, *rég. masc.* u 3.
Huit, aa 14.
Huyt, w 49.
Mil, a 15, b 17, c 35, d 11, e *bis* 38,
 e *ter* 49, e *quater* 37, f 16, h 15o,
 i 125, j 28, k 45, l 86, l *bis* 42, m 22,
 n 5o, o 52, p 39, q 46, r 72, s 109,
 t 45, u 3, v 67, w 224, x 81, x *bis* 45,
 y 38, z 71, aa 22.
Neuf, i 6.
Nuef, a 15, i 39.
Nuf, l *bis* 42.
Onze, l 68, p 10.
Ouit, c 35, i 108, o 52.
Quarante, w 54.
Quarente, e *ter* 13, i 18.
Quatorze, i 19.
Quatouze, u 4.
Quatre, c 11, h 151, i 16, j 23, r 73,
 s 8, u 3, v 69, w 19, x 62, y 6.
Quinze, i 72, v 68, aa 22.
Saxante, e *bis* 38.
Seigsante, l 86.
Seix, m 5, w 113.
Sciz, m 11.
Sept, i 5, w 44.
Sessante, j 23.
Sexante, e *quater* 37, h 15o, l *bis* 42,
 m 22, n 5o, p 4o, q 46, x *bis* 20.
Seze, 34, y 7.

Sis, ɪ 16, ʟ 86, ǫ 24, s 110.
Six, ɪ 55, ᴋ 45, ᴘ 10, ᴜ 27, ᴢ 72.
Sixante, ᴄ 5, ᴇ *ter* 49, ꜰ 17, ɢ 24, ɪ 46, ᴋ 45, ᴏ 52.
Trante, ʏ 5.
Trente, ᴀ 15, ᴇ 6, ɪ 5, s 35.
Treuze, ᴏ 6.
Treze, ɪ 86, ɴ 50, ᴏ 9.
Trois, ɢ 24, ʜ 73, ɪ 27, ʟ 11, ᴍ 5, ɴ 14, ʀ 12, s 27, ᴡ 134, x 5, x *bis* 45, ʏ 38, ᴢ 71, ᴀᴀ 22.

Vins, *multiplié par un autre nombre*, ᴏ 6, ǫ 24, ʀ 73, s 110, ᴜ 3, ᴠ 68.
Vint, *non multiplié par un autre nombre*, ɪ 23, ᴊ 11, ᴡ 89.
Vinz, *multiplié par un autre nombre*, ɪ 95, ᴡ 225.
Vuit, ǫ 46.
Wint, *non multiplié par un autre nombre*, ɪ 31.
Wit, ᴘ 40.

VERBES.

70. INFINITIF.

Abatre, ᴠ 50.
Abbatre, ᴠ 15.
Acheter, ᴡ 63.
Acordeir, ᴋ 11.
Acorder, ᴊ 19.
Adier (*sic*), ᴘ 29.
Adrecier, ᴀᴀ 8.
Affouer, ʜ 98.
Afoer, ʟ 18.
Afouer, ʜ 75.
Agrever, ʜ 137.
Aidier, ɴ 43, ᴏ 47, ǫ 35, s 102.
Airdoir, ʜ 110.
Aleir, ᴠ 66, ᴀᴀ 7.
Aler, ʜ 52, ǫ 35, ᴡ 73, x 27, ʏ 24, ᴢ 16.
Amander, ᴡ 65.
Amanrir, ᴠ 51.
Ampoirier, ᴠ 60.
Anvoier, ᴡ 156.
Aquerre, x 24.
Aquester, ʟ 11, x *bis* 19.
Ardoir, s 53.
Asener, ᴀ 11.
Assavoir, ᴜ 2.
Atendre, ʙ 7.
Avoir, ᴄ 23, ʙ *bis* 5, ᴇ *ter* 7, ᴇ *quater* 10,

ʜ 12, ɪ 114, ʟ 10, ᴍ 6, ɴ 7, ᴏ 15, ǫ 8, s 23, ᴡ 184, x 15, ᴢ 56.
Avor (*sic*), ᴇ *quater* 5, ʟ *bis* 12.
Baillier, ᴇ *ter* 39.
Bouchier, ᴠ 49.
Chanter, ɢ 8, ᴜ 22.
Clorre, s 53.
Confermer, ʜ 141.
Consentir, s 105.
Constraindre, ʜ 53.
Conter, s 82.
Contraindre, x 25.
Contredire, ᴡ 25.
Contreindre, ᴠ 47.
Deffendre, ᴡ 120, x 33.
Delivrer, ᴘ 6, ᴡ 108, ᴢ 46.
Demander, s 32, x *bis* 17.
Demorer, ʀ 50, ᴡ 9.
Dener, ᴊ 12.
Denuncier, ᴇ *bis* 23-24, ᴇ *quater* 24, ʟ *bis* 23.
Deschargier, ʜ 107.
Desdamagier, ʜ 126.
Desfandre, ʟ 57.
Despandre, ᴘ 34.
Dire, ʜ 103, ɴ 17, ᴡ 43.
Donner, s 70.
Edefier, s 56.

F 2, G 1, H 3, I 2, J 2, L 2, L *bis* 3, M 2, N 2, O 2, P 2, Q 2, R 1, S 4, T 2, U 9, V 2, W 2, X 64, X *bis* 2, Y 2, Z 34, AA 12.

Seeler, A 14.

Servir, W 116.

Soffrir, X 21.

Souffrir, V 36.

Sousmetre, H 134.

Tenir, A 12, E 13, E *ter* 6, H 154, I 118, K 32, M 9, O 42, P 17, Q 22, R 12, S 96, U 17, W 33, X 62, Y 32, Z 40.

Termineir, K 22.

Torner, L 39.

Trover, W 36.

User, H 98, L 21, W 83.

Valoir, O 48, Q 35.

Vandre, J 12, P 34.

Vendre, S 69, W 58.

Venir, E *bis* 15, E *ter* 26, E *quater* 15, L 42, L *bis* 8, M 17, N 30, O 34, P 25, Q 38, T 7, W 3, X *bis* 42, Y 26.

Vivre, A 9.

Warder, S 96.

71. INDICATIF PRÉSENT.
Singulier, 1re personne.

A, L *bis* 37, V 66.

Acort, L *bis* 34.

Ai, A 2, C 33, D 9, E 13, E *bis* 17, E *ter* 5, E *quater* 17, H 162, J 3, K 47, L 3, M 21, N 47, O 49, P 37, Q 44, R 33, S 104, T 11, V 28, W 218, X 12, X *bis* 18, Y 37, Z 41.

Amortis, X *bis* 23.

Ay, F 14, L *bis* 6.

Comman, U 31.

Conferme, U 9, X *bis* 24, Y 33.

Connois, X 20.

Consant, L *bis* 34.

Di, R 38.

Doi, A 5, E *ter* 25, X *bis* 16.

Doing, U 17, X 12, X *bis* 23.

Fais, E 2, F 1, L 1, L *bis* 3, T 1, X *bis* 1, Z 1.

Faiz, A 1, Q 1, U 1, X 2.

Fas, B 2, C 1, J 1, O 1, P 1, Y 2.

Faz, D 1, G 1, M 1, N 1, V 1, AA 12.

Hai, U 25.

Lo, Y 33.

Lou, E *ter* 19, U 9.

Oblige, X 24, X *bis* 41.

Ostroi, X *bis* 18.

Otroi, E *ter* 19, J 12, Y 34, Z 25.

Ottroi, V 29, X 17.

Outrei, X 46.

Outroie, U 10.

Outroy, L *bis* 29.

Promet, Z 41.

Puis, X *bis* 16.

Rapors, R 23.

Reteing, X 76.

Son, E *quater* 30.

Sui, E *bis* 31, X *bis* 8.

Suis, V 23.

Tein, E *ter* 9.

Tieng, A 12.

Veil, L 19.

Voil, L *bis* 29.

Vueil, L 34, W 221, X 17, Z 25.

Vuel, X *bis* 38.

Vuieul, V 61.

72. INDICATIF PRÉSENT.
Singulier, 3e personne.

A, B 10, C 4, D 4, F 3, L 49, N 43, P 4, R 29.

Afiert, L 60.

Ai, G 4.

Ancommance, U 7.

Apelle, R 41.

Appele, S 40.

Approve, P 16.
App_{r}ueuve, H 30.
At, W 124.
Atant, B 11.
Clot, L 38.
Commence, s 48.
Comporte, Q 17.
Conferme, E 10, H 30.
Couvient, H 111.
Demeure, I 102, R 42.
Demoure, G 20, R 38.
Demouret, R 34.
Despart, R 45.
Dessant, R 28.
Devise, x 71.
Dit, L 66, P 3, V 42, x *bis* 28, z 51.
Doit, F 4, H 41, P 5, Q 20, R 50, s 27.
Duire, H 68.
Dure, H 65, R 24, s 45.
Ensiut, s 21.
Est, c 28, D 7, E *bis* 35, E *ter* 38, E *quater* 36, F 9, G 9, H 36, I 10, J 5, K 17, L 35, L *bis* 7, N 8, o 26, P 5, Q 9, R 8, s 6, T 12, U 7, V 4, w 16, x 29, x *bis* 9, Y 6, z 23, AA 4.
Et (*pour est*), E 5 et 8.
Fait, H 30, x *bis* 6.
Giete, J 7.
Gist, U 11.
Joint, L 67.
Loe, E 10, P 16.
Meut, E 13.
Mouet, F 16.
Muet, E *bis* 16, E *quater* 16, L 63, s 26, w 145.
Oblige, H 131.
Otroie, E 10, H 30, P 16.
Plait, x 48.
Porceint, L 7.
Porte, s 49, V 40.
Pourestant, z 51.
Pourseut, H 72.

Prant, c 8.
Promet, H 131, P 17.
Puet, H 54, Q 20, R 44, s 66, w 79, AA 12.
Remaint, F 5.
Retient, G 14.
Samble, AA 9.
Siet, F 5, I 94, L 6, o 17, P 9, Q 15, s 41.
Sone, G 17.
Sort (*de* sourdre), R 30.
Sourt, R 27.
Tient, c 18, s 44.
Tourne, I 13.
Va, H 66, R 26.
Vat, H 65.
Vest, w 126.
Veut, P 16.
Vient, H 112, K 13, x *bis* 29.
Vuet, w 160.

73. INDICATIF PRÉSENT.
Pluriel, 1re personne.

Afranchissons, w 7.
Aprovons, H 152.
Avons, E *bis* 4, E *ter* 27, E *quater* 4, H 29, I 3, L 79, L *bis* 10, s 36, w 7, x 26.
Confermons, H 152.
Devons, E *bis* 13, E *ter* 39, E *quater* 13, I 114, V 34, x 21, z 46.
Entendons, I 112.
Faisons, E *bis* 3, H 3, I 2, s 4.
Faissons, E *ter* 3.
Fasons, E *quater* 3, w 2.
Loons, H 152.
Obligons, E *bis* 22, E *quater* 23, s 96.
Oblijons, L *bis* 22.
Ordenons, H 29.
Otroions, K 10.

Ottrions, w 199.
Ottroions, h 152.
Poons, e *quater* 5, v 34, w 11, x 21.
Premetons, i 114.
Prometons, h 153, w 117.
Proumetons, s 97.
Quitons, i 112, w 7.
Renonçons, s 99.
Some, i 117.
Somes, e *ter* 4.
Sommes, s 21.
Sonmes, h 166.
Sons (*sic*), x 57.
Soumes, l 57.
Suns, k 8.
Tenons, i 8.
Volons, h 80, k 10, w 156.

74. INDICATIF PRÉSENT.
Pluriel, 2ᵉ personne.

Avez, aa 4.
Faites, aa 10.

75. INDICATIF PRÉSENT.
Pluriel, 3ᵉ personne.

Ancommencent, r 39.
Apparteinent, g 22.
Demourent, r 27.
Devisent, r 49.
Dient, x 66.
Doient, e *ter* 35, h 31, o 15, q 8, r 20,
 w 72, x 31.
Doiet, j 14.
Doivent, s 23.
Durent, s 51.
Encommencent, r 37.
Estendent, r 41.
Font, aa 9.
Hont, l *bis* 19.

Lignent, r 38.
Meuvent, i 106.
Muevent, r 47.
Obligent, m 13.
Ont, b 5, e *quater* 7, h 15, i 122, j 13,
 l 45, m 4, n 4, o 4, q 4, v 31, w 131,
 x 59, x *bis* 11, y 22, aa 19.
Peuent, l 15, s 23.
Poent, e *quater* 7, o 35.
Poet, j 8.
Pourpraignent, h 86.
Prangnent, h 78.
Promeittent, q 27.
Prometent, k 31.
Pueent, b 7.
Puent (*peuvent*), h 31, o 15, q 8, w 63,
 x 67.
Puient, h 142.
Reconnoissent, o 24.
Renoncent, n 16, o 43, q 30.
Retiennent, y 28.
Revienent, w 162.
Servent, d 5.
Sieent, i 9, s 50.
Sint, u 21.
Sont, h 48, i 10, l 19, n 20, o 25, q 23,
 r 9, w 13, x 65, x *bis* 40.
Sunt, b 2, c 27, j 3, k 33, l *bis* 17, m 13,
 o 32, u 13.
Tienent, n 16, o 8, w 113.
Tiennent, q 25, y 27, z 55.
Tornent, i 11.
Truevent, h 101.
Usent, h 99, s 68.
Vandent, q 5.
Veulent, m 10.
Vont, r 40.
Vuelent, h 110, k 26.
Vuellent, x 28.
Weulent, l 39.

76. IMPARFAIT DE L'INDICATIF.
Singulier, 1re personne.

Aloie, A 10.
Avoie, E *ter* 7, V 9, X 6, Z 14.
Avoiee, L 9.
Demandoie, V 7.
Devoie, X 15.
Devoiee, L 10.
Disoie, V 7, Z 9.
Faisoie, Z 16.
Pooie, X 15.
Pooiee, L 10.
Pouoie, E *ter* 7, V 25.
Tenoie, Z 6.
Trahoie, V 5.
Voloie, X 69.
Vouloie, V 9.

77. IMPARFAIT DE L'INDICATIF.
Singulier, 3^e personne.

Aloit, W 218.
Avenoit, C 13, E *bis* 20, E *quater* 21, S 85, W 50.
Avenot, L *bis* 20.
Avoit, D 6, F 9, H 106, M 8, V 17, X 9, Z 22.
Corroit, D 11, E 16, P 39.
Courroit, W 224.
Defailloit, H 135.
Defailoit, L 73.
Devoit, T 10.
Disoit, AA 5.
Doloit, Z 5.
Empeschoit, Y 13.
Estoit, C 16, E *bis* 35, H 35, O 28, T 7, V 59, W 104, X 74, X *bis* 35, Z 15.
Havoit, Y 10.
Mouvot, L *bis* 13.
Movoit, E *bis* 16, E *quater* 16.
Ostoit, X 43

Paioit, C 12.
Partoit, Y 12.
Perdoit, W 171.
Plaisoit, W 136.
Pouoit, E *ter* 37.
Pregnoit, H 125. .
Prennoit, C 21.
Replaignoit, B 6.
Requeroit, H 20.
Souffisoit, S 38.
Tenoit, I 108, M 8.
Valoit, E *ter* 12.
Voloit, H 103.

78. IMPARFAIT DE L'INDICATIF.
Pluriel, 1re personne.

Aleyens, H 168.
Anfraigniens, W 205.
Aquestiens, W 84.
Aveeins, E *ter* 28.
Aveiens, H 12.
Aviens, E *bis* 5, E *quater* 12, H 161, L *bis* 11, W 85, AA 6.
Aviesmes, S 19.
Cuidiens, AA 6.
Defailliens, H 168.
Defaliens, W 106.
Deviens, E *bis* 5, V 20.
Disiemes, S 9.
Empeechiemes, S 71.
Estiens, W 119.
Fasiens, W 79.
Poiens, E *bis* 5, E *quater* 12.
Poueieins, E *ter* 29.
Poueiens, H 12.
Poucins, E *ter* 11.
Pouiens, L *bis* 12, V 20.
Requereiens, H 5.
Soliens, S 90.
Veniens, W 127.
Voliens, W 65.

79. IMPARFAIT DE L'INDICATIF.
Pluriel, 2° personne.

Estiés, AA 5.

80. IMPARFAIT DE L'INDICATIF.
Pluriel, 3° personne.

Aloient, Y 31, z 17.
Avoent, E *quater* 10, L *bis* 14.
Avoient, E *bis* 7, H 26, K 5, N 7, O 11,
s 10, v 6, w 26, x 7, x *bis* 4, z 7.
Defailloient, P 31.
Defaloient, w 200.
Demandoient, s 31.
Descordoient, K 15.
Devoient, E *bis* 7, N 7, S 8, Y 21, z 9.
Disoient, K 5, s 7, v 20, z 15.
Estoient, H 128, K 19, s 6, v 33, w 34,
x 10.
Estoiet, J 10.
Faisoient, o 20.
Faisoiet, L 29.
Fasoient, H 49.
Havoient, Y 18.
Lasoiet, L 20.
Maintenoient, s 73, z 12.
Movoient, N 34.
Paioient, w 46.
Plaignoient, R 6.
Poioient, w 36.
Pooent, E *quater* 10.
Pooient, E *bis* 7, s 32, w 33, Y 21,
z 9.
Pouoient, H 27, N 7.
Poursuioient, z 13.
Poursuoient, v 14.
Prenoient, x *bis* 4.
Rachetoient, w 52.
Requeroient, Y 5, z 18.
Requiroient, v 15.
Tenoient, E *ter* 18, z 37.

Trovoient, x 39.
Usoient, H 122.
Usoiet, L 20.
Valoient, M 11.
Venoient, E *ter* 21.
Voloient, x 72.
Voloiet, J 19.
Vouloient, x 51

81. PASSÉ DÉFINI.
Singulier, 1re personne.

Fis, R 25, T 7.
Luiz, u 4.
Mis, R 39.
Resgardai, u 4.
Veiz, u 4.
Vendi, z 18.
Vis, T 6.

82. PASSÉ DÉFINI.
Singulier, 3° personne.

Apourta, T 4.
Aumosna, x 68.
Dona, u 12.
Donna, x 64.
Fist, u 12.
Fit, E 5.
Fondit, u 17.
Fu, B 12, C 34, D 10, E *bis* 37, E *qua-*
ter 36, G 24, H 7, I 15, K 45,
L 10, L *bis* 41, N 12, O 21, P 4,
u 32, v 12, w 225, x 70, Y 9, z 38,
AA 22.
Fui, Q 2.
Fuist, u 15.
Fut, P 38, R 72, u 14, w 223.
Pria, T 5.
Prova, R 36.
Regarda, T 10.

83. PASSÉ DÉFINI.
Pluriel, 1re personne.

Asseurames, H 8.
Preimes, H 128.

84. PASSÉ DÉFINI.
Pluriel, 3e personne.

Apelèrent, K 30.
Consentirent, H 22.
Furent, G 10, E 15, H 13, I 9, L 85,
  M 21, Q 45, S 109, T 44, V 26, X *bis* 44,
  Z 71.
Furet, J 22.
Mirent, Y 16.
Oitroièrent, H 22.
Quitèrent, Y 19.
Recognurent, Y 17.
Vinrent, AA 13.

85. FUTUR.
Singulier, 1re personne.

Alierai, A 5.
Ferai, L 34, V 33.
Louerai, E *ter* 20.
Pourray, AA 15.
Prandrai, A 7.
Serai, A 9.
Soffrera (*sic*), E *bis* 19.
Soufferrai, E *ter* 20, L 33.
Vanra, E *quater* 20, L *bis* 7.
Vanrai, E *bis* 18.
Vivrai, U 23.

86. FUTUR.
Singulier, 3e personne.

Acherra, X *bis* 14.
Afferra, H 47.
Aura, C 30.

Averat, W 89.
Connoistera, S 75.
Demourra, R 52.
Donra, G 14, W 165.
Engaigera, W 149.
Faurra, S 55.
Fera, H 132, N 46, P 25.
Iert, K 13, M 20, R 53.
Léra, L 45.
Obligera, W 149.
Paiera, W 167.
Paierat, W 98.
Panrat, L 75, W 98.
Perdera, W 99.
Plaira, W 102, X *bis* 31, Z 30, AA 16.
Pourra, G 18.
Randera, E *ter* 33.
Randra, L 75.
Reclamera, N 46.
Refera, W 133.
Remanra, V 38.
Repenra, C 32.
Sera, G 16, H 62, L *bis* 26, S 75, V 28,
  X *bis* 14.
Serat, W 46.
Soufferra, N 46.
Tanrat, W 188.
Trespassera, W 167.
Vanra, P 25.
Viverat, X *bis* 12.
Vorra, C 22.

87. FUTUR.
Pluriel, 1re personne.

Aurons, L 55.
Averons, W 146, X 26.
Demourrons, S 30.
Ferons, W 118.
Manrons, W 118.
Panrons, W 148.
Penrons, S 91.

Porrons, w 154.
Pourrons, v 54.
Procurerons, i 116.
Renderons, s 35.
Serons, x 57.
Tanrons, E *bis* 9, E *quater* 9, L *bis* 15,
   w 163.
Vanrons, i 116.

88. FUTUR.
Pluriel, 2ᵉ personne.

Serez, AA 8.

89. FUTUR.
Pluriel, 3ᵉ personne.

Acheteront, w 147.
Appartenront, s 84.
Auront, L 41.
Averont, E *ter* 32, H 113, s 67, w 90,
   x 54, x *bis* 9.
Croiseront, o 46.
Demanderont, w 40.
Demoront, L 14.
Demorront, K 28.
Demouront, v 43.
Diront, E *ter* 19, s 59.
Esliront, w 19.
Feront, H 137, M 15, N 30, Q 38,
   s 54.
Garantiront, Q 39.
Garderont, L 42, w 23.
Iront, o 42, Q 37.
Jureront, w 23.
Laiseront, L 42.
Maintenront, x 53.
Monstreront, w 92.
Oront, E *quater* 4, L 2.
Orront, D 2, J 2, K 1, M 2, N 2, O 2,
   P 2, V 2.
Orrunt, E *bis* 4, x 2.

Ouront, E *ter* 4, F 2, G 2, I 2, L *bis* 4.
Ourront, T 2, U 2.
Paieront, w 21.
Patureront, R 54.
Pescheront, w 130.
Plairont, w 154.
Poront, L 13.
Porront, s 60, w 25, z 31.
Porteront, M 16.
Pouront, x *bis* 22.
Pourront, R 55, z 31.
Presenteront, E *bis* 26, L *bis* 26.
Reclameront, Q 38.
Remueront, w 21.
Renderont, w 44.
Requarront, L *bis* 25.
Requerront, L 43.
Revenront, x *bis* 15.
Seront, B 2, H 78, J 3, w 24, x 25, z 47,
   AA 15.
Soferont, L *bis* 8.
Soufferront, N 31.
Tanront, C 29, E *bis* 12, E *quater* 11, R 11,
   w 143.
Tanrront, P 21.
Tenront, H 156, s 81, x *bis* 9.
Useront, H 147, J 18, L 53, s 40.
Vanront, w 8.
Varont, E *quater* 4, L 2, L *bis* 3.
Varront, P 2.
Venderont, w 147.
Venront, H 145, N 30.
Verront, A 2, C 2, D 2, E *bis* 4, E *ter* 4,
   F 2, G 2, I 2, J 2, K 1, M 2, N 2, O 2,
   S 1, T 2, U 2, V 2, X 2.
Vorront, x 49.
Vouront, v 58.

90. CONDITIONNEL.
Singulier, 1ʳᵉ personne.

Acorderoie, R 9.

Auroie, ᴇ *ter* 13.
Lairaie, ᴇ *ter* 22.
Nomeroie, ᴇ *ter* 23.
Ordoneroie, ʀ 9.
Porroie, ᴊ 11.
Randroie, ᴇ *ter* 15.
Raporteroie, ʀ 21.

91. CONDITIONNEL.
Singulier, 3ᵉ personne.

Aporteroit, ʜ 138.
Auroit, ᴋ 21.
Averoit, ʀ 13, ᴡ 51.
Converroit, ᴡ 95.
Deveroit, ᴡ 138.
Monteroit, ᴡ 142.
Mouveroit, s 89.
Paieroit, ʜ 50, ᴋ 44.
Panroit, ᴄ 15, ꜰ 11, ᴍ 12.
Plairoit, ᴡ 117.
Plaroit, ʟ 22.
Porroit, ᴀ 11, ᴡ 120.
Revenroit, x 73.
Seroit, ᴇ *ter* 17, ʜ 106, ʟ 31, ᴡ 43, x 44.
Tanroit, ᴄ 24.
Tanrroit, ʀ 13.
Tenrroit, ᴋ 44.
Trouveroit, ᴡ 141.
Vauroit, ᴇ *ter* 12.
Voudroit, ᴋ 44.
Vourroit, ʀ 12.

92. CONDITIONNEL.
Pluriel, 1ʳᵉ personne.

Aideriens, ᴡ 108.
Averiemes, s 87.
Averiens, ᴡ 67, x 45.
Consentireiens, ᴜ 8.
Delivreriens, ᴡ 105.
Diriens, ʜ 25.

Donriens, ᴡ 113.
Gardereiens, ʜ 8.
Meteriens, ᴡ 136.
Nomereeins, ᴇ *ter* 37.
Oitroiereiens, ʜ 7.
Ordeneriens, ʜ 25.
Porriens, ᴡ 28.
Requerreeins, ᴇ *ter* 34.
Seriens, ᴡ 49, x 44.
Tenreiens, ʜ 8.

93. CONDITIONNEL.
Pluriel, 3ᵉ personne.

Auroient, ᴇ *ter* 14.
Averoient, ᴡ 122, x 29.
Defauroient, ᴡ 28.
Delivreroient, ᴡ 106.
Diroient, ʜ 11.
Envieroient, ᴡ 36.
Feroient, ᴢ 66.
Garderoient, ʜ 23.
Iroient, ᴡ 185.
Maintenroient, x 30.
Ordeneroient, ʜ 11.
Paieroiet, ᴊ 20.
Pairoient, ᴡ 124.
Panroieet, ʟ 74.
Perderoient, ʜ 124.
Porroient, ʜ 91, s 102, ᴡ 52, x 41.
Pouroient, ꞯ 35.
Pourroient, ᴏ 47, ᴘ 29, ᴢ 66.
Prisseroient, ᴇ *ter* 11.
Querroient, ᴡ 34.
Randeroieent, ʟ 30.
Remeteroient, ᴡ 31.
Renoveleroient, ᴡ 31.
Seroient, ʜ 102, ᴡ 51.
Soigneroient, ᴡ 101.
Souroient, ᴇ *ter* 12.
Tanroient, ʜ 23.
Tenroient, x 74.

Useroient, w 84.
Venderoient, w 48.
Voirient, e *quater* 31.
Vorient, e *quater* 15.
Vorrient, e *bis* 15.
Voudroient, o 34.
Vouroient, m 17.
Vourroient, e *ter* 26.

94. SUBJONCTIF PRÉSENT.
Singulier, 1re personne.

Face, w 217.
Fasse, r 71.

95. SUBJONCTIF PRÉSENT.
Singulier, 3e personne.

Absoile, t 5.
Absoyle, aa 20.
Ait, e *bis* 23, e *quater* 24, h 117, l *bis* 23,
   n 18, r 2, x 36.
Antroit, e *ter* 21.
Desplaise, aa 17.
Doie, h 140.
Establisse, g 8.
Face, p 32, s 92, x 35.
Griet, l 20.
Puisse, l 36, v 38.
Soint (soît), j 21.
Soist, u 25.
Soit, b 15, c 33, e 13, e *bis* 23, e *ter* 43,
   e *quater* 24, f 14, g 7, i 123, l 35,
   l *bis* 23, n 12, o 49, p 36, q 42, s 86,
   v 37, w 79, x *bis* 43, z 67, aa 10.
Taigne, w 197.
Vainne, i 117.

96. SUBJONCTIF PRÉSENT.
Pluriel, 1re personne.

Aiens, x 23.

Faciens, y 32.
Puissiens, v 66.
Soens, e *quater* 25, l *bis* 24.
Soiens, e *bis* 24.

97. SUBJONCTIF PRÉSENT.
Pluriel, 3e personne.

Aient, h 81, n 36, o 21, q 11, v 29, x 18.
Ailet, l 26.
Aillient, x 58.
Annoitent, z 26.
Demorent, h 127.
Facet, l 34.
Joent, e *quater* 27.
Joient, e *bis* 28.
Mettent, z 26.
Paiet, u 31.
Poissent, l *bis* 32.
Puissent, a 9, h 136, k 11, n 17, w 204,
   x *bis* 19, y 26.
Puissient, x 47.
Sachent, k 3.
Soent, e *quater* 26, l *bis* 33.
Soient, e *bis* 27, e *ter* 47, k 27, n 41,
   v 64, w 180, x 54, x *bis* 22, y 26.
Soiet, l 28.
Taignent, x *bis* 38.
Teingnent, v 29, x 18.
Vainnet, g 11.

98. IMPARFAIT DU SUBJONCTIF.
Singulier, 1re personne.

Eusse, a 12, x 3.
Feisse, t 6, v 15.
Garentisse, z 18.

99. IMPARFAIT DU SUBJONCTIF.
Singulier, 3e personne.

Aportest, l *bis* 30.

Ardit, o 29.
Eust, h 107, w 67.
Fuist, v 3 et 21.
Fust, h 3, k 3, n 25, s 86, w 201, x *bis* 2, y 2, z 2 et 67, aa 6.
Fut, e 2, o 29.
Gannast, f 12.
Peust, v 21.
Poist, c 23.
Preist, c 23.
Vausist, c 14.
Vendist, w 5o.
Venit, o 3o.

1OO. IMPARFAIT DU SUBJONCTIF.
Pluriel, 1ʳᵉ personne.

Alesens, e *quater* 22, l *bis* 21.
Alessiens, e *bis* 21.
Fussiens, aa 11.
Peussiens, w 189, x 23.

Veissiens, w 29.
Voississiens, w 78.

1O1. IMPARFAIT DU SUBJONCTIF.
Pluriel, 3ᵉ personne.

Abatissient, v 10.
Deissent, s 71.
Deissient, x 6.
Eussent, h 104, w 96, x *bis* 33.
Eussient, r 22.
Feissent, v 12, w 202.
Fuissent, o 31.
Fussent, s 4, w 25.
Greusessent, x 6.
Laissassent, h 123.
Moulossent, x *bis* 28-29.
Peusseut, n 24, w 190.
Puessent, x *bis* 28.
Puiuset, l 21 et 39.
Usasset, j 19.

1O2. ADVERBES.

Adès, u 31.
Ailors, l 8.
Aincor, r 25.
Ainsi, h 106, r 28.
Ainsin, l 12.
Ainsis, aa 4.
Am (*pour* en), e *quater* 27.
Amen, h 1.
Amont, r 34.
An, l 45, m 15, w 72.
Ancienement, j 13.
Anciennemant, e *ter* 18.
Ancontre (À l' *ou* an l'), o 43, v 66.
Ancor, h 8o, l 26, t 10, v 46.
Anqui, j 21, l 25, w 162.
Ansi, l *bis* 7, v 8, w 21.
Anterinemant, o 9.
Antieremant, o 22, p 31.

Après, c 17, f 11, h 44, i 10, o 26, s 3o, w 5o, z 24.
Ariers, e *bis* 3, e *quater* 3, l *bis* 3.
Arrier, h 27.
Arriers, g 22, h 13, x *bis* 16.
Ausi, e 11, e *bis* 12, e *quater* 12, h 115, j 9, l *bis* 2, o 19, q 17, r 7, u 13, v 39, w 85.
Ausin, e *ter* 4, i 110, l 18.
Aussi, o 17.
Aussinc, s 81.
Autant, o 19.
Autrefoiz, w 133.
Autremant, aa 18.
Autretel, r 64.
Avant, j 21, l *bis* 3o, n 17, s 24, w 79, x 20, z 29.
Bannalment, x 58.

Bien, ɪ 8, o 27, ǫ 25, s 82, ᴛ 10, ᴀᴀ 4.
Bonnemant, x 32, ᴀᴀ 13.
Çà en arrier, ʜ 27.
Çà en arriers, ʜ 13.
Çai em ariers, ᴇ *quater* 3.
Çay em ariers, ʟ *bis* 3.
Çay en ariers, ʟ *bis* 10.
Ce en arriers, ɢ 22.
Ci, ɪ 10, ǫ 23, s 105, v 56, w 193, z 24.
Com, ᴀ 4, ᴇ 2, ᴇ *ter* 38, ɴ 19, ǫ 17, ʀ 2,
    ᴜ 10, v 7, ʏ 2, z 2.
Come, ʀ 45, ʏ 32.
Comme, ʟ 12, ʀ 71, s 4, w 22, x *bis* 2,
    ʏ 33.
Commes, ᴀᴀ 4.
Con, ɪ 114, ʟ 9.
Con (Ausi), ᴇ *bis* 35, ᴊ 13.
Con (Ausin), ɪ 122.
Con (Einsin), ʟ 7.
Con (Ensi), ʜ 71, ᴊ 7.
Corporaument, ʟ *bis* 4.
Corporelmant, ᴇ *ter* 43, ᴘ 18.
Corporelment, o 42, ʏ 24.
Corporémant, ᴇ *quater* 18, ǫ 37.
Corporément, ᴇ *bis* 18, ɴ 32.
Cum (Ansi), ʟ *bis* 7.
Cum (Ausi), o 19.
Darriers, v 43.
Davant, ᴇ *bis* 2, ᴇ *ter* 5, ᴇ *quater* 2,
    ɢ 10, ɪ 113, ᴋ 7, ʟ *bis* 7, ǫ 39, x 74,
    z 17.
Dehors, ɴ 29.
Dès or en avant, ɪ 117.
Deseur, s 62.
Deseure, s 106.
Desseur, s 20.
Dessus, ᴋ 20, o 11, ᴘ 16, v 56, ʏ 21.
Desur, x *bis* 39.
Desus, ʜ 14, ɪ 94, ᴊ 11, ʟ 12, ᴍ 11, ɴ 19,
    o 23, ǫ 21, ʀ 69, ᴜ 28, v 33, w 18,
    ʏ 5, z 3.
Desuz, ᴘ 20.

Devan, ʟ 14.
Devans, ᴅ 10, ʟ 74.
Devant, ᴀ 10, ʙ 10, ᴄ 6, ɢ 14, ʜ 26,
    ᴊ 14, ʟ *bis* 34, ᴍ 12, ᴘ 32, ʀ 70, s 18,
    ᴜ 16, v 12, w 23.
Devanz, ʟ 13.
Devent, ɴ 18.
Don (*pour* dont), ᴇ *ter* 23.
Dont, ʀ 5, x 10, 65, z 5.
Dor en avant, ʜ 140.
Dore en avant, s 23.
Dou (*pour* dont), ᴇ *ter* 37.
Droit, v 40.
Eincor, z 33.
Eincore, z 19.
Einsi, ʜ 22.
Einsin, ʟ 7.
En, ᴄ 12, ᴇ *bis* 28, ᴍ 16, ᴘ 12, ʀ 11,
    s 10, w 49, x 45, x *bis* 41, z 32, ᴀᴀ 10.
Enans, ɴ 24.
Enciennemant, x 11.
Encontre, s 9, w 218, x *bis* 42, ʏ 24.
Encontre (À l'), ʜ 80.
Encor, ʜ 36, ᴘ 24, ǫ 12, x 50, x *bis* 25.
Encore, s 11.
Enlai (En), x *bis* 29.
Enqui, ᴅ 5, ɪ 64, s 59.
Ensi, ʜ 71, ᴊ 7, s 49, x 61, x *bis* 11, z 51.
Enterinemant, ᴄ 31, ɢ 13.
Enterinement, ᴄ 32.
Entiennemant, x 7.
Entieremant, ǫ 7.
Entierement, ɴ 18, v 30.
Entour, v 42.
Especialmant, ᴇ *quater* 19.
Especialment, ʏ 27, z 5.
Especiaumant, ʟ *bis* 5.
Especiaument, ʜ 134, ɴ 11.
Expressement, ɴ 30.
Fermemant, ʜ 9.
Fermement, o 42, ʀ 14, s 96, w 217.
Fors, x 42.

Franchemant, L 59, z 28.
Heritaublement, z 37.
Hors, w 163.
I, B 7, E *bis* 34, E *ter* 46, E *quater* 36, H 161, L *bis* 37, R 54, z 52.
Jà, D 10, x 4.
Jai, x *bis* 24.
Jamais, P 26, x *bis* 26, z 68.
L' (*pour* là), w 183.
Là, H 76, R 24, s 52, w 36, x *bis* 22.
Lealment, o 27.
Léans, U 21.
Leiamant, H 154.
Loiaumant, I 114.
Loiaument, s 80.
Longemant, L 49.
Maintenant, K 29.
Mais (Touz jours), G 16, H 9, x *bis* 29.
Mal, U 6.
Meimes, I 64.
Meismemant, Q 11.
Meismement, B 9.
Meus, L 13, x *bis* 22.
Miaus, H 166.
Mie, H 106.
Miex, w 210.
Miez, c 22.
Moins, E *ter* 15.
Moins (Au), w 32.
Mout, x *bis* 7.
N', E *quater* 33, G 18, H 35, K 18, x 9, AA 6.
Ne, A 5, c 14, E *bis* 18, G 14, H 31, J 11, etc.
Nel (*pour* ne le), w 56.
Nen, c 23, H 47, J 19.
Nès que, L 56.
Noméement, A 7.
Non, s 68, U 5, w 188, Y 26.
Nou *ou* nen, c 23.
Oinques, x 9.
Onques, s 10, w 202.

Or, H 145.
Orandroit, L 35.
Or en avant (D'), H 140.
Ore en avant (D'), s 23.
Ores, v 48.
Où, H 46, I 101, L 35, R 25, s 52, w 183, x 29, Y 26, z 47, AA 16.
Paisiblemant, z 28.
Paisiblement, o 18, s 74, x *bis* 9.
Parmaignablemant, E *ter* 30.
Partout, H 123, L 21.
Pas, L 19, R 36, T 7.
Pasiblement, v 29.
Permenablement, E *bis* 12.
Permenaiblement, E *bis* 10.
Permenaublemant, E *quater* 12.
Permenaublement, E *quater* 10.
Permennaublemant, E *quater* 28.
Perpetuelmant, E *ter* 6, P 8.
Perpetuémant, E *ter* 43, L 83, v 65.
Perpetuément, E 7.
Plennemant, L *bis* 16.
Plus, E *bis* 33, E *ter* 12, H 122, J 19, L 52, s 13, v 59, w 72, z 32, AA 15.
Point, H 50, s 10, w 124, AA 6.
Pont (*pour* point), E *quater* 34.
Premiers, E *ter* 31, s 22.
Près (Au plus), H 122.
Prochienement, K 23.
Puis, w 56.
Quant, c 31, E *ter* 14, L 22, P 39, R 54, s 17, U 15, v 59, w 93, x *bis* 13, z 17.
Quittemant, z 54.
Raignablement, H 48.
Sa (*pour* ça), N 17.
Sà en ariers, E *bis* 3.
Seulement, w 125.
Si com, N 19, v 7.
Si comme, w 45.
Si con, E *bis* 37.
Si cum, x 66.

Soufisamment, w 90.
Taisivlement, n 3o.
Tant, a 12, c 14, f 10, h 86, l 28, o 21,
   r 21, u 23, w 48, x *bis* 11, y 21.
Tart (Au plus), z 48.
Tost, w 128, aa 15.
Toujorz, l 72.

Tous jours, n 5, w 8, x 18, x *bis* 43, y 8, z 28.
Tout aüsi com, v 39.
Tout ensi, x *bis* 24.
Touz jours, h 9, p 8, u 10, v 57.
Touz jourz, e *ter* 6, g 16, i 3, m 7.
Très, a 2.
Y, h 105, y 18.

103. CONJONCTIONS.

Ains, v 38.
Ansois que, g 9.
Car, s 73.
Ce (*pour* se), h 168.
Cum, h 3, k 3, v 3, x 3.
Et, a 4, etc.
Et si. *Voy.* Si.
Ke, h 3.
Maix, q 39.
Mas, l *bis* 15.
Ne, a 6, e *bis* 19, e *ter* 20, etc.
Ni, v 36.
Ou, c 13, e *bis* 12, e *ter* 10, e *quater* 12,
   g 19, h 12, k 11, l 13, l *bis* 20, s 56,
   v 21, w 27, x 15, y 32, z 56.

Por ce que, b 15, c 33, e 14, e *quater* 26,
   j 21, l 82, u 24, z 15.
Por ceu que, q 42.
Pour ce que, f 14, h 161, i 123, o 49, p 36,
   r 35, t 6, v 64, w 206, x 78, y 35, z 67.
Q', g 11.
Qu', h 22, etc.
Quar, aa 13.
Que, a 2, etc.
S' (*pour* se), e *ter* 12, h 107, w 103, x 48.
Se, a 10, c 13, e *bis* 20, e *ter* 11, e *qua-*
   ter 21, h 49, j 9, k 14, l *bis* 20, etc.
Se... non, a 8, h 35.
Si (Et), c 19, g 18, h 55, i 112, l 61, o 18.
Soit, s 67, z 3o.

104. PRÉPOSITIONS.

A, a 2, etc.
Ai (*pour* à), q 25, 28, 34, w 139.
Am, e *quater* 6, l 47, l *bis* 16.
An, a 13, e *quater* 6, i 75, k 10, l 8,
   l *bis* 4, m 3, o 3, p 3, u 7, v 66, z 51.
Ancontre, a 7, e *quater* 20, i 115, l *bis* 9.
Antor, l 8.
Antre, i 28, l 5o.
Anver, m 16.
Anvers, e *quater* 14, l 58.
Après, d 12, e *ter* 13, h 145, l 31, u 23,
   v 46, w 46, x *bis* 12.
Aprez, x 25.
Ason, i 25.

Asonc, h 89, v 40 et 53.
Atout. *Voy.* Tout (À).
Autour, v 42.
Avec, e *ter* 40, h 107, i 67, w 33, x 48.
Aviec, z 8.
Avoc, l *bis* 35.
Avoec, l *bis* 27.
Contre, h 103, n 28, p 26, q 3o, s 18,
   t 9, w 189, z 65.
Dalès, s 43.
Darrier, i 41.
Darriers, h 64, w 133.
Davant, i 92, t 8. *Voy. aussi* Par davant.
Davent, h 88.

De, A 1, etc.
Dedans, H 69, w 26, z 47.
Dedanz, E ter 13, J 13, K 13.
Dedens, R 62.
Defors, w 10.
Delà, H 63.
Deleiz, Q 18.
Delez, I 16.
De par, E quater 19, L bis 6.
Derriers, H 70.
Dès, H 65, J 5, Q 16, R 33, s 59, v 53,
  w 162, x 14, x bis 29, z 29.
Desous, R 27, w 174.
Desouz, z 14.
Desseur, s 73.
Dessus, P 9.
Desus, I 43, R 29.
Devant, v 17, w 42, AA 14. *Voy. aussi* Par
  devant.
Devers, L 52. *Voy. aussi* Par devers.
Dusques, s 45.
Em, L bis 24, E quater 3.
En, B 5, C 3, D 4, E bis 6, E ter 7, F 6, G 11,
  H 1, I 9, J 4, L 20, L bis 12, M 8, N 2,
  o 15, Q 4, R 8, s 3, T 11, U 19, v 5,
  w 17, x 3, x bis 5, Y 8, z 7, AA 10.
Encontre, E bis 20, H 168, K 6, v 63,
  x 60, Y 31, z 68.
Entre, E 2, E ter 4, H 3, I 103, K 3, R 8,
  s 4, v 3, x bis 2, Y 2, z 2.
Enver, H 5.
Envers, E bis 14, O 34, Q 29, s 99, v 25, z 65.
For que, s 70.
Fors, H 97, L 19, s 66, w 53, z 58.
Forsmis, w 10.
Fors que, G 17, H 63, L 37, R 36, w 166,
  x 10, z 10.
Hors, w 119.
In, U 15.
Jusque, G 29, H 13, J 6, N 28, Q 16.
Jusques, o 21, P 35, R 24, v 26, w 155,
  x 14, x bis 20, z 51.

Leiz, I 36.
Lés, I 47.
Lez, I 18.
Mais que, w 184.
Outre, N 37, U 15, w 73, x bis 5.
Par, A 3, B 12, etc.
Par davant, L bis 39, E 9, Q 5.
Par devant, F 3, M 4, N 4, P 4, R 2,
  s 83, v 40, Y 14.
Par devers, H 96, I 100, R 39, v 11, z 52.
Parmi, E ter 8, L 38, s 33, v 40, w 180.
Por, B 5, C 5, D 6, E 10, E bis 24, E qua-
  ter 20, H 98, J 9, K 34, L 4, L bis 6,
  M 14, Q 4, U 22, x 23, x bis 26.
Pour, F 4, G 8, H 11, I 5, L 34, N 14,
  o 3, P 3, R 14, s 9, U 18, v 13, w 5,
  x 11, Y 23, z 34, AA 7.
Preste, I 103.
Prez, x bis 35, z 38.
Puis, z 15.
San, G 12, U 31.
Sans, A 11, E ter 8, E quater 6, J 12,
  R 55, R 60, v 45, x 19, x bis 26, Y 24.
Sanz, G 16, L 15, x 19.
Sauf, s 28.
Sauf ce que, I 101.
Selonc, H 47, L 27.
Sens, H 49, N 22, z 31.
Seur, s 24, Y 4.
Sor, A 5, H 128, v 5, z 5.
Soub, Y 25.
Sour, F 11, H 155.
Sur, E ter 48, I 11, K 9, z 4.
Surs, L 53.
Sus, H 5, I 22, K 4, L 78, P 14, Q 2,
  R 11, x 37.
Tout (À), I 94, w 102.
Toute (À), o 46.
Toutez (À), H 95.
Tresque à tant que, L 28.
Vers, E ter 25.

RÉPERTOIRE ALPHABÉTIQUE

DES

SONS ET DES ARTICULATIONS.

Nota. Les chiffres placés après chaque mot renvoient à la série des numéros 1 à 104, sous les-quels sont distribuées les divisions du vocabulaire précédent.

Les astérisques désignent les finales et les monosyllabes.

A

* A. A, 71, 72; à, 104; çà, jà, 102; la, 29, 35, 39; là, 102; ma, 33, 39; sa, 33, 39; sa *pour* çà, 102; soffrera, 85; va, 72; vanra, 85. — *Voy. aussi* 82, 86.

AAIS. Aaisances, 48.

AAL. Aalis, Aalix, 31, 37; Aaliz, 37; Chaalons, 68; saalée, 41; saalées, saa-leies, saalés, 52.

AAL *mouillé*. Baali, 68.

AALL. Saallées, 46.

AAQ. Paaquis, 9.

AAST. Maaston, 68.

* AAZ. Quenaaz, 22.

AB. Abatissient, 101; abatre, 70; abaye, 36; abé, abei, 9; abeye, 36; abonnei, 14; abonnemens, 22; abonnement, 9; habitant, 16; Ysabiau, Ysabiaul, 37; Ysabiaus, 31.

ABB. Abbaïe, 36; abbatre, 70; abbaye, 36; abbé, abbei, 9; abbeis, 22; abbey, 9; abbeye, 36.

* ABBES, 2.

* ABBEZ (*ez* muet), 2.

.* ABES, 2.

ABL. Establi, 20; establisse, 95; establiz, 7; parmaignablement, permenable-ment, raignablement, 102; restablir, 70.

* ABLE. Airables, 49; arable, 38; es-table, 32; estables, 44; permenable, 11; profitable, 17; raignable, 11; san-lable, 38.

* ABRE. Cabre, 68.

ABS. Absoile, absoyle, 95.

AC. Acorde; 30; acordé, 20, 56; acor-dei, 56; acordeies, 52; acordeir, acor-der, 70; acorderoie, 90; acordey, 56; acort, 71; acostumei, 56; acuns, 5; chacun, 12; chacune, 39; chacuns, 5; Jacot, 10.

* AC. Retorne-sac, 9.

AC *doux*. Encarnacion, 36; faciens, 96; incarnacion, pacience, 36; presenta-cions, 30; recompensacion, 36.

* ACE. Face, 94; grace, place, 36.

* ACET (*et* muet). Facet, 97.

ACH. Achange, 9; achangié, 61; achat, 9; achatez, 27; acherra, 86; achetée,

34; achetei, 14; acheter, 70; acheteront, 89; achetour, 9; Brachei, 68; rachetei, 14; rachetoient, 80.

* ACHENT (*ent* muet). Sachent, 97.

ACR. Acroissance, 36.

ACT. Action, 36; exactions, 48.

AD. Adant, 10; Adeline, 31, 37; adès, 102; adier, 70.

ADR. Adrecier, 70.

* AEEL. Saeel, 9.

AEL. Saelée, 14; saelées, 46, 52; saeler, 70.

* AEL. Sael, 9.

AELL. Saellées, 52.

* AELZ. Saelz, 22.

* AÉS. Saés, 22.

AF. Afiert, 72; afoer, afouer, 70.

AFF. Afferra, 86; affoage, 9; affouer, 9, 70.

AFR. Afranchissons, 73.

AG. Fagos, 22.

AG *doux*. Desdamagier, gagier, 70; Ragecort, Ragecourt, 68.

* AGE. Affoage, 9; arages, arriérages, 22; charuage, damage, eritage, finage, 9; finages, 22; heritage, 9; heritages, 22; honmage, mariage, minage, 9; ostages, 22; outrage, paiage, 9; paiages, 2; passonnage, pasturage, 9; sage, 11; tesmognage, etc. 9; usage, 9, 16; usages, 2, 22.

* AGNE. Champagne, 68.

AGR. Agrave, 68; agrever, 102; agrevez, 7.

* AGUES, 48.

AH. Jahanneit, Maheu, 10; Maheus, 3; Mahon, 10; Mahons, 3; trahoie, 76.

* AI. Ai, 71, 72. 104; delai, 9; en lai, 102; hai, 71; jai, 102; mai, 9; resgardai, 81. — *Voyez aussi* 85.

AIBL. Permenaiblement, 102.

* AICE. Graice, 36.

* AICHE. Braiche, 36; Faiche, 68.

AID. Aidanz, etc. — *Voy*. ID.

* AIE. Laie, 38; lairaie, 90; plaie, 36.

AÏE, *voy*. IE.

* AIÉ. Apaié, paié, 20.

* AIEI. Apaiei, 20.

* AIEIZ. Apaieiz, 7.

AIEL. Saielées, 52.

* AIEL. Saiel, 9.

AIEM. Paiemant, etc. 9.

* AIENT (*ent* muet), 97.

AIER (*er* sourd). Paiera, etc. 86; paieroiet, 92; paieroit, 91; paieront, 89.

* AIER. Paier, 70.

* AIÉS. Apaiés, 20.

* AIET (*et* muet). Paiet, 97.

* AIET. Paiet, 14.

* AIEZ. Paiez, 27.

AIG *doux*. Engaigera, 86; Raigecort, 68.

* AIGE. Charruaige, chiévaige, 9; chiévaiges, damaiges, 22; doumaige, 9, 16; eritaige, finaige, gaige, 9; gaiges, 22; heritaige, 9; heritaiges, 2, 22; mesaiges, 2; messaige, 9; patoraiges, 22; saige, 11; servaige, 9; servaiges, 22; terraige, 9, 16; terraiges, 22; tesmoignaige, tesmoingnaige, usaige, 9; usaiges, 22; vandaige, 9.

AIGN. Anfraigniens, 78; compaignie, 36; parmaignablement, 102; plaignoient, 80; raignable, 11; raignablement, 102; replaignoit, 77.

* AIGNE. Champaigne, 68; compaigne, 30; taigne, 95.

* AIGNENT (*ent* muet). Pourpraignent, 75; taignent, 97.

AIIDE, *voy*. IDE.

AIL *mouillé*. Ai.ors, 102; defailoit, 77.

* AIL. Bail, consail, 9.

* AILET (*et* muet), 97.

AILL *mouillé*. Baillié, 14; baillier, 70; bailliez, 27; defailliens, 78; defailloient,

80; defailloit, 77; Mailli, Sailli, 68;
vaillant, 13, 40.

* AILLE. Communaille, comunaille, coumunaille, 36; graille, 11; taille, 30;
tailles, 36; Torrailles, 68.

* AILLIENT (*ient* muet), 97.

* AIME. Sixaime, 9, 58.

AIMM. Falaimmart, 68.

* AIN. Andemain, endemain, 9; main,
36; Orbain (S.), Ouirbain (S), Ourbain
(S.), 68; pain, plain, 9; plain, 11; reclain, sain, 9; sain, 11; souverain, 17;
Urbain (S.), 68.

* AINC. Flammainc, 16.

* AINCHE. Blainche, 38; plainche, 36.

* AINDRE. Constraindre, contraindre, 70.

* AINE. Chaine, 9; fontaine, 36; plaine,
38.

AING. Aingoulaincourt, 68.

* AINGE. Essainges, 68; grainge, 36.

* AINGLE, 9.

AINGN. Compaingnie, 36.

* AINGNE. Champaingne, Chanpaingne,
68.

• AINM. Plainmont, Sussainmont, 68.

* AINNE. Fontainne, 36; vainne, 38,
95.

* AINNET (*et* muet). Vainnet, 97.

AINS. Ainsi, ainsin, ainsis, 102; Guirainsart, Maurrainsart, 68.

* AINS. Ains, 103; chapelains, gardains,
2; sains, 24; souverains, 4, 24.

AINT. Maintenant, 102; maintenir, 70;
maintenoient, 80; maintenroient, 93;
maintenront, 89; maintenuz, 27.

* AINT. Anfraint, 56; remaint, 72; saint,
11.

* AINTE. Sainte, 38.

AINV. Jainvier, 9; Jainvile, Jainville, 68.

* AINZ. Sainz, 24.

* AIQUE. Jaique, 10.

AIR. Airables, 49; lairaie, 90; pairoient,

93; plaira, 86; plairoit, 91; plairont,
89; sairemant, 9; sairemens, 22; sairement, 9; sairemenz, 22.

AIRD. Airdoir, 70.

* AIRE. Aire, 36; anniversaire, 9; contraire, 9, 11, 58; doaire, douaire, 9;
douaires, 2; faire, 70; isuaire, 9;
maires, 2; meffaire, 70; miliaires, 2;
refaire, 70; Saugnaire, Saunaire, 32,
38, 68; ysouaire, 9; ysouaires, 22.

* AIRZ. Mairz, 9.

AIS. Aaisances, 48; aisance, 36; aisances, 48; aisemant, 102; apaisiés, appaisiés, 7; faisoie, 76; faisoient, faisoiet, 80; faisons, 73; laiseront, 89;
Laison, Maisières, 68; maison, 36;
maisonner, 70; maisons, 43, 48; meffaisans, 26; meffaisant, 13; paisible,
38; paisiblemant, paisiblement, 102;
plaisoit, 77; raison, 36; raisons, 43,
48; saisine, 36; saisines, 43; taisivlement, 102.

* AIS. Fais, 7, 71; fourfais, 22; jamais,
102; lais, 9, 22; mais, 102, 104; mauvais, 11; Nicholais, 10; pais, 30, 36;
palais, 9; plais, 2.

* AISE. Desplaise, 95.

AISN. Maisnies, 48.

AISS. Faissons, 73; laissassent, 101;
laissiez, 7; maisson, paisson, 36;
Waissi, 68.

* AISTRE. Maistres, 2.

AIT. Enfraitures, 48.

* AIT. Ait, 95; fait, 9, 14, 20, 56, 61,
72; fourfait, lait, meffait, mesfait, 9;
plait, 72.

* AITE. Faite, 34, 41; faites, 46, 52,
74.

AITR. Waitreneiville, 68.

* AITRE. Maitre, 9.

* AIX. Maix, 104; Senechaix, 2.

* AIZ. Faiz, 7, 71; plaiz, 22.

AL. Aalis, Aalix, 31, 37; Aaliz, 37; alei, 20; aleir, 70; Alemenz, 23; aler, 70; alesens, alessiens, 101; aleyens, 78; Alix, 31; Aliz, 31, 37; aloie, 76; aloient, 80; aloit, 77; alue, 9; Chaalons, 68; chevalier, 9, 16; chevaliers, 2; dalès, 104; Falaimmart, Jerusalem, 68; palais, 9; saalée, 41; saalées, saaleies, saalés, 52; salut, 9; valeies, 48; valeur, 36; valoient, 80; valoir, 70; valoit, 77; valour, 36.

* AL. Cheronval, 68; cheval, 9; Cheverival, Gironval, 68; laial, leal, loial, 38; mal, 68, 102; metal, 9; official, oficial, oifficial, 9; pharochal, pharochial, 38; Remonval, Rommeval, 68; val, 9, 36; wal, 36.

AL *mouillé*. Baali, 68; defaliens, 78; defaloient, 80.

ALL. Saallées, 46, 52.

ALL *mouillé*. Salley, 68.

ALM. Bannalment, especialmant, especialment, lealment, 102.

* ALX, 25.

AM. Amande, 36; amandé, 14; amander, amanrir, 70; Amant (S.), Amé (S.), 68; amei, 14; Amele, 68; amen, 102; amende, 30, 36; amendei, 56; amendes, 48; amenrissement, 9; amez, 7; amonetés, 27; Amongars, 31; amont, 102; amorti, 14; amortis, 71; amortiz, 27; damage, 9; damaiges, 22; damoisele, 30; desdamagier, 70; Flamans, 23; jamais, leiamant, 102; ramenant, 13; reclameir, reclamer, 70; reclamera, 86; reclameront, 89; samedi, 9.

* AM. Am, 9, 102, 104; Jeham, 10; Roncham, 68.

AMB. Issambart, 10.

* AMBLE. Samble, 72.

* AMBRE. Octambre, otambre, 9.

AMC. Amcombrement, 9.

* AME. Asseurames, 83; dame, 30, 36; dames, 43, 48; fame, 30, 36; fames, 48.

AMM. Ammey, 14; Flammainc, 16; soufisamment, 102.

* AMME. Damme, famme, 36.

AMP. Ampoirier, 70; Champagne, etc. 68; Tampillon, 68.

* AMP. Champ, 9; Landeinchamp, 68.

* AMQUE. Quamque, 59.

AN. Aneanties, 52; anientis, 14; canonel, 11; Chanées, 68; manière, 36; manières, 48.

* AN. An, 5, 9, 102, 104; ban, 9; comman, 71; devan, 102; Jehan, 10; Jehan (S.), 68; san, 104.

* ANBRE. Novanbre, 9.

ANC. Ancommance, 72; ancommencent, 75; ancontre, 102, 104; ancor, 102.

* ANC. Banc, 9; franc, 11; sanc, 9.

ANC *doux*. Anceinte, 36; Ancel, 10; ancesors, etc. 22; ancienement, etc. 102; Brancion, 10; cancelées, 52; Climançon, 68; devancier, 16; Pancei, 68; pitancier, 9; tanciez, 7.

* ANCE. Aaisances, 48; acroissance, aisance, 36; aisances, 48; ancommance, 72; apartenances, 43, 48; appartenances, 43; convenances, couvenances, covenances, 48; France, 68; grevance, ordenance, presance, 36; Tenance, 68.

ANCH. Afranchissons, 73; franchemant, 102; franchi, 61; Franchié, 68; franchise, 36; franchises, 48.

* ANCHE. Franche, 32.

AND. Amandé, 14; amander, 70; andemain, etc. 9; Chandelour, 36; comandemens, 2; commandemans, 2, 22; commandemant, etc. 9; commandemenz, coumandemenz, 2; demander, 70; demanderont, 89; demandoie, 76; demandoient, 80; esmandeir, ga-

randir, 70; Landeinchamp, 68; mandemant, 9; mandey, 61; randeor, 16;
randera, 86; randeroieent, 93; randerres, 2; randu, 61; randues, 52,
vandaige, 9; vandu, 61; vandue, 36;
vanduee, 30; vandues, 52; wandue,
36.

* ANDE. Amande, 36; demandes, offrandes, 48.

* ANDENT (*ent* muet). Vandent, 75.

* ANDLES. Mandles, 68.

ANDR. André, Andrieu, 10; prandrai,
85; randra, 86; randroie, 90.

* ANDRE. Desfandre, despandre, randre,
vandre, 70.

* ANE. Chane, 9.

ANF. Anfans, anfanz, 22.

ANFR. Anfraigniens, 78; anfraint, 56.

ANG. Angoulaincourt, 68.

ANG *doux*. Achangié, 61; eschangié, 56,
61; evangeliste, 9.

* ANGE. Achange, dimmange, eschange,
9; grange, 36; vernanges, 48.

ANGN. Angnel, 16.

* ANGNENT (*ent* muet). Prangnent, 75.

ANL. Sanlable, 38.

* ANME. Fanme, 30.

ANN. Année, 36; anniversaires, 9; annoitent, 97; bannalment, 102; bannaul, 11, 17; gannast, 99; Jehanneit, etc. 10; Jehannés, 3; mannières,
48; pannie, 36.

* ANNE. Osanne, Sussanne, 37.

ANP. Chanpaingne, etc. 68.

* ANP. Chanp, 9.

ANPR. Anprunt, 9.

ANQ. Anqui, 102.

* ANQUE. Quanque, 59.

ANR. Amanrir, 70; Hanri, Hanrion, 10;
Hanris, 3; manrons, 87; panra, 86;
panroieet, 93; panroit, 91; panrons,
87; remanra, tanrat, 86; tanroient,

93; tanroit, 91; tanrons, 87; tanront,
89; vanra, 85, 86; vanrai, 85; vanrons, 87.

* ANRE. Panre, 70.

ANRR. Hanrri, 10; tanrroit, 91; tanrront, 89; vanrredi, 9.

* ANRRE. Panrre, 70.

ANS. Ansel, 10; Ansés, 3; ansi, 102;
ansigant, 13; ansois, 103; Mansué (S.),
Mansuy (S.), 68.

* ANS. Anfans, ans, 22; appartenans, 26;
arpans, 22; bans, 2; Barbarans, 68;
chans, 22; commandemans, 2, 22;
contans, 28; convans, 2; dans, dedans,
104; devans, 102; demorans, 7, 26;
demourans, 26; enans, 102; Flamans,
23; frans, 4; grans, 32; Jehans, 3; léans,
102; meffaisans, 26; paians, 28; sans,
104; séans, 51; serjans, 22; servans,
26; tans, 9.

ANSCR. Transcrist, 9.

ANT. Aneanties, 52; anterin, 11; anterinement, 102; antier, 11; antièremant,
102; antiers, 4; antor, 104; avanture,
36; chanter, 70; créanté, 14; garantie, 36; garantiront, 89; santier, 9;
vantaul, 16; vanteis, 9; volanté, etc.
36.

* ANT. Adant, 10; Amant (S.), 68; arpant, 16; atant, 72; Bertrant, 10;
commandemant, 9; consant, 71; convant, couvant, 9; covant, 9, 61; dant,
9; davant, 102, 104; dessant, 72; devant, 102, 104; Dolevant, 68; empeschemant, estant, fromant, 9; grant,
11, 38; Hersant, 37; Lorant, 10; mandemant, 9; Nuisant, 68; paiemant, 9;
pourestant, prant, 72; presant, 11;
sairemant, 9; serjant, 16. — *Voy. aussi*
13, 19, 40, 60, 62, 63, 102.

ANT *doux*. Devantiers, 22.

* ANTE. Cimquante, etc. 69; presante,

38 ; presantes, 49 ; quarante, 69 ; rante, 36 ; rantes, 48 ; saxante, seigsante, sessante, sexante, sixante, 69 ; tante, 39 ; trante, 69.

* ANTQUE. Quantque, 59.

ANTR. Antredit, 7 ; antrée, 36 ; antrepresures. 48 ; antrer, 9.

* ANTRE, 104.

*.ANTROIT (*oit* muet), 95.

ANV. Anver, anvers, 104 ; anvoé, 14 ; anvoier, 70 ; janvier, 9.

* ANZ. Aidanz, 6 ; anfanz, anz, arpanz, 22 ; commandemanz, commendemanz, 2 ; contanz, 28 ; couvanz, covanz, 2 ; dedanz, 104 ; devanz, 102 ; Dolevanz, 68 ; Gehanz, Jehanz, 3 ; Loranz, 10 ; sanz, 104 ; serjanz, 22.

AP. Apaisiés, 7 ; aparoyl, 9 ; apartenances, 48 ; apaturé, 20 ; apaumeure, 9 ; apelèrent, 84 ; apelle, 72 ; apelley, 14 ; aponné, 11 ; aporteroit, 91 ; aportest, 99 ; apostoile, apostole, 9 ; apourta, 82 ; apourtée, 34 ; capèle, 36 ; chapelains, 2 ; chapèle, 30, 36 ; chapelerie, 36 ; rapeler, 70 ; rapors, 71 ; raportant, 13 ; raporteroie, 90.

APP. Appaisiés, 7 ; apparent, 38, 40 ; apparilié, 14, 20 ; appartenances, 43 ; apparteinnent, 75 ; appartenans, 27 ; appartenront, 89 ; appèle, 72 ; appendises, 48.

APPR. Approve, apprueve, 72.

APR. Après, 102, 104 ; aprez, 104 ; aprovons, 73.

APT. Baptiste, 10.

AQ. Aquerre, 70 ; aquesté, 61 ; aquestées, 46 ; aquestei, 61 ; aquester, 70 ; aquestiens, 78 ; aquité, aquitei, 61 ; laqueil, etc. 39 ; laquex, etc. 33 ; paaquis, 2.

* AQUE. Jaques, 10 ; Jaques, 3 ; Paques, 48.

AR. Aparoyl, 9 ; apparent, 38, 40 ; apparilié, 14, 20 ; arable, 38 ; arages, 22 ; ariéfié, 9 ; ariers, 102 ; Barbarans, 68 ; baron, charuage, 9 ; Clarin, 10 ; garandir, 70 ; garantie, 36 ; garantiront, 89 ; garentie, 36 ; garentir, 70 ; garentisse, 98 ; mari, mariage, 9 ; Marie, 37 ; marier, 70 ; mariz, 2 ; pharochal, etc. 38 ; plaroit, 91 ; quarante, etc. 69 ; varenne, 36 ; varont, 86 ; Warenchien, 68.

* AR. Bar, 68 ; car, 103 ; par, 104 ; quar, 103.

ARB. Barbarans, 68 ; arbelestre, 36 ; arbitre, 16 ; arbitres, 2, 22 ; arbue, 36.

ARBR. Arbritres, 22.

* ARC. Clarc, 9.

ARCH. Marchié, 9.

ARD. Ardit, 99 ; ardoir, 9, 70 ; gardains, 2 ; gardeir, garder, 70 ; gardereiens, 92 ; garderoient, 93 ; garderont, 89 ; jardin, mardi, 9 ; regarda, 82 ; resgardai, 81 ; warder, 70.

ARDR. Jardrin, 9.

* ARE. Contrares, 49 ; usuare, 9.

ARF. Parfonde, 38.

ARG. Deschargier, 70.

ARL. Parlei, 56 ; parleir, 70 ; parlement, 9.

ARM. Armei, 20 ; armeure, 36 ; armez, 27 ; armone, 36 ; parmaignablemant, 102 ; parmenable, 38 ; parmi, 104.

* ARME, 36 ; armes, 48.

ARN. Arnol, 10 ; encarnacion, iencarnation, incarnacion, 36.

* ARNE. Marne, 68.

ARP. Arpans, 22 ; arpant, 16 ; arpanz, 22

ARQ. Marquemont, 68.

ARR. Arras, 68 ; arrestez, 7 ; arrier, 102 ; arrierages, arrierfiés, 22 ; arriers, 102 ; charrète, 36 ; charrètes, 48 ; charreton, 9 ; charrière, 30 ; charroi, charruaige, 9 ; charrues, 48 ; darrier, 104 ; darriers,

102, 104; marrener, 70; marrenier, marrien, 9; marriens, 22; quarriaux, 22; requarront, varront, 89.

* ARRE. Navarre, 68.

* ARS. Amongars, 31; essars, 22; Gonsemars, 68; mars, 9; pars, 48.

ART. Apartenances, 43, 48; apparteinent, 75; appartenances, 43; appartenans, 26; appartenront, 89; articles, 22; Domartin, 68; Martin, 10; partie, 30, 36; partiee, 36; parties, 43, 48; partoit, 77; partout, 102.

* ART. Despart, 72; Emenjart, 37; esgart, 9; Falaimmart, Guirainsart, 68; Issambart, 10; Maurrainsart, 68; part, 36; quart, 9, 58; tart, 11, 102; Vichart, Wandart, Wiart, 10.

* ARTE. Quarte, 38.

* ARTRE. Chartre, 30, 36; chartres, 43.

ARTV. Bernartvaul, 68.

* ARZ. Hendemarz, 68; marz, 9; parz, 48.

AS. Asené, 61; asener, 70; asis, 14; ason, asonc, 104; fasiens, 78; fasoient, 80; fasons, 73; lasoiet, 80; pasiblement, 102; remason, 16; remasons, 22.

* AS. Arras, 68; as, 21, 47; bas, 9, 58; cas, 9; dras, 22; fas, 71; mas, 104; pas, 102; senechas, 2.

ASC. Chascun, 12; chascune, 33, 39; chascuns, 5.

ASC doux. Ascenei, 61.

ASQ. Pasquiz, 9.

* ASQUES. Pasques, 48.

ASS. Assavoir, 70; assenés, 27; assensies, 48; asseurames, 83; asseurei, 56; passon, 36; passonnage, 9; trespassera, 86; Wassey, 68.

* ASSE. Basse, 38; Becasse, 10; fasse, 94.

* ASSENT (ent muet). Laissassent, 101.

* ASSET (et muet). Usasset, 101.

AST. Chastel, 9; chastelerie, 36; Maaston, 68; pasturage, 9; pasture, 36.

* AST. Gannast, 99.

AT. Abatissient, 101; achatez, 27; apaturé, 20; atant, 72; atendre, 70; bateis, 11; chatelein, 9; chatemite, 36; chatés, 22; Chatonru, 68; Gatier, 10; Maton, 68; patoraiges, 22; paturer, 70; patureront, 89; quatorze, etc. 69; status, 2.

* AT. Achat, 9; at, 72; averat, 86; debat, 9; paierat, panrat, 86; Parisat, 10; serat, tanrat, 86; vat, 72; viverat, 86.

AT doux. Decollation, fondation, iencarnation, obligation, 36; obligations, 48.

* ATE. Hawiate, 37; Rates, 3.

ATR. Atrui, 12; Watrignévile, 68.

* ATRE. Abatre, abbatre, 70; latres, 48; matre, 70; quatre, 69.

ATT. Batteis, 11.

* AU. Au, 8, 21, 47; sau, 11; seneschau, vau, 9.

AUB. Aubers, 3; Aubert, 10; haubert, 9.

* AUBE; 68.

AUBL. Estaubli, 20; estaublis, 7; heritaublement, permenaublemant, etc. 102.

* AUBLE. Estauble, 32; estaubles, 44.

AUBR. Aubri, 10.

AUC. Aucun, 18; aucune, 33, 39; aucunes, 50; aucunne, 33; aucuns, 5; chaucun, 12; chaucune, 39; chaucunes, 50; chaucuns, 5; Vaucolor, 68.

AUC doux. Faucie, 36; fauciées, faucies, faucilles, 48; faucillour, 9; faucillours, 22; Sauciz, 68.

* AUCE. Fauce, 38.

AUCH. Chevauchie, 30, 36; fauchie, 36; fauchies, 48.

AUCT. Auctorité, etc. 36.

AUD. Audete, 30.

* AUDE, 30, 36.

* AUF. Sauf, 11, 104.

AUGN. Saugnaire, 32, 38, 68.

32.

AUL. Raulet, 10.

* AUL. Bannaul, 11, 17; Bernartvaul, 68; leaul, loiaul, 38; ospitaul, 9; vantaul, 16; vaul, 9.

* AULS. Eauls, 25; seneschauls, 2.

AUM. Apaumeure, aumogne, 36; aumone, aumonne, 30, 36; aumonnées, 52; aumonsnei, 20; aumosna, 82; corporaumant, especiaumant, etc. loiaumant, etc. 102.

* AUME. Guillaume, 10; Guillaumes, 3.

AUN. Saunaire, 32, 38, 68; saunierr, 9.

AUQ. Auqués, 25; auquons, 5; Vauquelor, Vauquelour, 68.

* AUQUE, Chauque, 12.

AUR. Aura, 86; auroie, 90; auroient, 93; auroit, 91; aurons, 87; auront, 89; defauroient, 93; vauroit, 91; vauront, 89.

AURR. Faurra, 86; Maurrainsart, 68.

AUS. Ausi, ausin, 102; vausist, 99.

* AUS. Aus, 21, 25, 47; faus, 11; officiaus, 2; saus, 4, 24, 25; seaus, 2, 22; senechaus, seneschaus, 2; Thiebaus, 3; Vaus, 68; ventaus, 22. — *Voy. aussi* IAUS.

* AUSE. Cause, 36.

AUSS. Aussi, aussinc, 102.

AUT. Autant, 192; auteil, 12; autel, 12, 39; autour, 104; communautei, 36; Gautier, 10; Gautiers, 3.

* AUT. Defaut, deffaut, 9; haut, 9, 58; Regnaut, 10; Saut, 68; Thebaut, Thiebaut, 10; waut, 9.

AUTR. Autrefoiz, autremant, 102; autreteil, 12; autretel, 102; autrui, 12.

* AUTRE, 12, 18, 33, 39; autres, 5, 25, 50.

AUV. Mauvais, 11; sauver, 70.

* AUVE. Sauve, 38, 49; sauves, 44, 49.

* AUX. Aux, 21, 25; chevaux, seaux, 22; senechaux, seneschaux, 2; Waux, 68. — *Voy. aussi* IAUX.

AUXQ. Auxqueix, 25.

* AUZ. Senechauz, seneschauz, 2.

AV. Assavoir, 70; avant, 102; avanture, 36; avec, 104; aveeins, avciens, 78; aveinne, 36; avenoit, avenot, 77; aventure, 36; averat, 86; averiemes, averiens, 92; averoient, 93; averoit, 91; averons, 87; averont, 89; aveschié, 9; avez, 74; aviec, 104; aviens, 78; avignies, 46; avoc, avoec, 104; avoent, 80; avoie, avoiee, 76; avoienne, etc. 36; avoir, 70; avoit, 77; avons, 73; avor, 70; avouerie, 36; davant, davent, 104; havoient, 80; havoir, 70; havoit, 77; Navarre, 68; savoir, 70.

* AVE. Agrave, 68; octaves, 48.

AVR. Avril, 9.

AW. Hawiate, 37.

* AWES. Octawes, 48.

AWR. Awril, 9.

AX. Saxante, 69.

* AY. Ay, 71; Germay, 68; pourray, 85.

AYB. Haybers, 3.

AYD AYE, voy. Y.

AZ. Hazoi, 68.

* AZ. Faz, 71; Mal Levaz, 68; quenaaz, 22.

B

B, *voy.* ab, aub, ayb, eb, ib, ieb, ob, oub. — BB, *voy.* abb. — BL, *voy.* abl, aibl, aubl, ibl, obl, oebl, oubl, uebl; *cf.* M, N. — BR, *voy.* abr, aubr, ibr, obr; *cf.* M, N, R. — BS, *voy.* abs. — MB, *voy* M. — NB, *voy.* N. — RB, *voy.* R.

C

C, *voy.* ac, aic, auc, ec, eic, ic, iec, oc, oec, uc. — CC, *voy.* occ, ucc. — CH, *voy.* ach, aich, auch, ech, eich, ich, och, ouch, uch; *cf.* N, R, S. — CL, *voy.* ecl, icl; *cf.* S. — CQ, *voy.* ocq; *cf.* N. — CR, *voy.* acr; *cf.* N, S. — CT, *voy.* act, auct, ict, oct. — LC, *voy.* L. — MC, *voy.* M. — NC, *voy.* N. — RC, *voy.* R. — SC, *voy.* S. — XC, *voy.* X.

D

D, *voy.* ad, aid, aud, ed, eid, eud, id, od, oud, ud, uid, yd. — DL, *voy.* N. — DR, *voy.* adr, oudre; *cf.* N, R. — ND, *voy.* N. — RD, *voy.* R. — SD, *voy.* S.

E

* E *muet, voyez les finales féminines.*

* E *sourd.* Ce, 12, 50, 55, 59, 103; de, 104; ge, 5; je, 5, 33; ke, 103; le, 8, 12, 55, 59; me, 12; ne, 102, 103; que, 12, 18, 25, 39, 45, 50, 55, 59, 103; se, 12, 25, 39, 50, 55, 103.

* É. Abbé, abé, 9; achangé, 14; acordé, 20, 56; amandé 14; Amé (S.), 68; André, 10; anvoé, 14; apaié, apaturé, 20; aponné, 11; aquesté, aquité, asené, 61; auctorité, 36; boissé, costé, 9; créanté, 61; crestienté, 36; devisé, 56; devissé, 20, 56; dimé, dismé, 9; doné 14, 61; donné, 61; Escuiré, 68; esté, 61; fossé, gré, 9; juré, 14, 61; levé, loé, loué, 61; Moieinpré, 68; nomé, 20; nommé, 14; ostroié, 61; otrié, 14; otroié, 61; paié, 20; perpetué, 38; perpetuité, 36; pré, 9; proié, 61; propriété, 36; quitté, seellé, 61; surté, 36; terminé, trouvé, 20; verité, volenté, etc. 36. — *Voy. aussi* IÉ.

* EAULS, EAUS, EAUX, *voy.* AULS, etc.

EB. Debat, 9; debites, 48; Gileberz, 3; Thebaut, 10.

EBL, *voy.* OEBL, UEBL.

EC. Becasse, 10; Bleecourt, 68; decollation, 36; Ecurel, Gondrecourt, Nommecourt, Ragecort, etc. 68; recogneu, 61; recognurent, 84; recompensacion, 36; reconeu, 61; reconoissent, 75; reconu, 61; secont, 11; Tremblecort, 68.

* EC. Avec, 104.

EC *doux.* Adrecier, 70; decembre, etc. 9; decest, etc. 9; deceu, 20; especialment, etc. 102; recepte, 36; receu, 14, 61; receue, 41; recevoir, 70.

ECH. Decheuz, 7; empeechiemes, 78; pechié, 9; senechaix, etc. 2.

ECL. Reclain, 9; reclameir, etc. 70; reclamera, 86; reclameront, 89.

ED. Antredit, 9; contredire, 70; dedans, 104; edefices, etc. 22; edefier, etc. 70; entredit, samedi, vanrredi, 9.

* ÉDE. Remède.

ÉE. Achetée, 34; année, antrée, 36;

apourtée, confermée, 41 ; contée, 34,
41; Courée, 68; delivrée, devisée, 34,
41; donée, 41; donnée, 34; jurée, 36;
levée, 34; loée, menée, nombrée, nomée, 41; saalée, 14; saélée, seellée,
trouée, 41.

EEC. Bleecourt, 68.

EECH. Empeechiemes, 78.

EEINS, EEINV, *voy.* EINS, etc.

EEL. Seelées, 52; seeler, 70.

˙EEL. Seel, 9.

EELL. Seellé, 61; seellée, 41; scellées, 52.

˙EELS. Seels, 22.

˙EÉS. Seés, 2, 22.

˙ÉÉS. Aquestées, 46; aumounées, cancelées, 52; Chanées, 68; corvées, croées,
48; devisées, 46, 52; divisées, 52;
donées, données, 46, 52; enpetrées,
52; fauciées, 48; jurées, 52; levées,
46; louées, 52; nomées, 46, 52; nommées, 46; quitées, etc. saalées, 52;
saallées, saelées, 46, 52; saellées, etc.
52; soudées, 48; violées, 52.

˙EESMES, *voy.* ESMES.

˙ÉEZ (*ez* muet). Nomméez, ostéez, 52.

EF. Ariéfié, 9; autrefoiz, 102; defailliens,
78; defailloient, 80; defailloit, etc. 77;
defaliens, 78; defaloient, 80; defauroient, 93; defaut, 9; defaute, 36; defors, 104; edefices, 22; edefier, refaire,
70; refera, 86; refuser, 70; trefonz, 2.

˙EF. Blef, 9. — *Voy. aussi* UEF.

EFF. Deffaut, 9; deffendre, 70; deffois,
2, 9, 22; meffaire, 70; meffaisans, 26;
meffaisant, 13; meffait, 9.

EG. Regarda, 82.

EG *doux.* Egipte, 68; plegerie, 36.

˙EGE. Plege, 16; pleges, 2; privilege,
16; privileges, 22.

EGL. Eglise, 36.

EGN. Pregnoit, 77; Regnaut, 10; segneur, 9.

˙EGNE. Champegne, 68.

EH. Gehanz, 3; Jeham, etc. 10; Jehannés, etc. 3.

˙EI. Abbei, abei, 9; abonnei, achetei, 14;
acordei, acostumei, 56; alei, 20; amei,
14; amendei, 56; apeiei, 20; aquestei,
aquitei, 61; armei, 20; ascenei, 61; asseurei, 56; auctoritei, 36; aumonsnei,
20; Brachei, 68; communautei, crestientei, 36; delivrei, 61; demei, 11; devisei, 20; donnei, 14, 20, 56; Escurei, 68; estei, 61; fermetei, 36; fiei,
fossei, grei, 9; jurei, 20, 61; lei, 9,
58; menei, 14; nomei, 14, 20; ordenei, 14, 56; otreei, otreiei, 61; outrei,
71; Pancei, 68; parlei, 56; pressei,
prissei, 14; proprietei, 36; quitei, 61;
rachetei, 14; Remei, 10; seurtei, 36;
usei, 61; utilitei, veritei, volantei, etc.
36.

EIC. Queicunques, 50.

˙EICHE. Feiche, 68.

˙EIDE. Remeide, 9.

˙EIE. Disneie, 36; termineie, 41.

˙EIEI. Otreiei, 61.

EIEINS, *voy.* EINS.

˙EIES. Acordeies, diviseies, jureies, saaleies, termineies, 52; valeies, 48.

˙EIF. Bleif, 9.

˙EIGE. Privileiges, 22.

˙EIGME. Meigme, 11.

EIGN. Seigneur, 9; seignor, 9, 16; seignors, 16, 22; seignour, 16.

˙EIGNE. Semeigne, 36.

EIGS. Seigsante, 69.

˙EIL. Auteil, autreteil, 12; conseil, 9;
corporeil, 38; laqueil, 39; Noeil, 9;
teil, 39, 55; veil, vueil, 71.

˙EILQUE. Queilque, 12.

˙EILZ. Queilz, 33.

EIM. Deimé, 9.

˙EIME. Deime, 30, 36.

˙EIMES. Meimes, 12, 102; preimes, 83.
˙EIMMES. Deimmes, 48.
˙EIN. Audemein, chatelein, 9; mein, 36; miein, 55; Orbein (S.), 68; plein, sein; 11; tein, 71.
EINC. Bolleincort, 68; eincor, etc. 102.
EINCH. Laudeinchamp, 68.
˙EINDRE. Contreindre, 70.
˙EINE. Quinzeine, 36.
˙EINENT (ent muel). Apparteinent, 75.
˙EING. Reteing, 71.
˙EINGE. Esseinges, 68; greinge, 36.
EINGN. Seingnour, 9, 16; seingnor, 9.
˙EINGNE. Champeingne, etc. 68; monteingne, 36.
˙EINGNENT (ent muet). Teingnent, 97.
˙EINGRES. Leingres, 68.
EINM. Heinmonel, 10; Suseinmont, 68.
˙EINNE. Aveinne, 36.
EINPR. Moieinpré, 68.
EINS. Einsi, einsin, 102.
˙EINS. Aveeins, 78; geins, 9, 22; nomereeins, 92; poueieins, poüeins, requereieins, 78; requerreeins, 92.
˙EINT. Porceint, 72; seint, 11.
˙EINTE. Anceinte, 36.
EINV. Jeeinvile, etc. 68.
˙EIR. Acordeir, aleir, empetreir, escoumenieir, esmandeir, gardeir, greveir, 70; Monteir, 68; osteir, 70; parleir, 9; porteir, 70; Roveir, 68; reclameir, termineir, 70.
˙EIRE. Freires, 2.
˙EIS. Abbeis, 22; bateis, etc. 11; bleis, 22; Cireis, 68; cureis, 2; Cyreis, 68; desqueis, 50; jureis, 27; lesqueis, 25, 45; meis, 9; nomeis, etc. 7; preis, 22; prioleis, 2; vanteis, 9.·
˙EISE. Meises, 48.
EISM. Meismemant, etc. 102.
˙EISME. Meisme, 12; meismes, 12, 39.
EISS. Peisson, 68.

˙EISSE, EISSENT, EISSIENT, *voyez* ISSE, etc.
˙EIT. Jahanneit, Jehanneit, 10.
˙EITRES. Leitres, 48.
˙EITTENT (ent muet). Promeittent, 75.
˙EITTRES. Leittres, 48.
EIV. Waitreneiville, 68.
˙EIX. Auxqueix, 25; Cereix, 68; deix, 69; meix, 9; osteix, 22; seix, 69; teix, 5, 33.
˙EIZ. Apaieiz, 7; Buteiz, 68; cuireiz, 2; deleiz, 104; escumenieiz, 27; leiz, 104; preiz, 22; prissieiz, 27; seiz, 69; veiz, 81.
EJ. Prejudice, 9.
˙EKE. Esveke, 9.
EL. Adeline, Aelis, 31, 37; apelèrent, 84; arbelestre, 36; cancelées, 52; celerier, 9; celeriers, 2; celi, 12, 39; celier 9; celu, celui, 12; Chandelour, 36; chapelains, 2; chapelerie, chastelerie, 36; chatelein, delai, 9; deleiz, etc. 104; delivre, 32; delivrée, 34; delivrei, 61; delivrer, 70; delivreriens, 92; delivreroient, 93; evangeliste, 9; geline, 36; gelines, 48; Heluy, 37; Heluys, etc. 31; Heudelaincourt, 68; iceli, 39; rapeler, 70; religieus, 16, 22, 24; religieux, 11, 24; religiex, 11; religious, 16, 22; religiouses, 49; religiouz, 24; renouveler, etc. 70; renoveleroient, 93; saelée, seelées, etc. *voy.* AEL, EEL; selier, 9; selonc, 104; Vauquelor, etc. 68.
˙EL. Ancel, 10; angnel, 16; Ansel, 10; autel, 12, 39; autretel, 104; boissel, 9; canonel, 11; cel, 12; chastel, contresaeel, etc. 9; douquel, 12; Ecurel, 68; fiel, 9; Formerel, Heinmonel, 10; hostel, journel, 9; laquel, 39; lequel, 12; liquel, 18; Mouteruel, *roy.* UEL; nel, 12, 102; nouvel, etc. 9, 58; ostel, 9;

quel, 39; Rinel, 68; saeel, etc. 9; tel,
12, 18, 39.

ELC. Quelcunque, 39.

* ELE. Amele, 68; appele, 72; capele, 36;
cele, 39; celes, 50; chapele 30, 36;
Courceles, 68; damoisele, 36; ele, 33;
eles, 45; Estele, 68; icele, 39; lesqueles, 50; liquele, 33; personeles, 49;
quele, 33; reeles, 49; tele, 39.

ELENT (*ent* muet), *voy.* UELENT.

ELL. Apelley, 14; celli, 39; saellées,
seellé, etc. — *Voy.* AELL, EELL.

* ELLE. Apelle, 72; celle, 39; celles, 50;
Corcelles, 68; desquelles, 50; elle, 33;
elles, 45; laquelle, 39; lesquelles, 50;
querelle, 30; qués qu'elles, 45; telle,
39; tournelle, 36.

* ELLENT (*ent* muet), *voy.* UELLENT.

ELM. Corporelmant, etc. 102; perpetuelment, 102.

* ELQUE. Quelque, 12, 39; quelque
onques, 39.

* ELS. Lesquels, 25; seels, 22.

* ELX. Celx, 25.

* ELZ. Celz, 25; Cystelz, 68; desquelz,
lesquelz, 25; saelz, 22; telz, 25.

EM. Abonnemens, 22; abonnement, aisemant, 9; Alemenz, 23; amcombrement, amenrissémant, andemain, etc.
9; chatemite, 36; chemin, 9; chemins,
22; colemier, 9; Colemière, 68; co-
mandemans, etc. 2; coumandemans,
22; commandemant, etc. 9; confermement, consentement, 9; coumandemanz, etc. 2; demander, 70; demanderont, 89; demandes, 48; demandoie,
76; demandoient, 80; demei, 11; demeure, 72, 95; demi, 11, 38; demie, 38;
demoine, etc. 9; demorans, etc. 26;
demorant, 19; demorent, 97; demorer,
70; demoront, etc. 89; demoure, etc.
72; demourent, 97; demourra, 86;

emcombrement, 9; Emenjart, 37; empeschemant, endemain, enpeschement,
9; esquemeniés, 27; Gonsemars, Hen-
demars, 68; hourdement, jugement,
mandemant, 9; Marquemont, 68; memoire, 36; parlement, 9; premetons,
73; premier, 11; première, 38; premiers, 102; remaint, 72; remanra, 86;
remason, 16; remasons, 22; remède, etc.
9; Remei, etc. 10; remeteroient, 93;
remis, 27; Remonval, 68; remueront,
89; sairemant, etc. 9; sairemens, etc.
22; semeigne, 36; semonues, 46. —
Voy. aussi 102, *pour les finales* emant *et*
ement.

* EM. Em, 104; Jerusalem, 68.

EMBL. Tremblecort, Trembleu, etc. 68.

* EMBRE. Decembre, novembre, octembre, septembre, 9.

* EME. Feme, 30, 36; femes, 48. — *Voy.*
aussi IEMES.

* EMME. Femme, 30, 36; femmes, 48.

EMP. Empeechiemes, 78; empeschemant, etc. 9; empeschier, 70; empeschoit, 77; empetreir, 70; empetrez, 27.

* EMPS. Temps, 9.

* EMQ. Emquison, 36; emquisons, 48.

EN. Apartenances, etc. 43, 48; appartenans, 26; ascenei, etc. 61; asener, 70;
assenés, 27; avenoit, etc. 77; Benoroite,
37; contenu, 56; convenances, etc.
48; dener, 70; denier, 16; deniers, 22;
denuncier, 70; enans, 102; escomenier, etc. 70; escumenieiz, etc. 27;
forsmenei, 14; forsmener, 9; maintenant, 162; maintenir, 70; maintenoient,
80; maintenuz, 27; marrener, 70; marrenier, 9; menant, 13; menée, 41; menei, 61; mener, 70; menière, etc. 36;
menières, 48; menovrier, 9; menu, 17;
menuse, ordenance, 36; ordenei, etc.
56, 61; ordeneriens, 92; ordeneroient,

93; ordenons, 73; parmenable, 38; permenable, 11; permenablement, etc. 102; prenoient, 80; prevenisiens, etc. 24; quênaaz, 22; queneu, 61; quenoitre, 70; quenossant, 62; ramenant, 13; renoncent, 75; renoncié, etc. 61; renonçons, 73; rénouveler, etc. 70; renoveleroient, 93; renuncié, requeneu, 61; retenir, revenir, 70; revenu, 20; revenus, 7; senechaix, etc. 2; senechauz, etc. 9; Tenance, 68; teners, etc. 30; tenir, 70; tenoie, 76; tenoient, 80; tenoit, 77; tenons, 73; tenour, 36; tenu, 7, 20; tenue, 34, 41; tenues, 52; tenus, etc. 7, 27; veneour, 16; veniens, 78; venir, 70; venit, 99; venoient, 80; Waitreneiville, 68.

* EN. Amen, 102; en, 102, 104. — *Voy. aussi* IEN, OEN, YEN.

ENBL. Trenbleu, 68.

* ENBRE. Decenbre, 9.

ENC. Encarnacion, encoison, 36; encommencent, 75; encontre, 102, 104; encor, etc. 102.

ENC *doux.* Enciennemant, 102.

* ENCE. Commence, 72; convenences, 48; Florence, 68; indulgences, 48; pacience, presence, 36.

* ENCENT (*ent* muet). Ancommencent, encommencent, 75.

* ENCH. Enchoison, 36; Warenchien, 68.

END. Amendei, 56; appendises, 48; commendemens, etc. 2; commendement, endemain, 9; entendons, 73; Hendemarz, 68; renderons, 87; renderont, 89; rendu, 61; rendues, 52; venderoient, 93; venderont, 89; vendi, 81; vendist, 99; vendour, 9, 16; vendu, 61; vendue, 36, 41; vendues, 52; venduz, 7.

* ENDE. Amende, 30, 36; amendes, esmendes, 48.

* ENDENT (*ent* muet). Estendent, 75.

* ENDRE. Atendre, deffendre, prendre, rendre, vendre, 70.

ENF. Enforcier, 70.

ENFR. Enfraitures, 48.

ENG. Engaigera, 86.

* ENGE. Dimenge, eschenge, 9.

* ENGRES. Lengres, 68.

ENJ. Emenjart, 37.

ENN. Jehennet, 10; mennière, 36; permennaublemant, plennemant, 102; prennoit, 77.

* ENNE. Avoienne, 36; Champenne, 68; varenne, 36. — *Voy. aussi* UENNE.

ENP. Enpeschement, 9; enpetrées, 52; enpetrer, 70.

ENQ. Enquerre, 70; enqui, 102.

ENR. Amenrissement, 9; appartenront, 89; maintenroient, 93; maintenront, 89; penrons, 87; revenroit, 91; revenront, 89; tenreiens, 92; tenroient, 93; tenront, venront, 89.

* ENRE. Penre, 70.

ENRR. Tenrroit, 91.

ENS. Assensies, 48; ensi, 102; ensiut, 72; Ormenson, 68, recompensacion, 36.

* ENS. Abonnemens, 22; alesens (*pour* alessiens), 100; cens, 69; comandemens, etc. convens, etc. 2; dedens, 104; despens, 9, 22; ens, 21, 47; gens, 43, 48; presens, 24; sairemens, 22; sens, 9, 104; sergens, 22; tens, 9.

* ENSE. Censes, 48.

* ENT *muet, voy.* 75, 80, 84, 93, 97, 101.

ENT. Aventure, 36; consentement, 9; consentir, 70; consentireiens, 92; consentirent, 84; entendons, 73; enterinemant, etc. entièremant, etc. entour, 102; garentie, 36; garentir, 70; garentisse, 98; gentis, 24; presentacions,

3o; presenteront, 89; ventaus, 22; volentei, etc. 36.

* ENT. Abonnement, aisement, amcombrement, amenrissement, 9; apparent, 38; cent, 69; commandement, etc. confermemenl, 9 ; connoissent, 62; consentement, 9; convent, 2, 9; couvent, 9, 61; covent, 9; davent, 104; emcombrement, empeschement, estrument, froment, etc. 9; gent, 3o, 36; hourdement, jugement, 9; Lorent, 10; paiement, parlement, 9; present, 11 ; sairement, 9; sergent, 16. — *Voy. aussi* 102 *pour la finale* ent.

ENT *doux.* Mention, 36.

* ENTE. Presente, 38; presentes, 44, 49; quarente, 69; rentes, 48; trente, 69.

ENTR. Entredit, 9; entrepresuires, etc. 48; entrepris, 61.

* ENTRE, 104.

ENV. Enver, etc. 104; envestu, 14; envieroient, 93; Genvile, 68; jenvier, 9; Jenville, 68.

* ENZ. Alemenz, 23; cenz, 69; commandemenz, convenz, etc. 2; enz, 21; genz, 48; presenz, 49; seiremenz, sergenz, 22.

EP. Repenra, 86.

EPL. Replaignoit, 77.

EPR. Antrepresures, entrepresuires, etc. 48; entrepris, repris, 61.

EPT. Septembre, 9.

* EPT. Sept, 69.

EPT *doux.* Exceptions, 48.

* EPTE. Recepte, 36.

EQ. Lequel, 12; requarront, etc. 89; requeneu, 61; requereiens, 78; requeroient, etc. 80; requeroit, 77; requerre, 70; requerreeins, 92; requeste, 36; requis, 20, 61.

* EQUE. Quéque, 12.

ER. Anterin, 11; anterinemant, 102; bergerie, 36; Berout, 10; Bliseron, 68; celerier, 9; celeriers, 2; Cereix, 68; chapelerie, chastelerie, 36; Cheronval, Cheverival, 68; enterinemant, etc. 102; eritage, etc. esperit, 9; forteresse, 36; heritage, etc. 9; heritages, etc. 2, 22; heritaublement, 102; Jerusalem, Mouteruel, 68; perier, 9; plegerie, 36; Pomeret, 68; querelle, 3o; souverain, 17; souverains, 4, 24; teulérie, verité, etc. 36. — *Voy. aussi* 85 *à* 94 *pour les désinences* erai *à* eroient.

* ER. Affouer, entrer, forsmener, 9; Moster, etc. 68. — *Voy. aussi* 70 *pour la finale* er.

* ER *ouvert.* Anver, 104; Der, 68; enver, 104; mer, 36; yver, 9.

ER, *voy. aussi* IER, UER.

ERC. Robercort, 68.

* ERC. Clerc, 9.

ERD. Perdera, 86; perderoient, 93; perdoit, 77; perdu, 20.

* ERDRE. Perdre, 70.

* ÈRE. Frère, 9; frères, 2, 22; mère, 36; mesfère, 70; père, 9; Père (S.), 68; pères, 2. — *Voy. aussi* IÈRE.

* ERENT (*ent* muet), *voy.* 84.

* ERF. Derf, 68.

ERG *doux.* Bergerie, 36; sergens, etc. 22; sergent, 16.

* ERGE. Verges, 48.

ERJ. Serjans, etc. 22; serjant, 16.

ERM. Confermée, 41; confermement, 9; confermer, 70; confermons, 73; fermemant, etc. 102; fermetei, etc. 36; Germay, 68; permenable, 11; permenablement, etc. 102; termine, 9; terminé, 20; termineie, 41; termineies, 52; termineir, 70; termines, 22.

* ERME. Chermes, 68; conferme, 71, 72; ferme, 32; fermes, 44; terme, 9.

ERN. Bernartvaul, 68; vernanges, 48.

ERP. Perpetué, 38; perpetuelmant, etc. 102; perpetuité, 36.

ERR. Acherra, afferra, 86; converroit, 91; derriers, 104; Guerris, 3; Perrin, 10; querroient, 93; requerreeins, 92; requerront, 89; soufferra, 86; soufferrai, 85; soufferront, 89; terraige, 9, 16; terraiges, 22; terroir, 9; verront, 89.

* ERRE. Aquerre, enquerre, 70; guerre, 36; querre, 70; randerres, 2; requerre, 70; terre, 36; terres, 43, 48.

ERS. Anniversaire, 9; Hersant, 37; persone, 36; persones, 48; personeles, 49.

* ERS fermé. Pillers, 22. — Voy. aussi IERS.

* ERS ouvert. Anvers, 104; Aubers, 3; clers, 2; Convers, 68; devers, envers, 104; Haybers, 3; teners, 30; vers, 104. — Voy. aussi IERS.

ERT. Vertu, 46.

* ERT. Aubert, Chobert, 10; haubert, 9.

ERTR. Bertrant, 10; Mertru, 68.

ERV. Limervile, 68; servaige, 9; servaiges, 20; servans, 26; servir, 70; servise, 9; servitutes, 48.

* ERVENT (ent muet). Servent, 75.

* ERZ. Gileberz, 3. — Voy. aussi IERZ.

ES. Alesens, 100; ancesors, 22; antrepresures, 48; Blesois, 68; borgesies, 48; contresaeel, etc. 9; deseur, etc. 102; Desier (S.), 68; desous, etc. 104; desur, etc. 102; desus, 104; entrepresuires, etc. 48; Jhesu, 9; mesaiges, 2; mesimes, 12; mesure, presance, 36; presant, etc. 11; presante, etc. 38; presantes, etc. 44, 49; presence, 36; presens, 24; presentacions, 30; presenteront, 89; resort, 9.

* ES muet, voy. toutes les finales féminines.

ES fermé et ouvert. Adès, 102; amonetés, 27; Ansés, 3; après, 102, 104; assenés, 27; blés, 2; ces, 5, 25, 45, 50; chalés, 22; Cyriés, Cystés, 68; dalès, 104; des, 21, 47; dès, 104; descombrès, 7; desqués, 25, 50; donnés, 27; es, 21, 47; esquemeniés, 27; frontés, 22; Gironwés, 68; griés, 22; Jehannés, 3; jornés, etc. 22; les, 21, 25, 42, 47, 50; lès, 104; lesqués, 25, 45; liqués, 5; mes, 5, 9, 25, 50; només, etc. 27; oschés, prés, 22; près, 102, 104; qués, 33, 45; saalés, 50; saés, 22; seés, 2, 22; ses, 5, 25, 50; très, 102.

ESC. Descombrés, 7; descordant, 19; descorde, 30, 36; descordoient, 80; descors, 2, 22; descort, 9; escomenier, etc. 70; escorde, 30; escuier, 9; escuiers, 2; Escuiré, etc. 68, escumenieiz, etc. 27; rescourre, 9; rescouz, 7.

ESCH. Eschuminier, 70.

ESCL. Escluses, 48.

ESCR. Escriptes, etc. 46, 52; escrit, 20, 56.

ESD. Desdamagier, 70.

* ESE. Diocèse, 9; esglèse, 30.

ESF. Desfandre, 70; mesfait, 9; mesfère, 70; tresfons, 9.

ESG. Esgart, 9; resgardai, 81.

ESGL. Esglese, etc. 30, 36.

ESL. Esleu, 20, esleuz, 7, 27; esliront, 89.

ESM. Esmandeir, 70; esmendes, 48; tesmognage, etc. tesmong, 9.

* ESMES. Aviesmes, 78; desmes, 48; meesmes, 12.

ESP. Despandre, 70; despart, 72; despens, 22; especialment, etc. 102; esperit, 9; Espinete, 68.

ESPL. Desplaise, 95.

ESQ. Desqueis, etc. 25, 5o; esquemeniés, 27; lesqueis, etc. 25, 45, 5o.

* ESQUE. Esvesque, 9; tresque, 104.

ESS. Essainges, etc. 68; essars, 22; essoine, 36; expressement, 102; messaige, 9; possession, 36; possessions, 48; pressei, 14; presser, 70; pressour, 9; pressours, 22; sessante, 69; successeurs, etc. 22; successor, 16; tressor, 9.

* ESSE. Forteresse, messe, 36; messes, 48.

* ESSENT (*ent* muet). Greusessent, 101.

EST. Aquesté, etc. 61; aquestées, 46; aquester, 70; aquestiens, 78; cestui, 12; contrestant, 6; crestien, 10; crestienté, etc. 36; devestu, 20; envestu, 14; estable, etc. 32; estables, etc. 44; establi, etc. 20; establisse, 95; establiz, etc. 7; estant, 9; esté, etc. 61; Estèle, 68; estendent, 75; estiens, 78; estiés, 79; estoient, etc. 80; estoit, 77; forestier, 16; forestiers, etc. 22; mestier, 9, 53; pourestant, 72; prestours, 22; restablir, 70; restitution, 36; sestier, 16; sestiers, 22; sestière, 64; sestières, 48.

* EST. Aportest, 99; cest, 12; decest, 9; est, 72; forest, 36; vest, 72.

* ESTE. Beste, 3o; bestes, 43, 48; ceste, 33, 39; cestes, 5o; Creste, 68; feste, 36; iceste, 39; preste, 104; requeste, 36.

ESTR. Destruite, 34; estrument, 9.

* ESTRE. Arbelestre, 36; estre, 70; lestre, 3o, 36; lestres, 43, 48.

ESV. Esveke, etc. 9.

ET. Achetée, 34; achetei, 14; acheter, 70; acheteront, 89; achetour, 9; amonetés, 27; autreteil, 12; autretel, 102; Betigne, Betoncort, etc. 68; charreton, 9; fermetei, etc. 36; foretier, fouretier, metal, 9; meteriens, 92; moiennetey, 36; perpetué, 38; perpetuelmant, etc.

102; perpetuité, 36; petit, 11; petite, 38; petiz, 24; prometons, etc. 73; rachetei, 14; rachetoient, 80; remeteroient, 93; reteing, 71; retenir, 70; retiennent, 75; retient, 72; retorne-sac, 9; setier, 16; setière, 64; setières, 43.

* ET *muet,* *voy.* ACET, AIET, AILET, AINNET, ASSET, OIET, OURET, URET, USET.

* ET. Decet, 9; Droet, 10; et, 72, 103; foret, 36; Jehannet, etc. 10; julet, etc. 9; Pomeret, 68; porchet, 9; promet, 71, 72; Raulet, 10; siet, 72; Vuignet, 68.

* ETE. Audete, 31, 37; charrete, 36; charretes, 48; clochete, dete, 36; Espinete, Fossete, Mourete, 68.

* ETENT (*ent* muet). Prometent, 75.

ETR. Empetreir, etc. 70; empetrez, 27; enpetrées, 52.

* ETRE. Letres, 43, 48; metre, sousmetre, 70.

* ETTENT (*ent* muet). Mettent, 97.

* ETTRE. Lettre, 3o, 36; lettres, 43, 48; mettre, 70.

* EU. Ceu, 59; Deu, 9; feu, 2, 9, 11; Jeu, 9; Maheu, 10; neveu, 9; Trembleu, etc. 68.

* EU (prononcé *u* ou *éu*). Creu, 14, 20; deceu, esleu, 20; eu, 14, 61; queneu, 61; receu; 14, 61; recogneu, etc. 61; veu, 14.

* EUBLES. Meubles, 24.

EUD. Preudome, 16; preudomes, 22.

* EUE. Seue, 39; seues, 45, 5o.

* EUE (prononcé *ue* ou *éue*). Creue, 34; eues, 27; receue, 41.

* EUENT (*ent* muet). Peuent, 75.

* EUF. Neuf, 69.

* EUIL. Breuil, 68.

EUL. Seulement, 102; teulerie, 36.

* EUL. Vuieul, 71; Woieul, 10.

* EULENT (*ent* muet). Veulent, weulent, 75.

EUN. Meuniers, 2.

* EUR. Leur, 5, 12, 18, 25, 39, 50, 59; maieur, 9; pluseur, 18; segneur, etc. 9, 16; valeur, 36.

EUR (prononcé *ur* ou *éur*). Asseurames, 83; asseurei, 56.

* EUR (prononcé *ur*). Deseur, desseur, 102; seur, 104.

* EURE. Demeure, 72, 95; Weure (*ou* Wevre?), 68.

* EURE (prononcé *ure* ou *éure*). Apaumeure, armeure, 36; deseure, 102; leveures, 48.

* EURRE. Seurre, 9.

' EURS. Leurs, 5; pluseurs, 50; successeurs, 22.

EURT (prononcé *urt*). Seurtei, 36.

EUS. Greusessent, 101; greusier, 70.

* EUS. Ceus, 25; deus, 69; leus, 22; Maheus, 2; meus, 102; preus, 22. — *Voy. aussi* IEUS.

* EUS (prononcé *us* ou *éus*). Eus, 27; meus, 7.

* EUSE. Greuses, 48.—*Voy. aussi* IEUSE.

EUSS (prononcé *uss* ou *éuss*). Peussiens, 100.

* EUSSE (prononcé *usse* ou *éusse*), 98.

* EUSSENT (prononcé *usse* ou *éusse*). Eussent, peussent, 101.

* EUSSIENT (prononcé *usse* ou *éusse*), 101.

* EUST (prononcé *ut* ou *éut*). Eust, peust, 99.

* EUT. Meut, pourseut, veut, 72.— *Voy. aussi* UET.

EUV. Neuvou, 9.

* EUVE. Neuve Ville, 68.

* EUVENT (*ent* muet). Meuvent, 75. — *Voy. aussi* UEVENT.

* EUVRE, 36.

* EUX. Ceux, 25; deux, 69; leux, 22; seux, 4.

* EUZ. Deuz, 69.

* EUZ (prononcé *uz* ou *éuz*). Decheuz, 7; esleuz, 7, 27; meuz, 7.

* EUZE. Treuze, 69.

EV. Agrever, 70; agrevez, 7; cheval, 9; chevalier, 9, 16; chevaliers, 2; chevauchie, 30, 36; chevaux, 22; Cheverival, Chevillon, etc. 68; devan, etc. 102, 104; devancier, 16; devantiers, 22; deveroit, 91; devers, 104; deviens, 78; devise, 72; devisé, etc. 20, 56; devisée, 34, 41; devisées, 46, 52; devisent, 75; devoie, etc. 76; devoient, 80; devoit, 77; devons, 73; Dolevant, etc. 68; eschevin, 16; eschevins, 22; evangeliste, 9; grevance, 36; greveir, etc. 70; levé, 61; levée, 34; levées, 46; lever, 70; levet, 14; leveures, 48; Limeville, Lyzeville, 68; neveu, 9; prevenisiens, 24; prevoire, 9; prevos, etc. 2, 9, 16; recevoir, revenir, 70; revenroit, 91; revenront, 89; revenu, 20; revenus, 7; revienent, 75; Rommeval, Sommevile, Watrignevile, 68.

* EVRE. Evre, 36; Wevre (*ou* Weure?), 68.

EX. Exactions, 48; sexante, 69.

* EX. Cex, 25; Cyrex, 68; desquex, 25; Dex, 2; Dongex, 68; frontex, 22; laquex, 33; lesquex, 45, 50; liquex, 5, 18; quex, 45. — *Voy. aussi* IEX.

EXC. Exceptions, 48.

EXPR. Expressement, 102.

EXT. Sextières, 48.

* EY. Abbey, 9; acordey, 36; ammey, appeley, 14; donney, 56; Escurey, 68; estey, 61; fermetey, 36; Julley, 68; jurey, 20; mandey, 61; moiennetey, 36; nommey, 20; ordeney, 56, 61; Remey, 10; Salley, Thiley, Vitrey, 68; volantey, 36; Wassey, 68.

* EYE, EYEN, *voy.* YE, YEN.
* EZ *muet.* Abbez, 2; nomméez, ostéez, 52; toutez, 5o.
* EZ. Achatez, 27; agrevez, amez, 7; armez, 27; arrestez, 7; avez, 74; blez, 22; cez, 5o; delez, 104; donez, 7; empetrez, escuminiez, 27; fossez, 2; jurez, 7, 27; laquez, 33; lez, 104; nommez, 7; outroiez, 27; prez, priolez, priorez, 22; provez, 7; quitez, 27; serez, 88; tornez, 7. — *Voy. aussi* IEZ.

F

F, *voy.* af, auf, ef, eif, euf, ief, if, of, ouf, uef, uf. — FF, *voy.* aff, eff, off, oiff, ouff. — FFR, *voy.* offr, oiffr, ouffr. — FL, *voy.* ofl. — FR, *voy.* afr, ofr; *cf.* N. — NF, *voy.* N. — RF, *voy.* R.— SF, *voy.* S.

G

G, *voy.* ag, aig, eg, eig, ieg, ig, og, oig, ug. — GL, *voy.* egl, igl, oigl, ygl; *cf.* N, S. — GM, *voy.* eigm. — GN, *voy.* agn, aign, augn, egn, eign, ign, ogn, oign, uign; *cf.* N. — GR, *voy.* agr, eingres; *cf.* N. — GS, *voy.* eigs. — GV, *voy.* N. — LG, *voy.* L. — NG, *voy.* N. — RG, *voy.* R. — SG, *voy.* S.

H

H, *voy.* ah, eh, ih. — CH, *voy.* C.

I

* I. Ainsi, 102; amorti, 14; anqui, ansi, 102; Aubri, 10; ausi, etc. 102; Baali, Bouni, 68; celi, 12, 39; ci, 102; demi, 11, 38; di, 71; dimi, 11; einsi, enqui, ensi, 102; Escuri, 68; establi, etc. 20; fi, 16; franchi, 61; Hanri, etc. 10; i, 5, 18, 55, 102; iceli, 39; li, 1, 8, 12, 15, 29, 33; Mailli, 68; mardi, mari, 9; mi, 18; ni, 103; parmi, 104; qui, 5, 18, 33, 45, 55; Remi, 10; Sailli, 68; samedi, 9; si, 18, 102, 103; Thierri, 10; vanrredi, 9; vendi, 81; Waissi, 68.

* IAU. Ysabiau, 37.
* IAUE, 36.
* IAUEE, 36.
* IAUES, 48.
* IAUL. Ysabiaul, 37.
* IAUS. Ciaus, 25; Citiaus, 68; iaus, 25, 48; miaus, 102; Ysabiaus, 31. — *Voy. aussi* AUS.
IAUV. Biauveoir, 68.
* IAUX. Quarriaux, 22.
* IAX. Ciax, 25.
IB. Ribautconrt, 68.
IBL. Paisiblemant, etc. 102.

* IBLE. Paisible, 38.

* IBRES. ·Libres , 48.

IC. Quiconques, 5.

IC *doux*. Condicion, 36; icele, iceli, iceste, 39; official, etc. 9; officiaus, 2; officines, 48.

* ICE. Edefices, etc. 22; justice, 20, 36; justices, lices, 48; prejudice, 9.

ICH *dur*. Nicholais, 10.

ICH *doux*. Sichière, 68; Vichart, 10.

* ICLES. Articles, 22.

ID. Aïdanz, 6; aïderiens, 92; aïdier, 70.

* IDE. Aïde, 36; aïdes, 48; aiide, 36.

* IE. Abbaïe, avoerie, etc. bergerie, 36; Brie, 68; chapelerie, chastelerie, 36; chevauchie, 30, 36; compaignie, etc. 36; demie, 38; fauchie, etc. garantie, etc. 36; Marie, 37; mie, 102; Ochie, 68; otroïe, 41; païe, 34; pannie, 36; partie, 30, 36; plegerie, 36; prissie, 41; signourie, teulerie, 36.

* IÉ. Achangié, 61; apaié, 20; apparilié, 14, 20; ariéfié, aveschié, 9; baillié, 14, 61; eschangié, 61; fié, 9; Franchié, 68; jurié, 14; marchié, 9; moitié, moutié, 36; obligié, 14, 20; ostroié, etc. 61; otrié, 14; paié, 20; pechié, pié, 9; prisié, etc. 14; proié, renoncié, etc. 61.

IEB. Thiebaus, 3; Thiebaut, 10.

* IEC. Aviec, 104.

* IÈCE. Pièce, 36; pièces, 48.

* IEE. Partiee, 36.

* IÉENT (*ent* muet). Siéent, 75.

* IÉES. Fauciées, 48.

* IEF. Chief, 9.

* IEGES. Privilieges, 22.

* IEI. Apaiei, 20.

* IEIN. Miein, 55.

* IEIZ. Apaieiz, 7; fieiz, 22; prissieiz, 27.

IEL. Saielées, 52.

* IEL. Saiel, 9.

IEM, *voy*. AIEM.

* IEMES. Averiemes, 92; disiemes, empeechiemes, 78.

* IEN. Bien, 102; chien, 16; civilien, crestien, 11; doien, mairrien, etc. 9; mien, 12; rien, 36; Warenchien, 68.

IÈN. Anciènement, prochiènement, 102.

IENC. Iencarnation (?), 36.

IÈNENT (*ent* muet). Reviènent, tiènent, 75.

IENG. Tieng, 71.

IENN. Anciennemant, enciennemant, etc. 102.

IENNENT (*ent* muet). Retiennent, tiennent, 75.

* IENS. Biens, chiens, 22; diens, doiens, 2; marriens, 22; meiens, 4; miens, 25; prochiens, 32; prevenisiens, etc. 24; riens, 36. — *Voy. aussi* 78, 92, 96, 100.

* IENT *muet, voy.* EUSSIENT, ISSIENT.

* IENT (*ent* muet). Dient, 75.

IENT. Anientis, 7; crestienté, etc. 36.

* IENT. Couvient, retient, tient, vient, 72; voirient, etc. 93.

IENV. Gienvïle, 68.

IER (*er* sourd). Alierai, 85; envieroient, 93. — *Voy. aussi* AIER, OIER.

* IER. Antier, 11; celerier, celier, 9; chevalier, 9, 16; colemier, 9; denier, 16; Desier (S.), etc. 68, devancier, 16; escuier, 9; forestier, 16; foretier, etc. 9; Galier, etc. 10; jainvier, etc. marrenier, menovrier, 9; mestier, 9, 53; Mostier, 68; perier, pilancier, pomier, etc. 9; premier, 11; santier, selier, 9; sestier, etc. 16. —*Voy. aussi* 70 *pour la finale* ier.

IER *ouvert*. Antièremant, 102; arrierages, 22; entièremant, etc. 102; Thieris, 3.

* IER *ouvert*. Arrier, 102; chier, 11; darrier, 104; tier, 9, 58.

* IÈRE. Brotières, 68; charrière, 3o; cimitière, 9; Colemière, Livière (S^{te}),
Maisières, 68; manière, etc. 36; manières, etc. 48; première, 38; prières,
48; proière, rivière, 36; Ruières, 68;
sestière, etc. 64; sestières, etc. 43, 48;
Sichière, Solière, Tournières, 68.

* IÈRENT (*ent* muet). Oitroièrent, 84.

IERF. Arrierfiés, 22.

IERR. Thierri, 10.

* IERR. Saunierr, 9.

* IERRE. Menierre, pierre, 36; Pierre,
10.

* IERS. Antiers, 4; celeriers, chevaliers,
2; deniers, devantiers, forestiers, 22;
Gautiers, 3; meuniers, 2; premiers,
24, 102; Rogiers, 3; sestiers, 22.

* IERS *ouvert*. Arriers, 102; chiers, 4;
darriers, 102, 104; derriers, 104;
tiers, 9, 58.

* IERT. Afiert, 72; iert, 86.

* IERZ. Tierz, 22.

* IES. Aneanties, 52; assensies, 48; avignies, 52; borgesies, fauchies, etc. jonchies, maisnies, 48; otroïes, 52; parties,
43, 48; prisies, 46; prissies, 52.

* IÉS. Apaiés, 20; apaisiés, etc. 7; arrier-
fiés, 22; chiés, 2; croisiés, 27; estiés,
79; moitiés, 3o; ottroiés, 27.

IESC. Chiescun, 12.

* IESMES. Aviesmes, 78.

IET. Propriété, etc. 36.

* IET. Hourriet, 10; obligiet, renonciet,
61; siet, 72. — *Voy. aussi* AIET.

* IÈTE. Giète, 72.

* IEU. Andrieu, 10; Dieu, lieu, 9.

* IEUS. Lieus, 2; prieus, 9; religieus,
16, 22, 24.

* IEUSE. Prieuse, 3o, 36.

* IEUX. Religieux, 11, 24.

* IEUZ. Dongieuz, 68.

IÉV. Chiévaige, chiévaiges, 22.

* IEX. Diex, 2; Dongiex, 68; miex,
102; religiex, 11.

* IEZ. Bailliez, 25; fiez, 2, 22; laissiez,
7; miez, 132; obligiez, prisiez, etc. 27;
tanciez, 7. — *Voy. aussi* AIEZ, EZ.

* IEZE. Chieze, 68.

IF. Edifices, 22; edifier, 70.

IG. Ansigant, 13; obligation, 36; obligations, 48.

IG *doux*. Obligera, 86; obligié, 20, 61;
obligiet, 61; obligiez, 27; obligons,
73; religieus, etc. 11, 16, 22, 24; religiouses, 49; Rigecourt, 68.

* IGE. Lige, 11; oblige, 71, 72.

* IGENT (*ent* muet). Obligent, 75.

IGL. Iglise, etc. 3o, 36.

IGN. Watrignévile, 68. — *Voy. aussi*
UIGN.

* IGNE. Vigne, 36; vignes, 48.

* IGNENT (*ent* muet). Lignent, 75.

IH. Ihesu, 10; Thihey, 68.

IJ. Oblijons, 73.

IL. Civilien, 11; Gileberz, 3; miliaires, 2;
Philippe, 10; Philippes, 3; privilége,
22; priviléges, etc. 22; utilitei, 36.

* IL. Avril, 9; cil, 5, 18; fil, 9, 16; il,
5, 18, 55; mil, 69.

* ILE. Fronvilo, Gienvile, etc. Limervile,
68; Miles, 3; Nueve Vile, Sommevile,
68; vile, 36; viles, 48; Watrignévile,
68.

* ILE *mouillé*. File, 3o.

ILL. Chevillon, 68; faucillour, 9; faucillours, pillers, 22; Tampillon, 68. —
Voy. aussi UILL.

* ILLE. Fronville, Hauteville, Jainville,
etc. Liméville, Lyzéville, Neuve Ville,
68; ville, 36; villes; 48; Waitreneiville, 68.

* ILLE *mouillé*. Faucilles, 48; fille, 3o,
36; filles, 48. — *Voy. aussi* UILLE.

IM. Cimetière, 9 Climançon, 68; dimé,

dimenge, 9; dimi, 11; diminucion, 36; Liméville, 68.

* IMES. Mesimes, 12.

IMM. Dimmange, 9.

* IMME. Deimmes, 48.

IMQ. Cimquante, 69.

IN. Anterinement, 102; diminucion, 36; enterinemant, etc. 102; eschuminier, 70; escuminiez, 27; Espinete, 68; finage, etc. 9; finages, 22; minage, 9; provinisiens, 24; Rinel, 68; sinor, 9, 16; terminé, 20; termineie, 41; termineies, 52; termineir, 70.

* IN. Ainsin, 102; anterin, 11; ausin, 102; chemin, 9; Clarin, 10; Domartin, 68; einsin, 102; eschevin, 16; fin, 36; in, 104; jardin, etc. 9; Martin, 10; molin, etc. 9, 16; parcefin, parfin, 36; Perrin, 10; vin, 9.

INC. Incarnacion, 36.

* INC. Aussinc, 102; cinc, 69.

INCQ. Cincquante, 69.

IND. Indulgences, 48.

* INE. Adeline, 31, 37; geline, 36; gelines, officines, 48; saisine, 36; saisines, 43; termine, 9; termines, 22; usines, 43, 48.

* ING. Juing, 9.

* INGNES. Vingnes, 48.

INQ. Cinquante, 69.

* INRENT (ent muet). Vinrent, 84.

* INS. Chemins, cuissins, eschevins, molins, 22; vins, 2, 69.

* INT. Sint, 75; vint, 69.

* INTE. Quinte, 38.

INZ. Quinzeine, 36.

* INZ. Vinz, 69.

* INZE. Quinze, 69.

* ION, voy. ON.

* IOUZ. Religiouz, 24.

* IPPE. Philippe, 10; Philippes, 3.

* IPTE. Egipte, 68; escriptes, 52.

IQ. Liquel, 18; liquele, 33; liqués, etc. 5.

IR. Cireis, 68; consentireiens, diriens, 92; diroient, 93; diront, esliront, garantiront, 89; Gironval, Gironwés, Guirainsart, 68; iroient, 93; iront, 89; requiroient, 80.

* IR, voy. 70 pour la finale ir.

IRB. Girbout, 10.

* IRE. Contredire, dire, 70; sire, etc. 2. — Voy. aussi UIRE.

* IRENT (ent muet). Consentirent, mirent, 84.

IS. Bliseron, 68; devisé, 56; devisée, 34, 41; devisées, 46, 52; devisei, 20; disiemes, 78; Disier (S.), 68; disoie, 76; disoient, 80; disoit, 77; divisées, 46; diviseies, 52; emquison, 36; emquisons, 48; isuaire, 9; norrison, ocquison, etc. 36; prevenisiens, etc. 24; prisié, 14; prisies, 46; prisiez, 27; souffisant, 13; souffisoit, 77; soufisamment, 102.

* IS. Aalis, etc. 31, 37; ainsis, 102! amortis, 71; anientis, 7; asis, 14; dis, 7, 27, 69; entrepris, 61; estaublis, 7; fis, 81; forsmis, 104; gentis, 25; Guerris, Henris, 3; mis, 7, 14, 20, 27, 61, 81; muis, 22; paaquis, 2, 9; païs, 9; pourpris, 2, 9; pris, 2, 7, 9, 14, 16, 20, 61; promis, etc. 27, 61; puis, 71, 102, 104; remis, 27; repris, 61; requis, 20, 61; sis, 69; sousmis, 27; suis, 71; Thieris, 3; vis, 24, 81.

* ISE. Appendises, 48; devise, 72; eglise, franchise, 36; franchises, 48; iglise, 30, 36; mise, 41; mises, 52; prise, 34; prises, 48; promises, 52; servise, 9.

* ISENT (ent muet). Devisent, 75.

ISM. Dismé, 9.

* ISMES. Dismes, 48.

ISN. Disneie, 36.

ISS. Afranchissons, 73; amenrissement,
9; devissé, 20; Issambart, 10; issir, 9;
issue, 36; issues, 43, 48; misson, 36;
Pisson, 68; prissei, etc. 14; prisseroient, 93; prissie; 41; prissieiz, etc.
27; prissies, 52; provenissiens, 24;
veissiens, voississiens, 100.

* ISSE. Establisse, 95; feisse, garentisse,
98; iglisse, jostisse, etc. 36; puisse,
94, 95; yglisse, 36.

* ISSENT (*ent* muet). Deissent, feissent,
fuissent, 101; poissent, puissent, 97.

* ISSIENT (*ient* muet). Abatissient, deissient, 101; puissient, 97.

IST. Christofle, 10.

* IST. Cist, 18; Crist, 9; dist, 14; fist,
82; fuist, 82, 99; gist, 72; poist,
preist, 99; profist, transcrist, 9; vausist, vendist, 99.

* ISTE. Baptiste, 10; evangeliste, giste, 9.

IT. Aquité, etc. 61; auctorité, etc. 36;
cimitière, 9; Citiaus, 68; eritage, etc.
9; habitant, 19; heritage, etc. 9; heritages, etc. 2, 22; heritaublement, 102;
ospitaul, pitancier, 9; profitable, 17;
profitier, 70; quité, etc. 61; quitées,
52; quitèrent, 84; quitez, 27; quitons,
73; restitution, 36; servitutes, 48; utilitei, verité, etc. 36.

* IT. Antredit, 9; ardit, 99; dit, 9, 14,
20, 56, 61, 72; eintredit, etc. 9; escrit, 20, 56; esperit, 9; fit, fondit, 82;
lit, 9; ouit, 69; petit, 11; profit, 9;
venit, 99; vuit, 69.

IT *doux*. Juridition, 36.

* ITE. Debites, 48; dite, 34, 41; dites,
escrites, 46, 52; gite, 9; petite, 38;
quite, 11, 17; quites, 4.

ITR. Vitrey, 68. •

* ITRE. Arbitre, 16; arbitres, etc. 2,
22.

ITT. Quittées, 52; quittei, 14; quittemant, 102.

* IU. Duiu, 69.

* IUT. Ensiut, 72.

IV. Cheverival, 68; civilien, 11; divisées,
46; diviseies, 52; Livière (Sᵗᵉ), 68;
privilége, 16; priviléges, etc. 22; rivière, 36; viverat, 86.

IVL. Taisivlement, 102.

IVR. Delivrée, 41; delivrei, 14; delivrer,
70; delivreriens, 92; delivreroient, 93;
vivrai, 85.

* IVRE. Delivre, 32; livre, 36, 48; livres,
48; vivre, 70.

IX. Sixaime, 9, 58; sixante, 69.

* IX. Aalix, 31, 37; Alix, 31; dix, 69;
Juix, 23; six, 69.

* IXTE. Sixte, 9, 58.

J

J, *voy.* ej, ij, ouj. — NJ, *voy.* N. — RJ, *voy.* R.

K

K, *voy.* ek.

L

L , *voy.* aal, aeel, ael, aiel, ail, al, aul, eel, eil, el, euil, eul, iaul, il, oeil, oil, ol, oul, oyl, ueil, uel, ul. — LC, *voy.* elc. — LG, *voy.* ulg. — LL, *voy.* aall, aill, all, ell, ill, oll, uill, ull. — LM, *voy.* alm, elm. — LQ, *voy.* eilq, elq.

— LS, *voy.* auls, eauls, els. — LX, *voy.* alx, elx. — LZ, *voy.* eilz, elz, oulz. — BL, *voy.* B. — CL, *voy.* C. — DL, *voy.* N. — FL, *voy.* F. — GL, *voy.* G. — NL, *voy.* N. — PL, *voy.* P, S. — RL, *voy.* R. — SL, *voy.* S. — VL, *voy.* V.

M

M , *voy.* aiem, aim, am, aum, eim, em, iem, im, oiem, om, oum, um. — MBL, *voy.* ambl, embl. — MBR, *voy.* ambr, embr, ombr. — MC, *voy.* amc. — MM, *voy.* aimm, amm, eimm, emm, imm, omm, umm. — MP, *voy.* amp, emp, omp. — MQ, *voy.* amq, emq. — GM, *voy.* G. — LM, *voy.* L. — NM, *voy.* N. — RM, *voy.* R. — SM, *voy.* RS.

N

N , *voy.* ain, an, aun, ein, en, eun, eyen, ien, in, ion, oen, oin, on, oon, oun, ouyen, un. — NBL, *voy.* enbl. — NBR, *voy.* anbr, enbr, onbr. — NC, *voy.* ainc, anc, einc, enc, ienc, inc, onc, unc. — NCH, *voy.* ainch, anch, ench, onch. — NCQ, *voy.* incq. — ND, *voy.* and, end, ind, ond. — NDL, *voy.* andl. — NDR, *voy.* aindr, andr, eindr, endr, ondr. — NF, *voy.* anf, enf, onf. — NFR, *voy.* anfr, enfr. — NG, *voy.* aing, ang, eing, eng, ieng, ing, oing, ong. — NGL, *voy.* aingl. — NGN, *voy.* aingn, angn, eingn, oingn. — NGR, *voy.* eingres, engr. — NGV, *voy.* oingv. — NJ, *voy.* enj. — NL, *voy.* anl. — NM, *voy.* ainm, anm, einm,

onm. — NN, *voy.* ainn, ann, einn, enn, ienn, oienn, oinn, onn, uenn, unn. — NP, *voy.* anp, enp. — NPR, *voy.* anpr, einpr. — NQ, *voy.* anq, enq, inq, oinq, onq, unq. — NR, *voy.* anr, enr, inr, onr. — NRR, *voy.* anrr, enrr. — NS, *voy.* ains, ans, eins, ens, iens, ins, oins, ons, uns. — NSCR, *voy.* anscr, — NSN, *voy.* onsn. — NSTR, *voy.* onstr. — NT, *voy.* aint, ant, eint, ent, ieent, ient, int, oient, oint, ont, unt. — NTQ, *voy.* antq. — NTR, *voy.* antr, entr, ontr. — NV, *voy.* ainv, anv, einv, env, ienv, oenv, oinv, onv. — NW, *voy.* onw. — NZ, *voy.* anz, enz, inz, onz. — GN, *voy.* G. — RN, *voy.* R. — SN, *voy.* S.

O

'O. Lo, 8, 12, 71; no, 18.

OB. Robercort, 68; Chobert, 10.

OBL. Obligation, 36; obligations, 48; oblige, 71; obligera, 86; obligent, 75; obligié, 20; obligiet, 14; obligiez, 27; obligons, etc. 73.

'OBLE. Noble, 11.

'OBRE. Octobre, 9.

OC. Procurerons, 87.

'OC. Avoc, 104.

OC *doux*. Diocèse, 9.

OCC. Occoison, 36.

OCH. Clochète, 36; Ochie, 68; pharochal, etc. 38; prochiènement, 102; prochiens, 32.

'OCHE. Cloche, roche, 36.

OCQ. Ocquison, 36.

OCT. Octambre, etc. 9; octaves, etc. 48.

OD. Odoin, etc. 10; pròdome, 16; prodomes, 22.

'OE. Loe, 72.

'OEBLE. Moebles, 24.

'OEC. Avoec, 104.

'OEIL. Noeil, 9.

'OEN. Boen, 11.

'OENS. Soens, 96.

'OENT (*ent* muet). Avoent, 80; joent, 97; poent, 75; pooent, 80; soent, 97.

OENV. Joenville, 68.

OER. Avoerie, 36.

'OET (*et* muet). Poet, 75.

OF. Oficial, prolist, etc. 9; profitable, 17; profitier, 70; profiz, 22; soferont, 89.

OFF. Official, 9; officiaus, 2; officines, 48.

OFFR. Joffroi, etc. 10; Joffrois, 3; offrandes, 48; soffrera, 86; soffrir, 70.

'OFLE. Christofle, 10.

OFR. Jofroi, 10; Jofroiz, 3.

OG. Rogiers, 3.

'OGE. Loges, 48.

OGN. Recogneu, 61; recognurent, 84; tesmognage, etc. 9.

'OGNE. Aumogne, 36.

'OI. Charroi, 9; coi, 59; doi, 71; foi, 36; Hazoi, 68; Joffroi, etc. 10; moi, 12; ostroi, etc. 9, 71, 72; quoi, 59; roi, 9; Rovroi, 68; soi, 12; Trembloi, 68.

'OIE. Doie, 95; moie, 39; monoie, 36; otroie, 72; outroie, 71; roie, 36; voie, 30, 36. — *Voy. aussi* 76, 90.

'OIEENT (*eent* muet). Randeroieent, 93.

OIEINPR. Moieinpré, 68.

OIEM. Moiemont, 68.

OIENN. Moiennetey, 36.

'OIENNE. Avoienne, 36.

'OIENT (*ent* muet). Doient, 75; joient, soient, 97. — *Voy. aussi* 80, 93.

OIER (*er* sourd). Oitroicreiens, 92.

'OIER. Anvoier, otroier, 70.

'OIES. Oies, voies, 48.

'OIET (*et* muet). Doiet, 75; estoiet, faisoiet, lasoiet, 80; paieroiet, panroiet, 93; soiet, 97; usoiet, voloiet, 80.

OIFF. Oifficial, 9.

OIFFR. Joiffroiz, 3.

'OIGE. Ploige, 16; ploiges, 2.

'OIGLE. Soigle, 9.

OIGN. Soigneroient, 93; tesmoignage, tesmoignaige, 9.

'OIL. Consoil, sourpoil, 9.

'OILE. Apostoile, 9.

'OILE *mouillé*. Absoile, 95; corboile, 36.

'OIN. Odoin, 10.

'OINE. Avoine, 36; demoine, 9; essoine, 36; moines, 22; poine, 36.

*OING. Doing, 71 ; joing, 9.

OINGN. Joingnant, 13 ; tesmoingnage, etc. 9.

*OINGNE. Avoingne, 36.

OINGV. Joingville, 68.

*OINNE. Avoinne, 36 ; demoinne, 9 ; poinne, 36.

OINQ. Oinques, 102.

*OINS. Boins, 24 ; moins (au), 102.

*OINT. Joint, 71 ; point, 9, 102 ; soint, 95.

OIR. Ampoirier, 70.

*OIR. Airdoir, 70 ; ardoir, 9, 70 ; assavoir, avoir, 70 ; Biauveoir, 68 ; havoir, 70 ; hoir, 16 ; loir, 25 ; oir, 16 ; pooir, etc. 9 ; recevoir, savoir, 70 ; soir, terroir, 9 ; valoir, 70 ; voir, 9.

*OIRE. Foires, 48 ; memoire, 36 ; prevoire, 9.

*OIRS. Hoirs, joirs, 22 ; voirs, 54.

OIS. Croiseront, 89 ; croisiés, 27 ; damoisele, enchoison, etc. occoison, 36.

*OIS. Blesois, 68 ; bois, 9, 22 ; bourjois, 2, 22 ; connois, 71 ; crois, 36 ; deffois, 2, 9, 22 ; drois, 2, 22 ; fois, 36, 48 ; Joffrois, 3 ; lois, mois, 9 ; rois, 2 ; tornois, etc. 22 ; trois, 69.

*OISE. Bloise, 68.

OISS. Acroissance, 36 ; boissé, etc. 9 ; connoissant, etc. 62 ; voississieus, 100.

*OISSE. Bloisse, 68.

*OISSENT (ent muet). Reconoissent, 75.

OIST. Connoistera, 86.

*OIST. Soist, 95.

OIT. Droiture, 36 ; droitures, 43, 48 ; moitié, 36 ; moitiés, 30.

*OIT muet, voy. ANTROIT.

*OIT. Doit, 72 ; droit, 9, 11, 102 ; orandroit, 102 ; soit, 95, 103. — Voy. aussi 77, 91.

*OITE. Benoroite, 37 ; escheoite, 36.

*OITENT (ent muet). Annoitent, 97.

*OITRE. Quenoitre, 70.

*OIVENT (ent muet). Doivent, 75.

*OIX. Boix, 22 ; moix, 9.

*OIZ. Autrefoiz, 102 ; croiz, 36 ; Doiz, 68 ; droiz, 2, 22 ; foiz, 36, 48 ; Jofroiz, etc. 3 ; roiz, 9 ; toiz, 25 ; tornoiz, 22 ; Trembloiz, 68.

OL. Colemier, 9 ; Colemière, Dolevant, Dolevanz, etc. 68 ; doloit, 77 ; folons, 22 ; molin, 9, 16 ; molins, 22 ; Nicholais, 10 ; prioleis, 2 ; priolez, 22 ; soliens, 78 ; Solière, Vaucolor, 68 ; violées, 52 ; volanté, etc. 36 ; voliens, 78 ; voloie, 76 ; voloient, etc. 80 ; voloit, 77 ; volons, 73.

*OL. Arnol, 10 ; Tol, 68.

*OLE. Apostole, 9.

OLL. Bolleincort, 68 ; decollation, 36.

*OLRE. Molre, 70.

OM. Comunaille, 36 ; Domartin, 68 ; escomenier, 70 ; froment, etc. 9 ; nomé, 20 ; nomée, 41 ; noméement, 102 ; nomées, 46, 52 ; nomei, 14, 20 ; nomeis, 7 ; nomereeins, 92 ; nomeroie, 90 ; només, etc. 27 ; Pomeret, 68 ; pomier, 9 ; promeittent, etc. 75 ; promet, 71, 72 ; prometons, 73 ; promis, 27, 61 ; promises, 52.

*OM. Com, 102 ; hom, 2 ; nom, 9 ; om, 5 ; som, 12.

OMBR. Amcombrement, 9 ; descombrés, 7 ; emcombrement, 9 ; nombrée, 41 ; Sombru, 68.

*OME. Come, 102 ; home, 9, 16 ; homes, 22 ; preudome, etc. 16 ; prodomes, etc. 2 ; some, 36, 73 ; somes, 73.

OMM. Ancommance, 72 ; ancommencent, 75 ; comman, 71 ; commandemans, etc. 2, 22 ; commandemant, etc. 9 ; commence, 72 ; communaille, communautei, 36 ; encommencent, 75 ; nommé, 14 ; Nommecourt, 68 ; nommées, 46 ; nomméez, 52 ; nommei, etc. 20 ; nommeis, etc. 7; nommés, 27; nommuebles, 24; pommier, 9; Rommeval, Sommevile, 68.

* OMME. Comme, etc. 102; homme, 9, 16; hommes, 22; somme, 30; sommes, 73.

OMP. Compaigne, 30; compaignie, etc. 36; comporte, 72; recompensacion, 36.

ON. Amonetés, 27; canonel, 11; conosant, 62; dona, 82; doné, 14, 61; donée, 41; donées, 46, 52; donez, 7; Heinmonel, 10; monoie, 36; ordoneroie, 60; reconeu, 61; reconoissent, 75; reconu, 14; semonues, 46.

* ON. Action, 36; ason, 104; baron, 9; Bliseron, 68; bon, 11; Bousson (Conchie), 68; Brancion, 10; charreton, 9; Chevillon, etc. Climançon, 68; con, 102; concession, condicion, decollation, diminucion, 36; don, 102; emquison, encarnacion, enchoison, etc. fondation, 36; Gourson, 68; Hanrion, Huon, 10; iencarnation, etc. juridiction, 36; Laison, Loon, Maaston, etc. 68; Mahon, 10; maison, etc. mention, misson, 36; mon, 12; non, 9, 102; norrison, obligation, occoison, etc. 36; Odon, 10; on, 5, 8; Ormenson, 68; paisson, etc. 36; Peisson, etc. 68; possession, raison, recompensacion, 36; remason, 16; restitution, 36; son, 12, 71; Tampillon, 68.

ONBR. Sonbru, 68.

ONC. Betoncort, etc. Noncourt, 68.

* ONC. Asonc, 104; lonc, 9, 11, 58; selonc, 104.

ONC doux. Concession, 36; renoncié, etc. 61; renonçons, 73.

* ONCENT (ent muet). Renoncent, 75.

ONCH. Conchie, 68; jonchies, 48; Roncham, 68.

OND. Condicion, 36; conduiz, 2; fondation, 36; fondit, 82.

* ONDE. Parfonde, 38.

ONDR. Gondrecourt, 68.

* ONE. Armone, 36; aumone, 30, 36; bone, 38; bones, 49; One, 68; persone, 36; persones, 48; sone, 72.

ONF. Conferme, 71, 72; confermée, 41; confermement, 9; confermer, 70; confermons, 73.

ONG. Amongars, 31; longemant, 102.

* ONG. Tesmong, 9.

ONG doux. Dongex, etc. 68.

* ONGE (g dur). Longe, 38.

ONM. Fronment, honmage, 9.

* ONME. Honme, 16; sonmes, 73.

ONN. Abonnei, 14; abonnemens, 22; abonnement, 9; aponné, 11; bonnement, 102; connois, 71; connoissant, etc. 62; connoistera, 86; donna, 82; donné, 61; donnée, 34; données, 52; donnei, 14, 20, 56; donner, 70; donnés, 27; donney, 56; maisonner, 70; passonnage, 9; personneles, 49.

* ONNE. Aumonne, 36; bonne, 36, 38; bonnes, 43, 48, 49; Onne, 68.

* ONQUES, 102; quelque onques, 39; quiconques, etc. 5.

ONR. Chatonru, 68; donra, 86; donriens, 92.

ONS. Consail, etc. 9; consant, 71; consentement, 9; consentir, 70; consentireiens, 92; consentirent, 84; consoz, 2; Gonsemars, 68.

* ONS. Auquons, 5; bons, 24; Chaalons, 68; dons, 2, 22; emquisons, exactions, exceptions, 48; folons, 22; Mahons, 3; maisons, 43, 48; obligations, 48; pons, 22; possessions, 48; presentacions, 30; raisons, 43, 48; remasons, 22; tresfons, 9. — Voy. aussi 73, 87.

ONSN. Aumonsnei, 20.

ONSTR. Constraindre, monstrer, 70 ;
monstreront, 89.

ONT. Contans, etc. 28; contée, 34, 41 ;
contenu, 56; conter, 70; frontés, etc.
22 ; monteingne, 36; Monteir, 68 ;
monteroit, 91; volonté, 36.

* ONT. Curmont, 68; dont, 102; font,
hont, 75; Marquemont, Moiemont, 68;
ont, 75; Plaimont, etc. 68; pont, 9,
102 ; secont, 11; sont, 75; Sussainmont, etc. 68; vont, 75.

*ONTE. Conte, 9 ; montes, 48.

ONTR. Contraindre, 70; contraire, 9,
11, 58; contrares, 49; contredire, 70 ;
contresaeel, etc. 9 ; contrestant, 13.

*ONTRE. Ancontre, 102, 104; contre,
104; encontre, 102, 104.

ONV. Cheronval, 68; convans, etc. 2 ;
convant, etc. 9; convenances, etc. 48;
converroit, 91; Convers, Fronvile, etc.
Gironval, Jonville, Remonval, 68.

ONW. Gironwés, 68.

* ONZ. Trefonz, 2.

* ONZE, 69.

* OON. Loon, 68.

* OPE. Prope, 9, 53, 58; propes, 24.

OPR. Propriété, etc. 36.

*OPRE. Propre, 9, 11, 38, 58; propres,
24.

OQ. Oquison, 36.

OR. Auctorité, etc. 36; Benoroite, 37;
corant, 13; corporaumant, etc. 102;
corporeil, 38; demorans, 7, 26; demorant, 19; demorer, 70; demoront, 89;
Florence, 68; forest, etc. 36; forestier, 16; forestiers, 22 ; foretier, 9; Lorant, etc. 10; morir, 70; oront, 89;
patoraiges, 22; poront, 89; priorez,
22; vorient, 93.

* OR. Aincor, etc. 102 ; antor, 104 ; avor,
70; dor, 8; eincor, etc. 102; jor, 9;
lor, 5, 12, 25, 39, 45, 50; or, 16,

102 ; poor, 9; por, 104; randeor, 16;
segnor, etc. 9, 16; sor, 104; successor,
16; synor, tressor, 9 ; Vaucolor, etc. 68.

ORB. Corboile, 36; Orbein (S.), etc.
68.

ORC doux. Corcelles, 68; enforcier, 70;
porceint, 72.

* ORCE. Force, 36.

ORCH. Porchet, 9.

ORD. Acordé, etc. 20, 59; acordeies,
52; acordeir, etc. 70; acorderoie, 90;
descordant, 19; descordoient, 80;
ordenance, 36; ordenei, etc. 56, 61;
ordeneriens, 92; ordeneroient, 93;
ordenons, 73; ordoneroie, 90.

* ORDE. Acorde, 30; descorde, 30, 36;
escorde, 30.

* ORDRE, 9.

* ORE. Eincore, etc. 102; ore, 36, 102;
ores, 102.

* ORENT (ent muet). Demorent, 97.

ORG doux. Borgesies, 48.

* ORGE. Forges, 48; Jorge, 10.

.* ORJES. Forjes, 48.

ORM. Ormenson, 68.

* ORME. Forme, 36; orme, 9.

ORN. Jornés, 22; Ornoys, 68.

* ORNE. Retorne-sac, 9.

* ORNENT (ent muet). Tornent, 75.

ORP. Corporaument, etc. 102; corporeil,
38.

·* ORPE. Corpe, 36.

ORR. Corroit, 77; demorront, 89; norrison, 36; orront, etc. 89; porriens,
92; porroie, 90; porroient, 93; porroit, 91; porrons, 87; porront, 89;
vorra, 86; vorrient, 93; vorront, 89.

* ORRE. Clorre, 70.

* ORS. Ailors, 102; ancesors, etc. 22;
cors, 9, 16; defors, 102, 104; dehors,
102; descors, etc. 2, 16; fors, 24, 102,
104; hors, 22, 102, 104; jors, 22;

mors, 7; ors, 22; plusors, 25, 50; pors, pouors, 22; repors, 71; seignors, 16, 22; tors, 22.

*ORSE. Borse, 36.

ORSM. Forsmenei, 14; forsmener, 9; forsmis, 104.

ORT. Amorti, 14; amortis, 71; aporteroit, 91; aportest, 99; forteresse, 36; portant, 13; porteir, etc. 70; porteront, 89; raporteroie, 90; raportant, 13.

*ORT. Acort, 9, 61; Betoncort, Bolleincort, 68; cort, 36; descort, 9, 16; resort, 9; Ragecort, etc. Robercort, 68; sort, 72; tort, 9; Tremblecort, 68.

*ORTE. Comporte, 72; porte, 36, 72.

ORV. Corvées, 48.

*ORZ. Forz, 24; toujorz, 102.

*ORZE. Quatorze, 69.

OS. Closure, 36; closures, 48; conosant, 62; Osanne, 68.

*OS. Clos, 9; fagos, 22; Guios, 3; los, 9; nos, 18, 25, 50; os, 2; prevos, 2, 9; Sos, 22; vos, 45, 50.

OSCH. Oschés, 22.

*OSE. Chose, 30, 36; choses, 43, 48; coses, 43; Fose (Betigne), 68.

OSN. Aumosna, 82.

OSP. Ospitaul, 9.

OSS. Fossé, etc. 9; Fossète, 68; fossez, 2; possession, 36; possessions, 48; quenossant, 62.

*OSSE. Fosse, 68.

*OSSENT (ent muet). Moulossent, 101.

OST. Acostumei, 56; apostoile, etc. costé, 9; costumes, 48; hostel, 9; jostisse, 36; Moster, etc. 68; ostages, 22; ostéez, 52; osteir, etc. 70; osteix, 22; ostel, 9; ostoit, 77.

*OST. Host, 9; prevost, etc. 9, 16; tost, 102.

OSTE. Coste, 36; costes, 48; hoste, 16; hostes, 22.

OSTR. Ostroi, 9, 71; ostroié, 14.

*OSTRE. Nostre, 5, 12, 33, 39, 59; nostres, 5, 25, 50; vostre, 12, 33.

OT. Brotières, 68; jotisse, 36; Moteir, 68; otambre, 9.

*OT. Avenot, 77; Bignot, 10; clot, 72; Jacot, 10; mouvot, 77; prevot, 9; tot, 12, 59.

*OTE. Tote, 39; totes, 45, 50.

OTR. Otreei, etc. 61; otrié, etc. 14; otroi, 9, 71; otroïe, 41; otroie, 72; otroier, 70; otroions, 73; otroiereiens, 92; otroièrent, 84.

OTTR. Ottrions, etc. 73; ottroi, 71; ottroiés, 27; ottroïes, 52; ottroy, 9.

*OU. Dou, 8, 69, 102; fou, 9; lou, 8, 9, 12, 57, 71; neuvou, 9; nou, 102; ou, 8, 102, 103; Raou, 10; sou, 104.

*OUB. Soub, 104.

*OUBLE. Double, 9, 58; nouble, 11.

OUCH. Bouchier, 70; Bouchu, 10.

OUD. Houdelaincourt, 68; proudome, 16; soudées, 48.

OUDR. Voudroient, 93; voudroit, 91.

OUER. Avouerie, 36; louerai, 85.

*OUET. Mouet, 72.

OUF. Soufisamment, 102.

OUFF. Soufferra, 86; soufferrai, 85; soufferront, 89; souffisant, 13; souffisoit, 77.

OUFFR. Souffrir, 70.

OUIRB. Ouirbain (S.), 68.

*OUIT, 69.

OUJ. Toujorz, 102.

OUL. Aingoulaincourt, etc. 68; moulin, 9; moulossent, 101; vouloie, 76; vouloient, 80.

*OUL. Toul, 68.

*OULZ. Coulz, soulz, 22; toulz, 25.

OUM. Coumunaille, 36; doumaige, 9; escoumenier, etc. 70; froument, poumier, 9; proumetons, 73; proumis, 61.

*OUME. Houme, 16; houmes, 22; soumes, 73.

OUN. Bouni, 68; douné, 14.

*OUNE. Bounes, 49.

OUQ. Douquel, 12.

OUR. Courée, 68; demourans, 26; demouront, 89; fourest, 36; fourestiers, 22; fouretier, 9; Mourète, 68; ouront, 89; pourestant, 72; pouroient, 93; pouront, 89; signourie, 36; souroient, vouroient, 93; vouront, 89.

*OUR. Acheiour, 9; autour, 104; Chandelour, 36; entour, 102; faucillour, 9; four, 9, 16; jour, 9, 22; lour, 12, 18, 25, 39, 45, 50, 59; pescheour, 16; pour, 104; pressour, 9, 16; priour, 9; seignour, etc. 9, 16; sour, 104; tenour, valour, 36; Vauquelour, 68; vendour, veneour, 16.

OURB. Ourbain (S.), 68.

OURC doux. Courcèles, 68.

OURD. Hourdement, 9.

*OURE. Demoure, 72, 95; moure, 70.

*OURENT (ent muet). Demourent, 97.

*OURET (et muet). Demouret, 72.

OURF. Fourfais, 22; fourfait, 9.

OURJ. Bourjois, 2, 22.

*OURME, 9.

OURN. Journel, 9; journés, 22; tournelle, 36; Tournières, 68; tournois, 22.

*OURNE. Tourne, 72.

OURP. Sourpoil, 9.

OURPR. Pourpraignent, 75; pourpris, 9.

OURR. Courroit, 77; demourra, 86; demourrons, 87; ourront, 89; pourra, 86; pourray, 85; pourroient, 93; pourrons, 87; pourront, 89; vourroit, 91; vourroient, 93.

*OURRE. Rescourre, 70.

OURS. Gourson, 86; pourseut, 72; poursuioient, etc. 80.

*OURS. Ancessours, 22; cours, 9; faucillours, 22; fours, 2, 22; jours, 16, 22; pluisours, etc. 25, 50; pressours, prestours, signours, successours, 22; tenours, 30.

OURT. Apourta, 82; apourtée, 34; pourter, 70.

*OURT. Aingoulaincourt, etc. Betoncourt, Bleecourt, 68; court, 36; Gondrecourt, Houdelaincourt, Nommecourt, Noncourt, Ragecourt, Ribautcourt, Rigecourt, 68; sourt, 72.

*OURZ. Courz, 48; jourz, 22.

*OUS. Desous, 104; dous, 67, 69; lous, 9; nous, 18, 25, 45; prious, 22; religious, 16, 22; sous, 22; tous, 5, 25; vous, 18, 25.

*OUSE. Chouse, 30, 36; chouses, 45; religiouses, 49.

OUST. Coustume, 36; coustumes, 48; Mouster, 68.

*OUST. Coust, 9.

OUT. Coutume, 36; Monteir, etc. 68; Mouteruel, 68; moutié, 36; Moutier, 68.

*OUT. Berout, Girlout, 10; mout, partout, 102; Sout, 68; tout, 12, 55, 59, 102; tout (à), 104.

*OUTE. Doute, 9; toute, 33, 39; toutes, 45, 50.

*OUTEZ (ez muet). Toutez, 50.

OUTR. Outrage, 9; outrei, etc. 71; outroiez, 27.

*OUTRE, 104.

OUV. Couvant, 9; couvanz, etc. 2; couvenances, 48; couvent, 9, 61; couvient, 72; mouveroit, 91; mouvot, 77; nouvel, 9, 58; renouveler, 70; souverain, 17; souverains, 4, 24; trouvé, 20; trouveroit, 91.

*OUX. Loux, 9.

OUYEN, voy. YEN.

OUZ. Chouz, 68; couz, 22; desouz, 104;
douz, 69; nouz, 18; prouz, religiouz,
22; rescouz, 7; souz, 22; touz, 5,
25.

'OUZE. Douze, quatouze, 69.

OV. Aprovons, 73; covant, etc. 9, 61;
covanz, etc. 2; covenances, 48; movoient, 80; movoit, 77; novanbre, etc.
9; novel, 9, 58; prova, 82; provenisiens,
24; provez, 7; provost, 9; renoveler,
70; renoveleroient, 93; Roveir, 68; trover, 70; trovoient, 80.

OVE. Approve, 72.

OVR. Menovrier, 9; ovrer, 70; Rovroi, 68.

'OVRE, 36.

'OY. Foy, 36; Joffroy, 10; moy, 12; ottroy, roy, 9; outroy, 71.

'OYE. Foye, 36.

'OYL *mouillé*. Aparoyl, 9.

'OYLE *mouillé*. Absoyle, 95.

'OYS. Moys, 9; Ornoys, 68; roys, 22
— *Voy. aussi* YS.

'OZ. Consoz, 2; noz, 25, 50; prevoz, 2;
toz, 25.

'OZE. Doze, 69; choze, 30; chozes,
43, 48.

P

P, *voy.* ap, ep, op. — PL, *voy.* epl; *cf.* S.
—PP, *voy.* app, ipp. — PPR, *voy.* appr.
— PR, *voy.* apr, epr, opr; *cf.* N, R, X.
—PT, *voy.* apt, ept, ipt. — MP, *voy.* M.
—NP, *voy.* N. — RP, *voy.* R. — SP,
voy. S.

Q

Q, *voy.* aiq, aq, auq, eq, iq, oq, ouq. —
CQ, *voy.* C, N. — LQ, *voy.* L. — MQ,
voy. M. — NQ, *voy.* N. — RQ, *voy.* R.
—SQ, *v.* S. — TQ, *v.* N. — XQ, *v.* X.

R

R, *voy.* aier, air, ar, aur, eir, er, eur, ier,
ir, oer, oir, or, ouer, our, uer, uir, ur,
yr. — RB, *voy.* arb, irb, orb, ouirb,
ourb, urb. — RBR, *voy.* arbr. — RC,
voy. arc, erc, orc, ourc. — RCH, *voy.*
arch, orch. — RD, *voy.* aird, ard, erd,
ord, ourd. — RDR, *voy.* ardr, erdr,
ordr. — RF, *voy.* arf, erf, ierf, ourf. —
RG, *voy.* arg, erg, org. — RJ, *voy.* erj,
orj, ourj. — RL, *voy.* arl. — RM, arm,
erm, orm, ourm, urm. — RN, *voy.* arn,
ern, orn, ourn. — RP, *voy.* arp, erp,
orp, ourp. — RPR, *voy.* ourpr. — RQ,
voy. arq. — RR, *voy.* airr, arr, aurr,
err, curr, ierr, orr, ourr; *cf.* N. — RS,
voy. ars, ers, eurs, iers, oirs, ors, ours,
urs. — RSM, *voy.* orsm. — RT, *voy.*
art, ert, eurt, iert, ort, ourt, urt. —
RTR, *voy.* artr, ertr. — RTV, *voy.* artv.
— RV, *voy.* erv, orv, — RZ, *voy.* airz,
arz, erz, ierz, orz, ourz. — BR, *voy.* B,
N. — CR, *voy.* C, N. — DR, *voy.* D,
N. — FR, *voy.* F, N. — GR, *voy.*
G, N. — NR, *voy.* N. — PR, *voy.*
N, P, X. — TR, *voy.* N, S, T. — VR,
voy. V. — WR, *voy.* W.

S

S, *voy.* aais, ais, as, aus, ees, eies, eis,
es, eues, eus, iaues, iaus, ies, ieus, is,
ois, os, ous, oys, ues, uis, uius, us,
uys, ys. — SC, *voy.* asc, esc, iesc, isc.
— SCH, *voy.* esch, osch. — SCL. *voy.*
escl. — SCR, *voy.* escr; *cf.* N. — SD,
voy. esd. — SF, *voy.* esf. — SG, *voy.*
esg. — SGL. *voy.* esgl. — SL, *voy.* esl,
usl. — SM, *voy.* eism, esm, ism, ousm;
cf. R. — SN, *voy.* aisn, isn, osn; *cf.* N.
— SP, *voy.* esp, osp. — SPL, *voy.* espl.
— SQ, *voy.* asq, esq, usq. —SS, *voy.*
aiss, ass, auss, eiss, ess, euss, iss, oiss,
oss, ouss, uess, uiss, uss. —ST, *voy.* aast,
ast, est, ist, oist, ost, oust, ust, yst. —
STR, *voy.* aistr, estr, ostr. —SV. *voy.* esv.
— BS, *voy.* B. — GS, *voy.* G. — LS,
voy. L. — NS, *voy.* N. — RS, *voy.* R.

T

T, *voy.* aiet, ait, at, aut, eit, et, eut, iet,
it, iut, oit, ot, out, uet, uit, ut, uyt,
yt. — TQ, *voy.* N. —TR, *voy.* aitr, atr,
autr, eitr, etr, itr, otr, outr; *cf.* N, R,
S. — TT, *voy.* att, eitt, ett, itt. —TTR,
voy. ettr, eittr, ottr. —TV, *voy.* R. —CT,
voy. C. — NT, *voy.* N. — PT, *voy.* P. —
RT, *voy.* R. —ST, *voy.* S. — XT, *voy.* X.

U

'U. Bouchu, 10; celu, 12; Chatonru, 68;
contenu, 56; devestu, 20; duiu, 69;
envestu, 14; Fonbru, 68; fu, 82; Jhesu,
10; ju, 5; lu, 12; menu, 17; Mertru,
68; perdu, 20; randu, 61; revenu, 20;
ru, 9; tenu, 14, 20; vandu, etc. 14,
61; vertu, 36.

' UC. Duc, 9; Luc, 10.

UC *doux.* Diminucion, 36.

UCC. Successeurs, etc. 22; successor,
16.

' UCHE. Buche, 36.

UD. Prejudice, 9; prudomes, 22.

' UE. Arbue, issue, 36; tenue, 34, 41;
vandue, etc. 36, 41; wandue, 36.

' UE (prononcé *eu*). Alue, 9.

' UEBLE. Mueble, 11; muebles, non-
muebles, 24.

' UEE. Vanduee, 30.

' UEENT (*ent* muet). Pueent, 75.

' UEF. Nuef, 69.

' UEIL. Vueil, 71.

' UEL. Mouteruel, 68.

' UELENT (*ent* muet). Vuelent, 75.

' UELLENT (*ent* muet). Vuellent, 75.

' UENNE. Buenne, 38.

' UENT (*ent* muet). Puent, 75.

UER. Remueront, 89.

' UER (prononcé *eur*). Fuer, 9.

' UES. Charrues, 48; dues, 69; Hues, 3;
issues, 43, 48; randues, etc. 52; semonues, 46; tenues, vandues, etc. 52.

' UESSENT (*ent* muet). Puessent, 101.

' UET. Muet, puet, vuet, 72.

' UEVE. Apprueve, 72; Nueve Vile, 68;
rueves, 48.

* UEVENT (*ent* muet). Muevent, truevent, 75.
* UF. Nuf, 69.
UG. Jugement, 9.
* UI. Atrui, etc. celui, cestui, 12; cui, 12, 25, 39; dui, 69; fui, 82; lui, 12, 39; mui, 9; sui, 18, 71.
UID. Cuidiens, 78.
* UIENT (*ent* muet). Puient, 75.
UIGN. Vuignet, 68.
UILL *mouillé.* Guillaume, 10; Guillaumes, 3.
* UILLE *mouillé.* Fuilles, 48.
UIR. Cuireiz, 2; Escuiré, Guirainsart, 68.
* UIR. Nuir, 70; puir, 11.
* UIRE. Duire, 72; entrepresuires, 48; nuire, 70.
UIS. Nuisant, 68; pluisours, 50.
* UIS. Muis, 22; puis, 71, 102, 104; suis, 71.
UISS. Cuissins, 22; puissiens, 96.
* UISSE. Puisse, 95.
* UISSENT (*ent* muet). Fuissent, 101; puissent, 97.
* UISSIENT (*ient* muet). Puissient, 97.
* UIST. Fuist, 82, 99.
UIT. Perpetuité, 36.
* UIT. Huit, ouit, 69; luit, 18; vuit, 69.
* UITE. Destruite, 34.
* UIU. Duiu, 69.
* UIUSET (*et* muet). Puiuset, 101.
* UIZ. Conduiz, 2; Guiz, 3.
* UL. Nul, 12.
UL *mouillé.* Julet, 9.
* ULE. Nule, 39; nules, 50.
ULG *doux.* Indulgences, 48.
* ULLE. Nulle, 33; nulles, 50.
ULL *mouillé.* Jullet, 9; Julley, 68.
UM. Acostumei, 56; eschuminier, etc. 70; escumenieiz, etc. 27; estrument, 9.
* UM. Cum, 102, 103.
* UME. Costumes, etc. 48; coustume, coutume, 36.

* UMME. Summe, 68.
UN. Communaille, etc. communautei, 36.
* UN. Aucun, 12, 18; chacun, etc. 12; un, 12, 18.
UNC *doux.* Denuncier, 70; renuncié, 61.
* UNE. Aucune, 33, 39; aucunes, 50; chacune, etc. 33, 39; chaucunes, 50; une, 33, 39; unes, 50.
UNNE. Aucunne, 39.
* UNQUE. Queicunques, 50; quelcunque, 39.
* UNS. Acuns, etc. 5; chacuns, etc. nuns, 5; uns, 5, 18; suns, 73.
UNT. Volunté, etc. 36.
* UNT. Anprunt, 9; orrunt, 89; sunt, 75.
UR. Apaturé, 70; cureis, etc. 2; Ecurel, etc. 68; juré, etc. 14, 61; jurée, 36; jurées, etc. 52; jurei, 20, 61; jureis, 27; jurer, 70; jureront, 89; jurez, 7; juridiction, etc. 36; pasturage, 9; paturer, 70; patureront, 89; procurerons, 87.
* UR. Desur, 102; sur, 104. — *Voy. aussi* EUR.
URB. Urbain (S.), etc. 68.
* URE. Avanture, etc. closure, droiture, 36; Dure, 68; dure, 72; mesure, pasture, 36. — *Voy. aussi* EURE.
* URENT (*ent* muet). Durent, 75; furent, recognurent, 84.
* URES. Antrepresures, 48; Bures, 68; closures, 48; droitures, 43, 48; enfraitures, entrepresures, 48.
* URET (*et* muet). Furet, 84.
URM. Curmont, 68.
* URS. Murs, 22; surs, 104.
URT. Surté, 36.
US. Jérusalem, 68; pluseur, 18; pluseurs, etc. 25, 50; refuser, 70; Suseinmont, 68; usage, etc. 9, 16; usages, etc. 2, 22; usant, 63; usasset, 101; usei, 71; user, 70; useroient, 93; useront,

89; usines, 43, 48; usoient, etc: 80; usuare, 9.

' US. Dessus, etc. 102, 104; dus, 69; hus, 22; nus, 25; plus, 9, 58, 102; revenus, 7; rus, 9; status, 2; sus, 104; tenus, 7, 27; us, 9, 22.

' USE. Escluses, 48; menuse, 36.

' USENT (*ent* muet), 75.

' USET (*et* muet). Puiuset, 101.

USL. Bruslarde, 37.

' USQUE. Dusques, jusque, etc. 104.

USS. Fussiens, 100; Sussainmont, 68; Sussanne, 37.

' USSENT (*ent* muet). Fussent, 101.

UST. Justice, 36; justices, 48.

' UST. Fust, 99.

UT. Buteiz, 68; utilitei, 36.

' UT. Ensiut, 72; fut, 82, 97; salut, 9; tut, 18.

' UTE. Servitutes, 48.

UT *doux*. Restitution, 36.

' UUS, 22.

UVLE. Truvle, 36.

' UX. Dux, 69.

' UY. Cuy, 25; Heluy, 37.

' UYS. Heluys, 31.

' UYT. Huyt, 69.

' UYZ. Heluyz, 31.

' UZ. Desuz, 102; maintenuz, 27; pruz, 22; ruz, 2; tenuz, 7, 27; venduz, 7.

V

V, *voy.* auv, av, eiv, euv, ev, iauv, iev, iv, oiv, ouv, ov, uev, uv, yv. — VL, *voy.* ivl, uvl. — VR, *voy.* avr, euvr, evr, ivr, ovr. — GV, *voy.* N. — NV, *voy.* N. — RV, *voy.* R. — SV, *voy.* S.

W

W, *voy.* aw. — WR, *voy.* awr. — NW, *voy.* N.

X

X, *voy.* aix, aux, ax, eix, eux, ex, iaux, iax, iex, ix, oix, oux, ux. — XC, *v.* exc. — XPR, *voy.* expr. — XQ, *voy.* auxq, exq. — XT, *voy.* ext, ixt. — LX, *voy.* L

Y

'Y. Cuy, 25; Escury, 68; Heluy, 37; y, 102.

' YDES. Aydes, 48.

' YE. Abaye, etc. abbeye, etc. 36.

' YEN. Aleyen, 78; deyen, jouyen, 9.

' YÉS. Cyryés, 68.

YGL. Yglisse, 36.

YN. Synor, 9.

YR. Cyreis, etc. 68

' YRES. Syres, 2.

YS. Ysabiau, etc. 37; Ysabiaus, 31; ysouaire, 9; ysouaires, 22.
* YS. Heluys, 31; Loys, 10; pays, 9.
YST. Cystelz, etc. 68.

* YT. Huyt, 69.
YV. Yver, 9.
YZ. Lyzéville, 68.
* YZ. Heluyz, 37.

Z

Z, *voy.* aiz, auz, az, eiz, euz, ez, iciz, ieuz, iez, iouz, iz, oiz, ouz, oz, uiz, uyz uz, yz. — LZ, *voy.* L. — NZ, *voy.* N. — RZ, *voy.* R.

9 782329 169231